JN302138

倒産処理と
弁護士倫理

破産・再生事件における倫理の遵守と弁護過誤の防止

日本弁護士連合会
倒産法制等検討委員会 編

一般社団法人　金融財政事情研究会

はしがき

本書は次の四つの特色を有します。

第1に、本書は、四つの基本的な倒産事件処理（破産申立て、破産管財、通常再生、個人再生）につき、弁護士倫理遵守及び弁護過誤防止の観点から解説した本です。近時、倒産事件処理においても、弁護士倫理違反・善管注意義務違反等を理由とした、損害賠償請求、弁護士賠償責任保険事故、懲戒請求及び懲戒実例が増えています。従来、弁護過誤は、単純ミス、技能不足が中心だったと思われますが、近時は、弁護士倫理違反、不誠実、弁護士であるが故の高度な善管注意義務違反が問われています。本書は、弁護過誤のこの現代的展開を受けて、現代的観点から解説したものです。その全体像・基本的視座は、序章にコンパクトにまとめられています。またこの観点からの解説であるため、重層的な利益相反関係の分析（第1章Q1・Q11、第2章Q1、第3章Q2・Q3・Q9）、弁護士報酬に関する諸問題（第1章Q3・Q4・Q9、第3章Q4）、弁護士としての依頼者に対する説明義務（第1章Q2・Q11、第3章Q5・Q6）などにつき、詳細に論じており、これが類書と異なる大きな特色です。

第2に、本書は、日本弁護士連合会倒産法制等検討委員会の活動の成果物です。当委員会は、第1に記載した問題意識をもって、まず2011年10月に日弁連特別研修として「倒産分野における弁護士の倫理・行動準則──懲戒請求や損害賠償請求などの係争を未然に防ぐための留意点──」を実施しました。そしてその成果物の一部を、「自由と正義」の2012年1月号に「特集1：倒産分野における弁護士の倫理」として掲載しました。本書は、これらの活動及びこれらにつき寄せられた感想・意見等を踏まえ、さらにこれらの活動中に出された判決例なども取り込んで、当委員会で時間をかけて練り上げた解説です。執筆者も、当委員会のメンバー及び元メンバーだけで書き上げました。この点も大きな特色です。

第3に、本書は、メーリングリストをフル活用した本です。共同執筆本の編集作業にメーリングリストを活用する手法は、もう当たり前かもしれませんが、本書での活用の仕方は縦横無尽でした。飛び交ったメールは800を超えました。編集委員間の協議も甲論乙駁でした。その協議結果に基づく執筆者に対する加

筆修正等の提案も相当細かい点に及びました。さらにゲラ校正の最終段階を迎えていた平成25年4月16日に、債務整理を受任した弁護士の善管注意義務に関する最高裁判決が出ましたが、その日のうちにこの判決のことがメーリングリストに情報提供され、どの論攷にどのように組み込むかが議論されました。このように、本書には、当委員会のメンバーにより練り上げられた最新の知見が満載されています。

　第4に、本書に記載された解説は行為規範です。こういう行動が望ましい、相当である、というものです。これに違反したら直ちに損害賠償義務が生ずるという裁判規範の定立を目的としたものではありません。行為規範と裁判規範は必ずしも一致しません。本書は、係争を未然に防ぐための行為規範の解説を目的としたものですので、この点は誤解なきようにお願いいたします。

　本書は、以上のような特色を有していますので、倒産事件処理にあたる全国の弁護士各位にとって、大変良い本であると確信しています。ぜひこの本を活用して、係争を未然に防ぐとともに、自らの弁護士業務の質の維持向上に役立てていただきたいと願っています。

　また倒産事件処理の弁護士以外の関係者各位にとっても、弁護士業務を理解するにつき大変有益な本と思います。弁護士との建設的で有益な関係構築のために役立てていただければと願っています。

　最後に、ゲラの作成送付・校正など事務・編集作業を精力的にこなしていただいた一般社団法人金融財政事情研究会の大塚昭之さんと池田知弘さんに対し、心から御礼を申し上げます。ありがとうございました。

　なお、執筆者のうち2名の方が、執筆完了後本書出版前に、弁護士を卒業されました。木村裕二先生が研究者に転身され、木内道祥先生（当委員会の前委員長です）が最高裁判所判事に就任されました。ご両名の今後のご活躍を祈念するものでありますが、本書掲載にかかるお2人の論攷は、弁護士時代に弁護士の立場から執筆頂いたものでありますので、念のためお断りしておきます。

　平成25年5月

日本弁護士連合会倒産法制等検討委員会
委員長　岡　　正　晶

編集委員・執筆者一覧（所属は2013年3月現在）

【編集委員】（50音順）

石岡隆司	青森県弁護士会	髙木裕康	第二東京弁護士会
伊藤　尚	第一東京弁護士会	野村剛司	大阪弁護士会
黒木和彰	福岡県弁護士会	平岩みゆき	福岡県弁護士会
進士　肇	東京弁護士会	森　晋介	徳島弁護士会

【執筆者】（50音順）

阿部弘樹	仙台弁護士会	瀬古智昭	鳥取県弁護士会
池田伸之	愛知県弁護士会	髙木裕康	第二東京弁護士会
石岡隆司	青森県弁護士会	髙橋和宏	奈良弁護士会
伊藤　尚	第一東京弁護士会	多比羅誠	東京弁護士会
上野　保	第二東京弁護士会	富永浩明	東京弁護士会
岡　伸浩	第一東京弁護士会	長沢美智子	第二東京弁護士会
小倉純夫	千葉県弁護士会	中村隆次	長野県弁護士会
小畑英一	第一東京弁護士会	中森　亘	大阪弁護士会
籠池信宏	香川県弁護士会	長屋憲一	第二東京弁護士会
木内道祥	大阪弁護士会	西脇明典	愛知県弁護士会
木村裕二	東京弁護士会	野村剛司	大阪弁護士会
黒木和彰	福岡県弁護士会	平岩みゆき	福岡県弁護士会
楽田博正	広島弁護士会	三森　仁	第二東京弁護士会
小林信明	東京弁護士会	深山雅也	第二東京弁護士会
佐口裕之	滋賀弁護士会	森　晋介	徳島弁護士会
佐藤順哉	第一東京弁護士会	八木　宏	福井弁護士会
佐藤昌巳	愛知県弁護士会	矢吹徹雄	札幌弁護士会
進士　肇	東京弁護士会	吉川　武	札幌弁護士会
須藤英章	第二東京弁護士会	和田聖仁	東京弁護士会

凡　例

1　法令の表記

　（　）内で条数とともに引用する主要法令等名は、次のように略記する。

弁	弁護士法
基本規程	弁護士職務基本規程
破	破産法
破規	破産規則
民再	民事再生法
民	民法
会	会社法
民執	民事執行法
労基	労働基準法

2　判例集・法律雑誌の表記

　判例集・法律雑誌は、次のように略記する。

〈判例集〉

民集	最高裁判所民事判例集（昭和22年～）
刑集	最高裁判所刑事判例集
下民集	下級裁判所民事判例集

〈法律雑誌〉

判時	判決時報
判タ	判例タイムズ
金法	金融法務事情
金判	金融・商事判例

3　文献の表記

【破産法関係】

・鹿子木康・島岡大雄編『破産管財の手引〔増補版〕』（金融財政事情研究会、2012年）　　　　　　　　　　　　　　　→『破産管財の手引』
・全国倒産処理弁護士ネットワーク編『破産実務Q&A200問』（金融財政事情研究会、2012年）　　　　　　　　　　　　　→『破産200問』
・伊藤眞ほか編『条解破産法』（弘文堂、2010年）　　　　→『条解破産』
・東京弁護士会倒産法部編『破産申立マニュアル』（商事法務、2010年）
　　　　　　　　　　　　　　　　　　　　　　→『破産申立マニュアル』

- 東京弁護士会弁護士研修センター運営委員会編『弁護士専門研修講座　倒産法の実務』（ぎょうせい、2009年）　　　　　　　→『倒産法の実務』
- 伊藤眞『破産法・民事再生法〔第2版〕』（有斐閣、2009年）
　　　　　　　　　　　　　　　　　　　　　　→『伊藤・破産民再二版』
- 野村剛司・石川貴康・新宅正人『破産管財実践マニュアル』（青林書院、2009年）
　　　　　　　　　　　　　　　　　　　　　　→『管財実践マニュアル』
- 大阪地方裁判所・大阪弁護士会破産管財運用検討プロジェクトチーム編『破産管財手続の運用と書式〔新版〕』（新日本法規出版、2009年）
　　　　　　　　　　　　　　　　　　　　　　→『運用と書式』
- 西謙二・中山孝雄編『破産・民事再生の実務〔新版〕（上）（中）（下）』（金融財政事情研究会、2008年）　　　　→『破産・民再の実務（上）（中）（下）』
- 大阪地方裁判所第6民事部編『破産・個人再生の実務Q&A　はい6民ですお答えします』（大阪弁護士協同組合、2008年）　　　　　　→『はい6民』
- 竹下守夫編集代表『大コンメンタール破産法』（青林書院、2007年）
　　　　　　　　　　　　　　　　　　　　　　→『大コンメ破産』
- 東京弁護士会法友全期会破産実務研究会編『新破産実務マニュアル』（ぎょうせい、2007年）　　　　　　　　　　　→『新破産実務マニュアル』
- 園尾隆司ほか編『新・裁判実務大系（28）新版破産法』（青林書院、2007年）
　　　　　　　　　　　　　　　　　　　　　　→『新・実務大系（28）』

【通常再生関係】
- 園尾隆司・小林秀之編『条解民事再生法〔第3版〕』（弘文堂、2013年）
　　　　　　　　　　　　　　　　　　　　　　→『条解民再』
- 鹿子木康編『民事再生の手引』（商事法務、2012年）　→『民事再生の手引』
- 園尾隆司ほか編『最新　実務解説　一問一答　民事再生法』（青林書院、2011年）
　　　　　　　　　　　　　　　　　　　　　　→『園尾・一問一答』
- 全国倒産処理弁護士ネットワーク編『通常再生の実務Q&A120問』（金融財政事情研究会、2010年）　　　　　　　　　→『通再120問』
- 才口千晴・伊藤眞監修／全国倒産処理弁護士ネットワーク編『新注釈民事再生法（上）（下）〔第2版〕』（金融財政事情研究会、2010年）
　　　　　　　　　　　　　　　　　　　　　　→『新注釈民再（上）（下）』
- 民事再生実務合同研究会編『民事再生手続と監督委員』（商事法務、2008年）
　　　　　　　　　　　　　　　　　　　　　　→『民事再生手続と監督委員』
- 門口正人・西岡清一郎・大竹たかし編『新・裁判実務大系（21）　会社更生法民事再生法』（青林書院、2004年）　　　　　→『新・実務大系（21）』

・日本弁護士連合会民事再生に関する倫理問題検討ワーキンググループ編『民事再生手続と弁護士業務Q&A』（日本弁護士連合会、2002年）
→『民再と弁護士Q&A』

【個人再生関係】
・鹿子木康・島岡大雄編『個人再生の手引』（判例タイムズ社、2011年）
→『個人再生の手引』
・日本弁護士連合会倒産法制等検討委員会編『個人の破産・再生手続』（金融財政事情研究会、2011年）
→『個人の破産・再生』
・全国倒産処理弁護士ネットワーク編『個人再生の実務Q&A100問』（金融財政事情研究会、2008年）
→『個再100問』
・大阪地方裁判所・大阪弁護士会個人再生手続運用研究会編『改正法対応　事例解説　個人再生　大阪再生物語』（新日本法規出版、2006年）
→『大阪再生物語』
・始関正光編著『一問一答個人再生手続』（商事法務研究会、2001年）
→『始関・一問一答個再』

【弁護士法等】
・髙中正彦『弁護士法概説〔第4版〕』（三省堂、2012年）
→『弁護士概説〔第4版〕』
・日本弁護士連合会弁護士倫理委員会編著『解説弁護士職務基本規程〔第2版〕』（日本弁護士連合会、2012年）　　→『解説基本規程〔第2版〕』
・東京三会有志・弁護士倫理実務研究会編著『弁護士倫理の理論と実務』（日本加除出版、2009年）
→『弁護士倫理の理論と実務』
・日本弁護士連合会調査室編著『条解弁護士法〔第4版〕』（弘文堂、2007年）
→『条解弁護士法〔第4版〕』

目　次

はしがき　　　　　　　　　　　　　　　　　　　　岡　正晶
編集委員・執筆者一覧
凡　例

序　章　倒産処理と弁護士倫理の基本的視座

Q　倒産処理事件に携わる際に、どのような視点を基本にして弁護士倫理などを考えるべきですか。……………須藤英章　2

第1章　破産申立て

Q1　破産申立ての相談、依頼を受ける際の留意事項………森　晋介　14
Q2　受任に先立つ説明の内容と方法……………………木村裕二　21
Q3　報酬額取決めの際の注意事項………………………富永浩明　27
Q4　報酬受領の際の注意事項……………………………佐口裕之　33
Q5　受任通知の発送…………………………………………阿部弘樹　38
Q6　依頼者の否認対象行為への対応……………………石岡隆司　44
Q7　破産申立前の資産処分…………………………………森　晋介　51
Q8　迅速着手、破産管財人への引継ぎ…………………佐藤順哉　57
Q9　過払金の取扱い…………………………………………和田聖仁　62
Q10　労働者への対応…………………………………………西脇明典　68
Q11　辞　任………………………………………石岡隆司・森　晋介　73

第2章　破産管財

Q1　コンフリクト……………………………………………矢吹徹雄　82
Q2　破産者からの引継ぎ、情報入手、資産の確保に際しての留意事項……………………………………………栄田博正　88

Q3	資産の種別に応じた管理上の留意事項	伊藤　尚	93
Q4	資産管理に際しての留意事項	伊藤　尚	100
Q5	資産換価に際しての留意事項一般	瀬古智昭	106
Q6	資産換価に際しての職務の公正	中村隆次	112
Q7	不動産の売却	岡　伸浩	119
Q8	動産の売却	岡　伸浩	125
Q9	資産の廃棄	上野　保	132
Q10	破産財団からの「放棄」	上野　保	137
Q11	担保権者との関係	小畑英一	143
Q12	動産売買先取特権者との関係	平岩みゆき	148
Q13	債権調査手続における過誤防止	深山雅也	154
Q14	未払賃金立替払制度に関する留意事項	八木　宏	160
Q15	配当に際しての過誤防止	三森　仁	167
Q16	財団債権の支払、納付	吉川　武	174
Q17	租税関係の処理	深山雅也	181

第3章　通常再生

Q1	申立ての受任①	多比羅誠	188
Q2	申立ての受任②	小林信明	193
Q3	申立ての受任③	進士　肇	202
Q4	民事再生申立ての報酬の定めに関する留意事項	小倉純夫	208
Q5	申立ての準備段階	平岩みゆき	213
Q6	申立てと情報管理	進士　肇	219

Q7	申立て直後にするべきこと	木内道祥	225
Q8	再生手続開始決定後に生じた問題	中森 亘	229
Q9	申立代理人の職務と守秘義務、利益相反に関する留意事項	長屋憲一	236
Q10	申立代理人が手続に不慣れな場合	黒木和彰	241
Q11	再生手続の税務	黒木和彰	248
Q12	再生計画認可決定確定後の申立代理人の職責	髙橋和宏	252
Q13	監督委員の職務に関する留意事項	池田伸之	258

第4章　個人再生

Q1	手続選択	髙木裕康	266
Q2	個人再生における最低弁済額	野村剛司	271
Q3	開始決定までの対応	髙木裕康	276
Q4	債権者一覧表と異議の留保	佐藤昌巳	281
Q5	清算価値保障原則と清算価値の算定	野村剛司	287
Q6	否認対象行為の取扱い	野村剛司	291
Q7	再生計画案の履行可能性	石岡隆司	296
Q8	住宅資金特別条項の要件該当性及び手続選択	籠池信宏	302
Q9	住宅資金特別条項の利用の可否	籠池信宏	308
Q10	履行補助	長沢美智子	314

巻末資料

弁護士法（抜粋）……………………………………………………322
弁護士職務基本規程……………………………………………325
弁護士の報酬に関する規程……………………………………337
債務整理事件処理の規律を定める規程………………………338

事項索引……………………………………………………………347
弁護士職務基本規程条文索引……………………………………352
弁護士法条文索引…………………………………………………354

序章

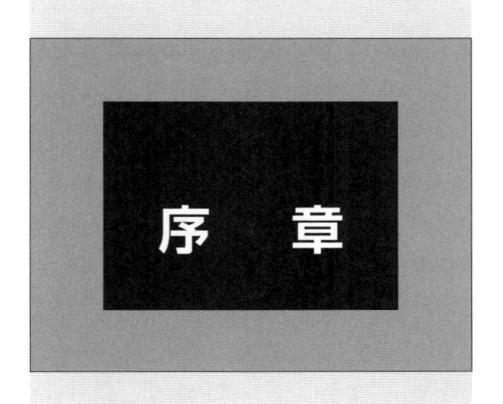

倒産処理と弁護士倫理の基本的視座

> **Q** 倒産処理事件に携わる際に、どのような視点を基本にして弁護士倫理などを考えるべきですか。

回答 倒産処理事件では、利害関係が複雑に錯綜するため、利益相反を見落として受任するおそれがあります。利害関係の実質に即して利益相反の有無を考えることが第1に必要です。次に、倒産処理事件では、依頼者が想定していない不利益も潜在しますから、受任に際して十分な説明をすることが必要です。第3に、倒産処理事件は迅速を要することが多く、また財産が減少しがちですから、受任後の着手・進行の迅速性が求められます。第4に、弁護士報酬についても、依頼者が弱い立場にあること、倒産債権者から見て合理的な金額かを考慮して自制する必要があります。第5に、管財人の立場は、債権者のための管理機構の側面と、担保権設定者の義務の承継者の側面をもつなど重層的ですから、善管注意義務を判断する上でも複眼的な視点が要求されます。

解 説

1 利益相反——受任の可否

(1) 利害関係の錯綜

　倒産事件では関係者の利害が錯綜します。通常の民事事件では、請求する原告と、請求される被告との間の利害の対立は明確で、原告の依頼を受けた弁護士が被告から同一事件を受任できないことは明白です。したがって、弁護士も受任して良いか否かの判断に迷うことはそれ程多くありません。

　しかし、倒産事件では事情が異なります。自己破産の申立てを例にとると、申し立てる債務者は、破産債権を争っている訳ではなく、払わないと云っている訳でもありません。限りある財産を全て提供し、公平に分配されることを願って、破産を申し立てるだけです。債権者対債務者という観念的な利害の対立はありそうですが、通常の給付訴訟や確認訴訟における利害対立とは様子が違っています。

また、民事再生申立ての場合、申立てを依頼された弁護士は、社長と相談しながら準備を進めます。しかし、再生手続が開始されると、再生債務者（会社）の代理人である弁護士は、社長を始めとする役員に賠償責任が無いか否かを検討し、責任がある場合はこれを追及しなければならなくなります。一見すると、利害の対立がなさそうな社長との間に、利害の対立が内在していることになります。

(2) 弁護士倫理に関する規定

　弁護士法25条は、次の３つの場合に職務を行えないものとしています。

○弁護士法25条（職務を行い得ない事件）
１号　相手方の協議を受けて賛助し、又はその依頼を承諾した事件
２号　相手方の協議を受けた事件で、その協議の程度及び方法が信頼関係に基づくと認められるもの
３号　受任している事件の相手方からの依頼による他の事件

　１号及び２号は同一事件についての規制で、利害の対立が明らかです。これに対して、３号は別事件ですが、受任済みの案件について、相手方に対して手心を加えるのではないかとの疑念が生じます。したがって、３号については、受任済みの事件の依頼者が同意すれば受任しても良いことになります。

　弁護士職務基本規程は、27条に同旨の規定を置いていますが、28条で更に職務を行えない事件を拡大しています。

○弁護士職務基本規程28条（職務を行い得ない事件）
１号　相手方が配偶者、直系血族、兄弟姉妹又は同居の親族である事件
２号　受任している他の事件の依頼者又は継続的な法律事務の提供を約している者を相手方とする事件
３号　依頼者の利益と他の依頼者の利益が相反する事件
４号　依頼者の利益と自己の経済的利益が相反する事件

　顧問先の会社が相手方になる事件は、２号にあたることになります。

(3) 顧問先会社の取引相手からの自己破産申立ての依頼

　顧問先の会社から「ウチと取引のある会社が困っているようなので、相談にのってあげて欲しい」という依頼を受けることは少なくありません。相談にのったところ、かなりの窮境にあり、とても立ち行かないので自己破産の申立てをすることになった。ところが、当の顧問先会社も破産債権者の一社になる。この場合に自己破産申立てを受任して良いのでしょうか。

　顧問先会社（A社）から、この取引先会社（B社）に対する債権の回収について相談を受けている場合には、判断は簡単です。上述の弁護士法25条1号又は2号に該当し、受任することは許されないからです。

　他方、A社からそのような相談を一切受けていない場合は、判断に迷うことになります。顧問先のA社は、上述の弁護士職務基本規程28条2号の「継続的な法律事務の提供を約している者」に当たりますから、B社からの自己破産申立ての受任は許されないように見えます。しかし、この規程の趣旨は、依頼者の利益保護と弁護士の職務執行の公正確保にあるので、A社の利益が侵害されず、職務執行が公正に保たれるなら、実質的に見て問題は無い、B社の自己破産申立ては、A社を「相手方とする事件」には当たらない、という解釈も成り立ちます。私は、この見解をとりますが、詳しくは**第1章Q1**の解説をご覧ください。尤も、A社がB社から偏頗弁済を受けていたなどの特別な事情があり、弁護士がそれを知りながら受任する場合は、懲戒が問題になることもありますので、注意を要します。

(4) 同意を得ることの困難性

　上記事例で、顧問先A社の同意を得れば問題がなくなるではないか、という意見もあるでしょう。しかし、そこには倒産事件特有の密行性という問題があります。弁護士が顧問先A社に、B社の自己破産申立てを受任すると告げて同意を求めた場合、直ぐに想像できるのは、A社がB社に納入した商品を引上げに行く等の債権回収に走ることです。B社の破産手続を公正に進めるためには、事前にA社に打ち明けることは許されません。弁護士職務基本規程23条は（弁護士法23条も）守秘義務を明確に規定しています。

> ○弁護士職務基本規程23条（秘密の保持）
> 　弁護士は、正当な理由なく、依頼者について職務上知り得た秘密を他に漏らし、又は、利用してはならない。

(5) 破産管財人を受任すること

　破産管財人への選任を打診され、これを受任して良いか否かについては、弁護士職務基本規程81条が規定しています。

> ○弁護士職務基本規程81条（受託の制限）
> 　弁護士は、法令により官公署から委嘱された事項について、職務の公正を保ち得ない事由があるときは、その委嘱を受けてはならない。

　「職務の公正を保ち得ない事由がある」か否かは、これまで検討してきた利益相反の有無で判断することになります。
　顧問先会社が破産者の場合に受任できないことは明らかです。破産管財人は破産者に財産の引渡しを求め、破産者の詐害的行為を否認し、役員の責任を追及するなどの権限を行使しなければなりません。破産者との間に顧問契約という密接な関係があった場合には、職務の公正確保に疑義が生じるからです。
　他方、破産債権者の中に顧問先会社がいるという場合は、判断が難しくなります。顧問先会社が破産者から偏頗弁済を受けているような場合に、受任が許されないことは明らかですが、そのような事情がなく、単なる一債権者に過ぎない場合には、実質的に見て利害の対立はなく、顧問先会社を「相手方とする事件」には当たらないと解して良いように思います。尤も、実際には、裁判所が、破産管財人の選任に先立って、更に厳しい基準でコンフリクトの調査をするでしょうから、このような悩みに遭遇することはないものと思います。
　詳しくは**第2章Q1**をご覧ください。

2　受任に先立つ説明

(1)　不利益を受けることも理解して委任する必要性

通常の訴訟の依頼であれば、敗訴した場合に、期待した利益が得られずに終わるというだけです。しかし、倒産事件の場合には、例えば、債権者からの追及が終息することを願って自己破産の申立てをしたのに、親書を転送・開披され、クレジットカードが使えなくなり、過去に懇請されて行った担保提供が犯罪になる（破266条）など、依頼者が想定していなかった不利益が多々あります。これらのことを良く理解してもらった上で倒産手続の申立てをしないと、「こんな筈ではなかった」と恨まれるばかりか、手続への非協力などの障害を生じかねません。

(2)　弁護士倫理に関する規定

弁護士職務基本規程は、この点についても詳細な規定を置いています。

○弁護士職務基本規程29条（受任の際の説明等）
1　弁護士は、事件を受任するに当たり、依頼者から得た情報に基づき、事件の見通し、処理の方法並びに弁護士報酬及び費用について、適切な説明をしなければならない。
2　弁護士は、事件について、依頼者に有利な結果になることを請け合い、又は保証してはならない。
3　弁護士は、依頼者の期待する結果が得られる見込みがないにもかかわらず、その見込みがあるように装って事件を受任してはならない。

金融業者に対して債務を負担する個人又は小規模企業に適用される「債務整理事件処理の規律を定める規程」4条にも、同旨の規定が置かれています。

(3)　倒産事件の受任に先立って説明すべき事項

自己破産申立ての受任にあたって説明すべき事項としては、①破産手続とそれ以外の選択肢、②同時廃止か管財事件かの見通し、③免責不許可事由、④詐

欺破産罪（破265条）、特定債権者への担保提供罪（破266条）など刑事罰を招く行為、⑤資格制限、個人信用情報の登録、親書の転送・開披、資産を失うこと、免責不許可の可能性などの不利益事項、⑥弁護士報酬、費用などが考えられますが、詳細は**第1章Q2**の解説をご覧ください。

民事再生手続の申立て受任にあたって説明すべき事項としては、①債権者に対する公平誠実義務（民再38条2項）、②役員に対する損害賠償請求権査定の申立て（民再143条）、そのための保全処分（民再142条）、③再生計画で再生債権が減免されても、個人保証債務は減免されないこと、などが重要ですが、詳しくは**第3章Q5**の解説をご覧ください。

3　受任後の着手・進行——迅速性の必要

(1)　緊急性と財団侵食のおそれ

倒産事件においては、受任後迅速に着手し、速やかに進行することが、ことのほか強く要請されます。「破産申立てという財産的危機状況にある債務者は、債権者の弁済要求の強弱や債権者との人間関係の濃淡などから、得てして偏頗弁済を行いがちであり、また、財産隠匿や私消の誘惑にかられるもの」（後記東京地判平21.2.13）だからです。したがって、受任した弁護士は、換価回収行為は必要最小限にとどめ、迅速に破産管財人に引き渡すことに専念すべきことになります。

(2)　弁護士倫理に関する規定

受任後の着手・進行が遅れてはならないことは弁護士職務基本規程35条に、これに違反した場合に懲戒を受けることは弁護士法56条に規定されています。

○弁護士職務基本規程35条（事件の処理）
　弁護士は、事件を受任したときは、速やかに着手し、遅滞なく処理しなければならない。
○弁護士法56条1項
　弁護士及び弁護士法人は、この法律又は所属弁護士会若しくは日本弁護士連合会の会則に違反し、所属弁護士会の秩序又は信用を害し、その

> 他職務の内外を問わずその品位を失うべき非行があったときは、懲戒を受ける。

(3) 損害賠償請求が認められた裁判例

　自己破産申立てを受任しながら2年間放置し、その間に預金が1000万円ほど流失した事件では、従業員の退職金などに使用された金額を除いて、500万円近くの損害賠償が命じられています（東京地判平21.2.13判時2036号43頁）。

　また、1月に自己破産の申立てを受任し、債権者に対して受任通知を発したが、換価行為を先行したため、5月になって破産申立てをしたところ、「申立代理人弁護士による換価回収行為は、それを行わなければ資産価値が急速に劣化したり、債権回収が困難になるといった特段の事情がない限り、意味がないばかりか、かえって、財産価値の減少や隠匿の危険ないし疑いを生じさせる可能性がある」とされ、収受していた弁護士報酬294万円のうち168万円の返還が命じられた裁判例（東京地判平22.10.14判タ1340号83頁）もあります。

　詳細は、**第1章Q3**、**Q4**、**Q8**の解説をご覧ください。

(4) 依頼者の意思の尊重との関係

　自己破産の申立てをする債務者の中には、消費者金融会社に対して過払金債権を有している者が少なくありません。このような債務者が、過払金返還請求だけを希望し、破産申立てを希望しない場合はどうしたら良いでしょうか。回収したお金を依頼者に渡して、将来の破産財団が減少するのを放置して良いものでしょうか。弁護士の眼で見ると、早晩行き詰まることが必至の場合に、特に問題になります。

　依頼者の意思を尊重すべきことは、弁護士職務基本規程22条1項も定めるところであり、大切なことですが、弁護士としては、仮に依頼者が過払金の回収だけを依頼してきたときでも、事案の全体像を見渡して、長い目で見たときに何が依頼者にとって最も良い解決なのかを検討し、詳しく説明することが求められていると言えます。そのような観点からすれば、依頼者に今後の生活設計を尋ね、自己破産の申立てをした方が良いのではないかと真摯に勧めることが必要で、安易に過払金回収だけを受任すべきではありません。また、申立費用

が不足する場合には、まず法テラスに対する法律扶助の申請を検討すべきで、仮に、軍資金作りのために過払金請求をする場合にも、費用が出来た時点で速やかに破産申立てを行い、その後の過払金回収は破産管財人に委ねるべきでしょう。

4　報酬の自制──依頼者の弱い立場と破産債権者からの視点

(1)　暴利行為にならなくても否認されることがある

　弁護士報酬を決める際に、倒産事件の依頼者が極めて弱い立場にあることを考える必要があります。通常の訴訟の場合には、報酬が高いと思えば、依頼者は他の弁護士に依頼することを検討するでしょう。しかし、倒産事件は、一刻を争う場合が多く、緊急性と密行性から、弁護士の選り好みが出来ないのが普通です。したがって、受任する弁護士もこのことを良く認識し、報酬の提案を少なめに自制することが必要になります。

　さらに、倒産事件の報酬については、倒産債権者からの視点が必要になります。次の裁判例における記載が参考になります。「報酬額が客観的にみて高額であっても、破産者と当該弁護士の間では、契約自由の原則に照らし暴利行為に当たらない限り有効というべきである。しかし、破産債権者との関係においては、その金額が、支払の対価である役務の提供と合理的均衡を失する場合、……当該部分の支払行為は、破産法160条3項の「無償行為」に当たり、否認の対象となり得る」（東京地判平23.10.24判時2140号23頁）。

(2)　弁護士報酬の一部返還が命じられた裁判例

　上記東京地判平23.10.24では、過払金回収額の25％を超える部分の報酬と、破産申立着手金とは別に収受した成功報酬部分の返還が命じられました。このほかに、過払金530万円を回収したものの、不動産売却を巡る意見の対立で委任が終了した事件では、収受した弁護士報酬301万円のうち、206万円の返還が命じられています（神戸地裁伊丹支決平19.11.28判時2001号88頁）。前述の東京地判平22.10.14（判タ1340号83頁）では、換価回収行為は特段の事由が無い限り意味がないとして、収受した報酬294万円のうち168万円について不当利得の返還が命じられています。

5　管財人の善管注意義務——複眼的注意の必要性

(1)　第三者性と義務の承継者

　破産管財人は、破産債権者のために財産の管理・処分・配当を行う管理機構であり、物権変動等の対抗要件の関係では第三者性が認められています。同時に、破産者が担保権者に対して質権設定者として負っていた担保価値維持義務を承継する（最一小判平18.12.21民集60巻10号3964頁）など、破産者の権利義務の承継者としての立場をもつものとされています。したがって、破産管財人の善管注意義務を考える際には、このような幾つかの立場を考慮した複眼的な見方が必要になります。

(2)　敷金をめぐる問題と動産売買先取特権

　敷金については、有名な前記最判平18.12.21が、破産手続開始後の賃料について、財団債権を支払うに足りる十分な預金があるのに、これを支払わずに敷金をもって充当する旨の合意をしたことは、正当な理由に基づくものとは言えないとして、質権者の損失において財団が利得した金員を不当利得として返還するように命じました。他方、原状回復費用については敷金による充当を認めています。ある程度の預金はあるが、財団債権の全部を支払うのに十分か否かハッキリしない場合に、どうしたら良いかなどの問題は残りますが、管財人はこの最高裁判決を基準にして処理していくことになります。

　動産売買の先取特権の処理も悩ましい問題ですが、この権利は、動産競売や物上代位の手続をとって初めて実現できる権利に過ぎないという立場で処理していくべきでしょう。動産売買の先取特権者（売主）が、転売代金債権を物上代位によって差し押える前に、破産管財人が目的債権を譲渡し、債権譲渡の対抗要件を備えれば、物上代位権は行使できなくなるとした最三小判平17.2.22（民集59巻2号314頁）などを基準にして処理して差し支えないと思います。

　このような担保権者との関係については、**第2章Q3**、**Q8**、**Q11**、**Q12**をご覧ください。

(3) 知識不足や不注意

　上述のような判断に迷う問題とは別に、単なる知識不足や不注意によって賠償を命じられる案件も少なくありません。破産管財人が税金の交付要求を失念して配当してしまった事例（最二小判昭45.10.30民集24巻11号1667頁）、売掛債権の短期消滅時効を徒過してしまって賠償を命じられた事例（東京高判昭39.1.23金法369号3頁）などがあります。

　弁護士職務基本規程37条の条項を肝に銘じることが必要です。

> 弁護士職務基本規程37条（法令等の調査）
> 1　弁護士は、事件の処理に当たり、必要な法令の調査を怠ってはならない。
> 2　弁護士は、事件の処理に当たり、必要かつ可能な事実関係の調査を行うように努める。

（須藤英章）

第1章

破産申立て

Q1 破産申立ての相談、依頼を受ける際の留意事項

Q 債務者から破産申立てについての相談、依頼を受けました。相談を聞き、依頼を受けてよいかどうかを判断するにあたり、注意すべきことはありますか。

回答 債権者の中に顧問先や他の事件の依頼者が含まれる場合は、その債権の額や内容について争いが生じる可能性などを考慮して、実質的に見て利益相反関係が存在するかどうかを判断する必要があります。

　利益相反関係が認められる場合に、相手方の同意を取り付けるために債務者の情報を開示することは、債務者に対する守秘義務の問題にとどまらない様々な問題があることから、実際には極めて困難な場合がほとんどであると思われます。なお、これらを検討の上で、受任の諾否の通知は速やかに行わなければなりません。

　その他、不当な目的に基づく破産申立てや非弁提携の疑いがある事件を受任してはならないことを銘記する必要があります。

解　説

1　利益相反

　破産手続が開始されると、破産債権者の個別的権利行使が禁止されるため、破産申立ては、当該債務者の債権者の利害と重大な関連があります。

　そこで、相談、依頼を受けた債務者の債権者と何らかの関係がある場合には、必ず利益相反の問題が生じないかを検討する必要があります。

　以下、場面を分けて説明します。

(1) 債権者から債務者を相手とする事件の依頼を受けている場合

　まず、債権者から当該債務者に関する債権の回収について相談や依頼を受けている場合、債務者から破産申立ての依頼を受けることは、弁護士法25条にお

ける「相手方の協議を受けて賛助した」（1号）ないし「相手方の協議を受けた事件で、その協議の程度及び方法が信頼関係に基づく」（2号）の規定に抵触し、利益相反に該当する典型的なケースとして、許されません。

(2) 債権者の顧問弁護士[1]である場合

では、債権者の中に顧問先が含まれている場合は、どうでしょうか。

この点、弁護士職務基本規程28条2号は、「受任している他の事件の依頼者又は継続的な法律事務の提供を約している者を相手方とする事件」について職務を行うことを禁止しています[2]。

もっとも、ひとことで債権者といっても、その立場は千差万別であり、当該債権者の債権額が全体に占める割合が小さく、また債権の存在にも全く争いがないなど、債務者や他の債権者との間に紛争が生じることが考えられないものもあります。

そもそも、同条の趣旨は、①当事者の利益保護、②弁護士の職務執行の公正の確保及び③弁護士の品位の保持にあります[3]。かかる観点からすれば、形式上利害が対立するように見えても実質的な争いのない場合には、当事者を害することも弁護士としての職務執行の公正や品位を害することもないことから[4]、同号にいう「相手方」には当たらない、と解するのが合理的といえます。

したがって、顧問先の債権に争いがある、偏頗弁済が疑われるため開始決定後に管財人が顧問先に否認請求をすることが予想される、といった事情がある場合には、実質的にみて利益相反関係が存在することになりますが、かかる事情がなくかつ債権額が全体に占める割合も小さいような場合は、破産申立てを受任することも許されると考えられます。

---

[1] ここでは、「個人又は団体から法律相談及び法律事務について継続的に依頼を受ける契約関係にある弁護士」（日本弁護士連合会弁護士倫理に関する委員会編『注釈弁護士倫理〔補訂版〕』61頁（有斐閣、1996年））を想定します。
[2] 弁護士職務基本規程28条2号の沿革については、旧弁護士倫理26条で規定されていた内容のうち弁護士法25条に含まれないものを残し、これに顧問先等を加えたものである、と説明されています（『解説基本規程〔第2版〕』77頁）。
[3] 『解説基本規程〔第2版〕』75頁。
[4] 『条解弁護士法〔第4版〕』185頁参照。

(3) 他の事件の依頼者が債権者に含まれている場合

弁護士職務基本規程28条2号は、「受任している他の事件の依頼者……を相手方とする事件」の受任について、職務執行を禁止しています。

そこで、この場合もやはり(2)と同様に考えて、当該他の事件の依頼者の債権が債権者全体に占める割合や、当該債権について争いの生じる可能性などを個別具体的に考慮し、実質的にみて利益相反関係があるか否かを判断することになります。

(4) 共同事務所の場合

a 原則

弁護士職務基本規程57条は、共同事務所の所属弁護士の1人が利益相反事件として職務を行い得ない場合、他の所属弁護士がこれを取り扱うことも禁止しています。

そのため、債権者の中に顧問先や他の事件の依頼者が含まれていないかどうかは、他の所属弁護士との関係でも確認する必要があります[5]。

b 例外

これに対し、「職務の公正を保ち得る事由」がある場合は、例外的に職務を行い得るものとされています（同条ただし書）。

そのため、いかなる場合に、「職務の公正を保ち得る事由」があるといえるかが問題となります。

この点、スクリーンまたはチャイニーズ・ウォールといわれる事務所内における情報遮断措置が構築されていたか否かは、1つの判断要素となります。

しかし、例えば、記録の分別管理はもちろんのこと、フロアやOAシステムも別にし、弁護士・補助職に専門セクションが確立するなどして、厳格な情報遮断措置が構築されていたとしても、典型的な相対立する事件の当事者双方に同じ事務所の弁護士が就任することは、弁護士の職務に対する信頼を損ね、職務執行の公正さを疑われるおそれが高いといえます[6]。

---

[5] この確認を円滑に行うためには、事件情報の記録や検索システムを整備しておくことが有用です（基本規程59条）。

したがって、債権者の中に他の所属弁護士の顧問先が含まれており、しかもその債権に対する偏頗弁済がなされているなど実質的な利益相反関係がある場合は、当該債務者の破産申立てを受任することは避けるべきです。

(5) 懲戒の実例

以上に関連する実例として、A社から破産申立事件を受任した後、その債権者であるB社からも破産申立事件を受任し、B社がA社の債権者であることを知り、さらにB社がA社から偏頗弁済を受けていたことを知ってからもなおB社の破産申立事件に係る業務を行ったことを理由として、懲戒処分（戒告）を受けた例、5名の債務者からC社を相手とする債務整理事件を受任し、それらの債務整理事件が継続しているにもかかわらず、依頼者の同意を得ずに、C社の整理事件を受任したとして懲戒処分（根拠のない報酬の過大請求事件と合わせて業務停止8月）を受けた例があります。

2　守秘義務等の問題

では、顧問先が偏頗弁済を受けた債権者や廉価売却の当事者であるなど、債務者の破産申立ての相談、依頼を受けることが利益相反の規定に該当する場合は、依頼者や相手方の同意（基本規程28条ただし書）を取り付けることで受任することができるでしょうか。

(1) 守秘義務

まず、当然のことながら、依頼者について職務上知り得た「秘密」を他に漏らし、又は利用することは許されないところ（弁23条、基本規程23条）、債務者が破産申立てを検討していることが、「秘密」[7]に該当することは疑いがありません。

そのため、これを債権者である顧問先や他の事件の依頼者に告げるにあたっては、守秘義務に違反しないよう、事前に、相談を受けた当該債務者の承諾を取り付ける必要があります。

6　『解説基本規程〔第2版〕』143頁。
7　『条解弁護士法〔第4版〕』157頁、『解説基本規程〔第2版〕』35頁。

(2) 倒産事件特有の問題

　さらに、破産を含む倒産事件の場合は、利害関係者が多数に上ることもあり、守秘義務の問題にとどまらない、以下のような問題について留意する必要があります。

　すなわち、当該債務者が破産申立てを検討していることが債権者に伝わってしまうと、これを知った債権者等が、債務者の元へ押しかけ、取立てや商品の引揚げを行うなど、大きな混乱を招くおそれがあります。

　そして、一度漏れた情報をコントロールすることは困難であるため、一部で抜け駆け的な回収行為が始まると他の債権者にも波及していくなどし、結果、財団を大きく毀損して、非常に深刻な問題に発展してしまうおそれも否定できません。

　債務者の破産申立てを知ったときの顧問先等の反応については事前に予想しきれないことも多いでしょうから、結局、顧問先等に情報を開示して同意を取り付けることは、実際には極めて困難な場合がほとんどであると思われます。

(3) 受任諾否の通知

　以上のように、利益相反の確認や相手方の同意の取付け等については、一定の検討を要することがありますが、一方で、破産申立ての相談、依頼は、債務者が切迫した状態でなされることが少なくないことに留意する必要があります。

　この点、弁護士職務基本規程34条には、「事件の依頼があったときは、速やかに、その諾否を依頼者に通知しなければならない」と規定されています。

　そのため、限られた期間の中で、依頼者が他の弁護士に依頼する機会を奪わないように、利益相反に関する前記の検討も出来る限り迅速に行い、当該破産申立ての依頼について速やかに諾否を通知する必要があります。

3　不当な利益の実現を目的とする破産申立て

　破産者の財産は、破産者が自然人である場合の自由財産部分を除き、基本的にすべて債権者への弁済、配当に充てられます。そのため、債務者自身は自己の財産の開示に消極的になることも少なくなく、破産申立ての直前に財産の隠

匿あるいは親しい者に対する弁済や資産譲渡を欲する者も存在します。

しかし、破産者等が説明義務（破40条）や重要財産開示義務（破41条）に違反した場合、個人の破産者であれば免責不許可事由となるほか（破252条1項11号）、義務に違反した破産者本人や破産会社の役員等に刑事罰が科される場合があります（破268、269条）。また、破産申立ての前後に債権者間の平等を害する行為がなされた場合、破産管財人による否認権行使の対象となります（破160、161条等）。

そこで、債務者に対しては、前記の義務に基づいた協力をすべきことを十分に説明し、理解を得るべきです。

万一、債務者がこの点を納得せず、あくまで不当な利益の実現を欲する場合、当該事件の受任の許否も含めて検討すべきであり、申立代理人として不正に関与する事態を招いてはなりません。

弁護士は、「依頼者の……正当な利益を実現するよう」努めなければならず（基本規程21条）、「不当な事件を受任してはならない」（同31条）のはいうまでもないところですが、自己の財産の換価を強いられる破産事件を巡っては、債務者の非倫理的行為が誘発される危険があることに特に注意する必要があります。

4 非弁護士との提携の禁止

(1) 破産申立てと非弁提携問題

弁護士法27条は、非弁取締規定違反者との間で事件の周旋を受けたり自己の名義を利用させたりすることを厳に禁じており、違反した場合は、2年以下の懲役または300万円以下の罰金に処せられます（弁77条1号）。また、弁護士職務基本規程11条も、前記弁護士法の規定の趣旨をそのまま取り入れつつ、より広く弁護士がいわゆる無資格者と提携することを禁止しています。

この点、破産申立事件については、広く依頼者を募集できる面があるために営利を見込んだ非弁が横行しやすい素地がある、といった指摘もあります。

実際、過去には都市部を中心として、いわゆる整理屋と結託する非弁提携弁護士が問題化したため、弁護士会では対策本部を設置するなどの取組みも行われています[8]。

(2) 違反となる場合

　周旋は、弁護士の方から依頼をすることは要件とされていないことに注意が必要です。そのため、自らが積極的に周旋を依頼したのか、あるいは相談・依頼が持ち込まれたのかは、関係ありません。また、懲戒されたケースでは、名義の利用などが大量になされたケースが多いようですが、たとえ1回の名義利用であっても、違反となることに変わりはありません。

　したがって、破産申立事件の受任に際しては、弁護士法27条や弁護士職務基本規程11条の規定を意識し、非弁行為の疑いがある者の関与がないか、注意する必要があります。

(3) 懲戒の実例

　非弁提携の問題で実際に懲戒処分がなされた例は少なくありません。

　具体的な実例として、多重債務者を集めて債務整理事件を処理するために組織化されたAグループの下部組織であるBセンターが、対象弁護士の名称及び事務所を使用して債務整理事件の処理、管理を行い、対象弁護士は、それを知りながら是認していたとして懲戒処分（業務停止2年）を受けた例、整理屋グループの一員であるCから資金提供を受けて事務所を開設し、Cから紹介された者を事務長兼経理担当者に据えて経理処理を同人に任せきりにし、新聞折り込み広告で多重債務者を誘引する金融業者とつながりのあるD法律事務所から多重債務事件の依頼者紹介を受け、その間、Cに調査費として金銭が支払われていたとして懲戒処分（業務停止3か月）を受けた例などがあります。

（森　晋介）

8　『弁護士概説〔第4版〕』140頁・注48。

Q2 受任に先立つ説明の内容と方法

Q 破産申立ての依頼を受けるにあたり、依頼者に説明しておくべき事項はありますか。

回答 説明しておくべき事項には、事件処理の方針及び見通し、弁護士報酬及びその他の費用、不利益事項などがあります。

事件処理の方針及び見通しとして、破産とそれ以外の選択肢、同時廃止か管財事件か、免責不許可の可能性などがあります。弁護士報酬及びその他の費用として、予納金、印紙代・郵券代等の実費、着手金・報酬について説明する必要があります。不利益事項として、資格制限、個人信用情報の登録、資産を失う可能性、郵便物の転送・信書開披などがあります。

このような説明は、事件受任に際しての面談に引き続き、同一の弁護士が行うのが原則です。説明の方法や時期については、債務整理事件処理の規律を定める規程に具体的で細かな規律が定められているので、同規程（4条以下）の定めに十分に留意して下さい。同規程は、施行日（2011年4月1日）から5年を超えない範囲において理事会で定める日に効力を失うとされています。また、同規程の適用範囲は、金融業者に対して債務を負担する個人又は小規模企業に限られます（同規程2条の定義規定を参照）。しかし同規程の廃止後も、また同規程の適用範囲外の事件でも、事件処理の見通し・処理の方法について適切な説明をしなければならないという弁護士職務基本規程の一般的な規律が及ぶことはもちろんです。

解説

1 説明の内容

(1) 事件処理の方針及び見通し

弁護士は、事件を受任するにあたり、事件の見通し、処理の方法について適

切な説明をしなければなりません（基本規程29条1項、債務整理事件処理の規律を定める規程4条1項。両規程の関係・適用範囲については【回答】欄のとおりで、以下の各項目においても同様です）。破産申立事件の場合は、以下の点について説明する必要があると考えられます。

　a　同時廃止か管財事件か

　予納金の額、破産管財人との打ち合わせ、債権者集会への出頭、事件終了までの期間など、依頼者の金銭的・時間的・心理的な負担について違いが生じます。事件の振分けは裁判所が決めますが、管財事件になりそうな見通しである場合は、その旨を説明しておく必要があります。

　管財事件に振り分けられるのは、換価すべき財産がある場合、換価すべき財産があるかどうかを調査させる場合（廃業直後の自営業者など）、免責不許可事由の有無につき調査させる場合などです。

　b　免責不許可の可能性

　自然人の自己破産申立ての場合、申立ての実質的目的は、依頼者が免責許可決定を受けることにあります。免責不許可事由（破252条）が存在すると思われる事案では、免責不許可の可能性があることを説明しておく必要があります。

　そして、裁量免責（破252条2項）の制度があることを前提に、当該事件においてどのような事情が裁量免責の事由となり得るか、その見通しはどうか、なども説明しておくべきでしょう。

　c　破産とそれ以外の選択肢

　破産申立てをするかどうかは、依頼者の人生のなかで重大な選択です。依頼者は破産を避けたいと希望しているが、破産を選択すべきと思われるケースでは、当該事案に関して任意整理、個人再生など他の処理方法をとることができない、あるいは、他の処理方法と比較して破産申立てを選択することが適切である、ということを説明し、依頼者の理解を得る必要があります。

　任意整理を選択することができない事情としては、例えば、依頼者の収入・資産をもってしては、債権者の同意を得られる見込みのある弁済計画が立てられないことなどです。個人再生をとることができない事情としては、例えば、法定の要件を満たす返済計画が、当該依頼者にとって履行の見込みがないことや、負債額の上限（5000万円）を超えることなどです。

　破産申立てと任意整理または個人再生のいずれも選択可能な場合であって、

かつ、破産申立てがより適切と言える事情としては、例えば、依頼者の年齢、収入状況、家族状況、健康状況などに照らし、分割弁済を継続するよりも即時に免責を受けるほうが依頼者の経済生活の再建にとって適切と考えられることなどです。

(2) 弁護士報酬及びその他の費用

弁護士は、事件を受任するにあたり、弁護士報酬及び費用について、適切な説明をしなければなりなりません（基本規程29条1項、債務整理事件処理の規律を定める規程4条1項）。

破産申立事件の場合、予納金、印紙代・郵券代等の実費、着手金・報酬につき説明する必要があります。

「適切な」説明が必要であって、ホームページにおける記載につき着手金の要・不要の区別が不明で任意整理の費用説明が不明瞭とされた懲戒事例もあります。

必要かつ相当と認められる場合には法律扶助制度について説明し、依頼者がその利用を希望するときには、その利用が可能となるよう努めることとされています（基本規程33条、債務整理事件処理の規律を定める規程6条）。

(3) 不利益事項

破産申立事件の場合、破産手続開始決定によって、あるいはこれに付随して、生ずることが予想される不利益事項の説明をしなければなりません（債務整理事件処理の規律を定める規程4条1項）。

a 資格制限

破産手続開始決定の効果として資格制限が生ずるものについては、個々の法律で定められています。代表的なものとしては、生命保険募集人（保険業法279条1項1号、307条1項1号）、警備員（警備業法14条）、宅地建物取引主任者（宅地建物取引業法18条1項3号、21条、22条）などがあり、また取締役については、欠格事由ではありませんが委任の終了事由となります（会330条、民653条2号）。

b 個人信用情報の登録

法律上の効果ではなく事実上の効果ですが、弁護士が受任通知書を債権者に発送すると、信用情報機関が管理する信用情報に登録されることがあり、それ

によって一定期間は金融機関等からの借入れに関して支障が生ずるおそれがあります。

　　c　資産を失う可能性

差押禁止財産と99万円以下の現金を除いて、破産手続開始の時において有する一切の財産は破産財団に属し、自由財産拡張が認められたものを除き、破産管財人によって処分・換価されます。長年かけてきた保険なども、対象となり得ます。

不動産は、別除権の行使による競売手続で処分される場合もあります。ローンが残っている所有権留保付きの自動車は、留保所有権者によって引き揚げられます。

　　d　その他の不利益事項

破産者に対する自由の制限として、郵便物が破産管財人に転送され信書が開披されます（破81条）。

(4)　破産法によって課せられる義務等

その他、最初からあるいは事件の具体的状況・場面に応じて、説明すべきであると思われるのは以下の事項です。

破産犯罪に当たる行為として、財産隠匿（破265条）や説明義務違反（破40条、268条、271条）があること。不当な利益の実現を目的とする破産申立ての問題については、**第1章Q1**を参照して下さい。

その違反行為が免責不許可事由となるもの。例えば偏頗行為（破252条1項3号）、虚偽の債権者名簿の提出（破252条1項7号）などは、依頼者が誤解や思い込みによって違反行為を行う危険があるので特に注意を喚起する必要があります。

なお、否認対象行為がなされていることが破産申立て準備中に判明した場合については、場合によっては守秘義務と公正誠実義務の相克が問題となりますが、詳細は**第1章Q6**を参照して下さい。

2 説明の時期・方法

(1) 説明義務の履行者及び説明の機会

　事件処理方針等及び不利益事項の説明は、破産申立事件を受任するにあたって面談により事情聴取を行った弁護士において、自ら、当該聴取に引き続いて行うのが、原則です（債務整理事件処理の規律を定める規程 4 条 2 項）。

　「面談」が必要なのは、依頼者の問題状況を的確に把握し、信頼関係を構築するためには、双方向的な会話というコミュニケーションの方法が不可欠だからです。

　同一の弁護士が面談・事情聴取・説明を行うことが原則です。弁護士は事件を受任するに当たり「依頼者から得た情報に基づき」（基本規程29条 1 項）必要な事項について適切な説明をしなければならず、事情聴取と説明とが実質的に連動しなければならないからです。

　説明義務の履行者は弁護士です。事務職員が補助的な説明を加えることを排除するものではありませんが、弁護士自身による説明に代えることはできません。面談も説明も事務職員に任せきりというのでは、説明義務違反となります。懲戒事例の中には、面談も説明も事務職員に任せきりで、弁護士は海外旅行に出かけ事務所を長期不在にしていたという事案もあります。

(2) ほかの弁護士による説明

　事情聴取と説明とを同一の弁護士が行うのが原則ですが、例外として、受任にあたって事情聴取をした弁護士の同席のもとで、他の受任弁護士が事件処理方針等及び不利益事項の説明を行うこともできます（債務整理事件処理の規律を定める規程 4 条 3 項）。共同受任する弁護士間の役割分担として、勤務弁護士が事情聴取を行い、経営者弁護士が事件処理方針の説明等を行うようなケースが想定されています。この説明を行い得る弁護士は他の「受任弁護士」であって、受任しない弁護士が行うことはできません。

(3) 後日の説明

　事情聴取に引き続いて説明を行うのが原則ですが、例外として、事情聴取に

引き続いて行うのに十分な時間が不足するときその他正当な理由がある場合は、事情聴取の後、遅滞なく、当該聴取を行った弁護士において、自ら行うことができます。ここも「自ら」が原則ですが、例外として当該弁護士と十分な意思疎通を行った上で他の受任弁護士において説明することも許容されます（債務整理事件処理の規律を定める規程4条4項）。

(4) 通信手段を用いた説明

　面談をして説明するのが原則ですが、例外として別の機会に説明を行う場合（上記(3)の場合）に、依頼者が面談によらないで説明を受けることを希望するときは、電話、書面、ファクシミリ、電子メールその他の適当な通信手段を用いて説明することができます。この場合においては、当該弁護士が面談して行う場合と同じ程度に当該依頼者が説明を理解することができるように努めることとされています（債務整理事件処理の規律を定める規程4条5項）。

（木村裕二）

Q3 報酬額取決めの際の注意事項

Q 破産申立てを受任することになりました。報酬額の取決めに際して、注意すべきことはあるでしょうか。

回答 破産申立事件を受任する際の弁護士報酬の取決めについては、適切な説明や報酬に関する事項を含む委任契約書の作成等といった一般事件と同様の留意点の他に、破産手続との関係で客観的な相当額であること等についての留意が必要となります。

解　説

1　弁護士報酬の取決めについての一般的な留意点

(1)　弁護士報酬についての合意

弁護士と依頼者との間の契約は、委任契約であり、報酬についても、当事者の合意で取り決めることとなります。契約自由の原則を強調すれば、当事者が合意すれば、原則として、どのような報酬の取決めも可能であり有効ということになります。最一小判昭37.2.1（民集16巻2号157頁）が「弁護士の報酬額につき当事者間に別段の定めのなかつた場合において、裁判所がその額を認定するには、事件の難易、訴額及び労力の程度だけからこれに応ずる額を定むべきではなく、当事者間の諸般の状況を審査し、当事者の意思を推定して相当報酬額を定むべきである」とするのも、当事者の合意（意思）を尊重する趣旨とも考えられます。

(2)　適正かつ妥当な報酬

他方、「一般に委任契約は当事者間の信頼関係を基礎とし、他の契約関係に比較すると信義誠実の原則と衡平の原則が強く支配するといえるのであり、この関係は法律専門職たる弁護士とその依頼者との委任契約においてはより一層

強調されてしかるべきである。そうすると、弁護士の報酬額に関して、当事者間の合意に全て拘束されるとするのは妥当ではなく、依頼された事件の難易、労力の程度、所要時間の多寡、廃止前の弁護士会報酬規定等の内容その他諸般の事情を総合考慮して、信義誠実の原則と衡平の原則に基づき約定の範囲内においてその報酬額を減額することができると解するのが相当である」（神戸地裁伊丹支決平19.11.28判タ1284号328頁）という点も重要と考えられます。

弁護士職務基本規程24条は、「弁護士は経済的利益事案の難易、時間及び労力その他の事情に照らして適正かつ妥当な弁護士報酬を提示しなければならない。」と定めています。また、弁護士の報酬に関する規程2条も、「弁護士の報酬は、経済的利益、事案の難易、時間及び労力その他の事情に照らして適正かつ妥当なものでなければならない。」と定めています。これらの定めも、弁護士の報酬について、信義誠実の原則と衡平の原則に配慮して、報酬が適正かつ妥当であることを要求したものと考えられます。そして、これらの定めの基礎には、「弁護士は、真実を尊重し、信義に従い、誠実かつ公正に職務を行うものとする。」（基本規程5条）、「弁護士は、名誉を重んじ、信用を維持するとともに、廉潔を保持し、常に品位を高めるように努める。」（基本規程6条）とされる弁護士の信義誠実及び名誉と信用に対する基本倫理があると考えられます。

したがって、弁護士報酬の取決めを行うには、適正かつ妥当な弁護士報酬を定めるよう留意することが必要となります。

2　破産申立事件特有の報酬の取決めについての留意点

(1) 客観的な相当額

さらに、破産申立事件においては、弁護士報酬の取決めについて、破産手続との関係にも留意が必要となります。破産申立事件においては、受任した弁護士の報酬は、破産財団を構成することが予定された債務者の財産から支出されることが通常です。そのため、弁護士の報酬が適正かつ妥当な範囲を超えている場合は、破産債権者を害することとなり、破産管財人から否認権を行使されることも考えられます。

破産手続は、「債務者の財産等の適正かつ公平な清算を図る」手続であり（破1条）、公平性が強く求められます。そのため、「債務者の財産から破産申立て

のための弁護士費用（報酬）を（優先的に）支出することは、これを委任された当該弁護士の行う事務が破産制度の目的を実現するために有益である限りにおいて正当化される」（東京地判平21.2.13判時2036号43頁）こととなります。そして、「弁護士による……自己破産の申立てに対する着手金ないし報酬金の支払行為であっても、その金額が役務の提供と合理的均衡を失する場合には、その合理的均衡を失する部分の支払行為は、破産債権者の利益を害する行為として否認の対象となり得る」（東京地判平9.3.25判タ957号265頁、同旨：東京地判平22.10.14判タ1340号83頁）こととなります。

このように、破産申立事件の報酬については、破産手続との関係でも、報酬が適正かつ妥当な範囲であることが要求されます。そのため、当事者の合意（意思）よりも、客観的に見ても適正かつ妥当な弁護士報酬であることが一層重視されることとなります。東京地判平23.10.24（判時2140号23頁）も「弁護士による過払金返還請求訴訟の提起及び自己破産申立てに対する報酬の支払行為は、その報酬額が客観的にみて高額であっても、破産者と当該弁護士の間では、契約自由の原則に照らし暴利行為に当たらない限り有効というべきである。しかし、破産債権者との関係においては、その金額が、支払の対価である役務の提供と合理的均衡を失する場合、破産者はその合理的均衡を欠く部分については支払義務を負わないといえるから、当該部分の支払行為は、破産法160条3項の「無償行為」に当たり、否認の対象となり得るというべきである。」と判示しています。

(2) 資産の換価回収行為の報酬

破産申立事件を受任する際、申立代理人が依頼者の資産の換価回収行為についても受任することがあります。例えば、過払金返還請求や売掛金の回収や在庫資産の売却等の依頼を受ける場合です。破産申立事件を受任した申立代理人が、資産の換価回収行為も依頼された場合、破産手続開始申立の報酬の他に、換価回収行為分の報酬をも請求できるかどうかも問題になります。

この点については、資産の換価回収行為が、破産財団の増殖に寄与する等破産制度の目的を実現するために有益であり、かつ、報酬額も適正かつ妥当な範囲であれば、換価回収行為分の報酬の請求が問題になることはないと考えられます。ただ、資産の換価回収行為に問題がある場合には、換価回収行為分の報

酬が認められないこともあるので、注意が必要です。

　申立代理人の対応等に問題があった事案の換価回収行為分の報酬に関して、前掲東京地判平22.10.14は、「破産申立てを受任し、その旨を債権者に通知した弁護士は、可及的速やかに破産申立てを行うことが求められ、また、破産管財人に引き継がれるまで債務者の財産が散逸することのないよう措置することが求められる。」「申立代理人弁護士による換価回収行為は、債権者にとって、それを行われなければ資産価値が急速に劣化したり、債権回収が困難になるといった特段の事情がない限り、意味がないばかりか、かえって、財産価値の減少や隠匿の危険ないし疑いを生じさせる可能性があるのであるから、そのような事情がないにもかかわらず、申立代理人弁護士が換価回収行為をすることは相当でなく、換価回収行為は、原則として管財人が行うべきである。」「ましてや、申立代理人弁護士が、相当高額な弁護士報酬を得る目的で、安易な換価回収行為を優先して行い、資産、負債等に関する十分な調査をせずに迅速な破産申立てを怠るようなことは、破産制度の意義を損なうものというべきである。」と判示しています。

3　適切な説明

　以上のように、破産申立事件を受任する際、弁護士報酬については、依頼者と合意することは勿論のこと、適正かつ妥当な弁護士報酬（役務の提供との合理的均衡）に留意することが必要となります。

　また、依頼者と合意する場合には、依頼者に対し、弁護士報酬及び費用について、適切な説明をすることが当然の前提であり必要となります。

　この点については、弁護士職務基本規程29条1項及び弁護士の報酬に関する規程5条1項ならびに債務整理事件処理の規律を定める規程4条1項が、説明義務について定めています。さらに、債務整理事件処理の規律を定める規程は、5条1項において、「弁護士は、前条の規定により弁護士費用について説明をするに当たっては、債務者に弁護士費用に関する誤解が生じないようにし、かつ、自らの弁護士報酬の額が適正かつ妥当であることの理解を得るよう努める」と定め、5条2項において、「弁護士は、弁護士費用に関する事項を委任契約書に記載するに当たっては、当該債務者に弁護士費用に関する誤解が生じないように努める。」と定めています。

なお、前掲神戸地裁伊丹支決平19.11.28では、「破産者の……及び……に対する各債務については、……過払金を、示談交渉ないし訴訟提起等の手段により可能な限り破産者に有利な条件で回収するという相手方（破産申立代理人弁護士）のいう「過払金返還請求」の事務処理をすることで足り、それに加えて、債務が残存することを前提に、返済総額、毎月の返済額、返済方法について交渉し、合意に至らしめた上で破産者に弁済を継続させるといった相手方のいう「任意整理」の事務処理をする必要性はないと考えられる」「むしろ、相手方（破産申立代理人弁護士）は、本件委任契約において、「任意整理、場合によっては過払金返還請求のみ」2件を、実際は過払金返還請求のみを行うことになるであろうことを認識しながら、破産者からの委任事項を「任意整理」、「過払金返還請求」各2件として本件委任契約を締結したのは、「任意整理」事件として着手金を受領しつつ、「過払金返還請求」事件として、回収した過払金から着手金を受領しないことを前提としているはずの完全成功報酬制に基づく報酬金受領を可能にするための便法であるとの疑いを容れる余地があり、少なくとも、破産者の希望に添い、その利益に適うものとは到底いえない」との判示もされています。そのような疑いを持たれないようにすることは、当然のことながら重要と考えられます。

4　弁護士報酬に関する事項を含む委任契約書の作成

　さらに、依頼者と合意した弁護士報酬の取決めを書面にすることは、後日の紛争を防ぎ、弁護士業務に対する信頼を確保するためにも必要です。
　この点については、弁護士職務基本規程30条1項が「弁護士は、事件を受任するに当たり、弁護士報酬に関する事項を含む委任契約書を作成しなければならない。」と規定し、また、弁護士の報酬に関する規程5条2項も「弁護士は、法律事務を受任したときは、弁護士の報酬に関する事項を含む委任契約書を作成しなければならない」と規定して、弁護士報酬に関する事項を含む委任契約書の作成義務を定めています。また、債務整理事件処理の規律を定める規程5条2項は、先に述べた通り、「弁護士費用に関する誤解が生じないように……努める。」と定めています。なお、不渡りを出した会社及びその代表者夫婦から自己破産申立てを受任したが、その際、委任契約書を作成しなかった事案で懲戒になった例があります。

5 法律扶助制度等の説明等

　破産申立事件を受任する場合、依頼者は支払不能又は債務超過にあり、破産手続申立ての弁護士報酬や「予納金を含めた申立費用」の準備ができない場合も少なくないと考えられます。

　そのような場合、「その使命が基本的人権の擁護と社会正義の実現にある」（弁護士職務基本規程1条）弁護士としては、依頼者が法的な清算手続である破産手続を利用して経済生活の再生ができるようにするため、法律扶助制度等の説明をすることが必要となります。

　この点について、弁護士職務基本規程33条は、「弁護士は、依頼者に対し、事案に応じ、法律扶助制度、訴訟救助制度その他の資力の乏しい者の権利保護のための制度を説明し、裁判を受ける権利が保障されるように努める」と規定し、法律扶助制度等の説明について定めています。また、債務整理事件処理の規律を定める規程6条は、更に進めて、「弁護士は、債務整理事件を受任するに際しては、事案に応じ、当該債務者の経済生活の再生の観点から必要かつ相当と認められる場合には、法律扶助制度その他の資力の乏しい者の権利保護のための制度を説明し、当該債務者が当該制度の利用を希望するときは、その利用が可能となるように努める」と規定し、法律扶助制度等の説明のみならず、依頼者（債務者）が法律扶助制度等の利用が可能となるように努めることまで定めています。

（富永浩明）

Q4 報酬受領の際の注意事項

Q 事業者の破産申立ての依頼を受けました。手持ちの現金がないので、売掛金を回収したり、動産類を処分したりして、その換価代金の中から報酬を受領したいと思っていますが、構わないでしょうか。その場合、注意すべき点は何でしょうか。

会社と代表者、親子会社、親族など複数の依頼者から破産申立てを受任する場合、一方の財産から他方の申立費用を捻出することは、問題があるでしょうか。

回答 破産申立てに先立ち、破産申立てにかかる弁護士報酬や予納金を含む手続費用に充てるために、その申立代理人が債務者を代理してその資産の換価回収行為を行うことは、破産財団の増殖に寄与するなど破産制度の目的を実現するために有益であり、且つ、その換価回収行為あるいはこれを含めた破産申立業務全体に対する弁護士報酬が適正なものである限り、許容されるでしょう。しかし、弁護士報酬目当てに本来不必要な換価回収行為まで行うことは問題があり、後から弁護士報酬の全部又は一部を破産管財人から否認される恐れがあります。

また、当然ながら相当な対価をもって換価回収すべきであり、後に破産管財人から否認対象行為の疑いを掛けられないよう注意する必要がありますし（第1章Q7参照）、不必要な換価回収行為のために破産申立てが遅延するようなことになってはいけません（第1章Q8参照）。

更に、換価回収した金銭を申立代理人が預かった場合、これを破産申立前に債務者（依頼者）に安易に返還することは避けなければなりません。

会社と代表者、親子会社、親族など複数の依頼者から破産申立てを受任する場合、破産申立報酬もそれぞれの財産から支出するのが原則ですが、設問のように依頼者同士の関係が深く、あるいは生計を一にするなどの関係があるときに、他方について破産申立てをせず放置しておくことが不相当であり、

一方から費用を支出して他方の破産申立てをすることに合理性・相当性が認められる場合には、相当と認められる範囲で一方の財産から他方の申立費用を捻出することも許されると考えられます。

解　説

1　破産申立て前の換価回収行為について

(1)　弁護士報酬との関係

　破産申立てに先立ち、破産申立てにかかる弁護士報酬や予納金を含む手続費用に充てるために、その申立代理人が債務者を代理してその資産の換価回収行為を行うことは、申立代理人としてよく遭遇する場面です。このような申立代理人の行為は、破産申立前に債務者の資産の換価回収行為を行うことが破産制度の目的を実現するために有益であり、かつ、その換価回収行為あるいはこれを含めた破産申立業務全体に対する弁護士報酬が適正なものである限り、許容されるでしょう。

　東京地判平21.2.13（判時2036号43頁）は、「債務者の財産から破産申立てのための弁護士費用（報酬）を支出することは、これを委任された当該弁護士の行う事務が破産制度の目的を実現するために有益である限りにおいて正当化される」と判示しており、申立代理人が債務者の財産から優先的に弁護士報酬を受領することを認めています。

　しかし、申立代理人による換価回収行為の必要性に乏しい場合や、その結果に問題がある場合、またそれらの事情も考慮した上で弁護士報酬が不当に高額である場合には、その弁護士報酬の支払が破産管財人から否認（破160条1項1号）されるおそれがあるので注意が必要です。

　弁護士職務基本規程24条は、「弁護士は経済的利益事案の難易時間及び労力その他の事情に照らして適正かつ妥当な弁護士報酬を提示しなければならない。」と定めており、また、弁護士の報酬に関する規程2条も、「弁護士の報酬は、経済的利益、事案の難易、時間及び労力その他の事情に照らして適正かつ妥当なものでなければならない。」と定めています（**第1章Q3参照**）。

　そして、東京地判平22.10.14（判タ1340号83頁）は、「弁護士による自己破産

申立てに対する着手金ないし報酬金の支払行為も、その金額が支払の対価である役務の提供と合理的均衡を失する場合、その部分の支払行為は、破産債権者の利益を害する行為として否認の対象となり得る。」「申立代理人による換価回収行為は、債権者にとって、それを行わなければ資産価値が急速に劣化したり、債権回収が困難になるといった特段の事情がない限り、意味がないばかりか、かえって、財産価値の減少や隠匿の危険ないし疑いを生じさせる可能性があるのであるから、そのような事情がないにもかかわらず、申立人代理人弁護士が換価回収行為をすることは相当でなく、換価回収行為は、原則として管財人が行うべきである。」「ましてや、申立代理人弁護士が、相当高額な弁護士報酬を得る目的で、安易な換価回収行為を優先して行い、資産、負債等に関する十分な調査をせずに迅速な破産申立てを怠るようなことは、破産制度の意義を損なうものというべきである。」と判示し、事実認定のうえ弁護士報酬の一部を不当利得として返還を命じています。

(2) 対価の相当性・申立ての遅延

申立代理人が換価回収行為を行うにあたっては、当然ながら相当な対価をもって行い、後に破産管財人から否認対象行為（破160条1項1号）の疑いを掛けられないよう注意する必要がありますし（**第1章Q7参照**）、不必要な換価回収行為のために破産申立てが不当に遅延するようなことになってはいけません（**第1章Q8参照**）。

2 換価回収した金銭について債務者（依頼者）から返還を求められた場合

(1) 受託物返還義務と管財人への資産引継義務

破産申立てにかかる費用を超えて換価回収行為を行った場合、申立代理人は、換価回収行為に関する受任者として依頼者に対して受託物の返還義務を負う一方で（民646条1項）、総債権者との関係では、債務者の資産の散逸を防止し破産管財人に引き継ぐ義務を負います。

前掲東京地判平21.2.13は、「破産申立てを受任し、その旨を債権者に通知した弁護士は、可及的速やかに破産申立てを行うことが求められ、また、破産管

財人に引き継がれるまで債務者の財産が散逸することのないよう措置することが求められる。これらは、法令上明文の規定に基づく要請ではないが、上述の破産制度の趣旨から当然に求められる法的義務というべき」と判示し、この義務に違反した申立代理人に損害賠償を命じています。

(2) 具体的対応

よって、債務者から換価回収した金銭の返還を求められた場合、申立代理人としては漫然とこれに応じてはならず、返還、費消の必要性（使途）を債務者に説明させてこれを確認した上で、必要最小限度の範囲でのみ返還に応じるべきでしょう。具体的には、労働債権や公租公課の支払、生活費や医療費などのいわゆる有用の資に充てられる場合がこれに該当すると思われます。さらに、返還する場合には、後で破産管財人や債権者から使途についての疑いを持たれないよう、債務者に使途の裏付け資料を保存させておく等のアドバイスが必要でしょう。

前記事情が認められない場合、申立代理人としては、債務者に対し、破産申立てを予定している以上、換価回収した金銭は総債権者の債権の引当てとなり、債務者が自由に費消することは許されないことの説得を試みるべきであり、それでも債務者の理解が得られない場合には、破産申立事件を辞任せざる得ないこともあるでしょう。

3 複数の依頼者がいる場合、一方の財産から他方の申立費用を捻出することの是非

会社と代表者、親子会社、親族など、複数の依頼者から同時期にまとめて破産申立てを受任することがよくありますが、この場合、それぞれの依頼者は別の法人格なので、破産申立て報酬もそれぞれの財産から支出するのが原則です。ただし、設問のように依頼者同士の関係が深く、あるいは生計を一にするなどの関係があるときに、他方について破産申立てをせず放置しておくことが不相当であり、一方から費用を支出して他方の破産申立てをすることに合理性・相当性が認められる場合には、否認対象行為としての有害性を欠くとか、否認する実益がないといった理由により、金額の相当性が認められる範囲で、許容しているのが実務ではないかと思われます[1]。なお、この場合、他方の破産申立

て費用を負担する出捐者から承諾を得るべきであることは当然です。

　ただし、会社と代表者個人の双方の破産申立て代理人となった弁護士が会社名義の預金口座から送金を受け、申立代理人は代表者個人の破産申立て着手金として受領したと主張しましたが（代表者個人にはその認識がなかった）、破産管財人がこれを不当利得であるとして返還を求めたケースにおいて、「株式会社とその代表者である代表取締役は、法律上別個の法主体であるから、丙川は、破産会社の代表取締役であったとしても、丙川個人の破産申立着手金を破産会社の財産から支出することは当然には許されない。」として返還を命じた大阪地判平22.8.27（判時2110号103頁）もありますので、注意が必要です。

　前記裁判例の事案は、申立代理人と破産者との委任契約及び同契約に基づく金銭授受の内容に不透明な点があり、先例としての射程範囲については議論の余地がありますが、いずれにしても、それぞれの依頼者について報酬額を明確にし、きちんと合意することが必要です。

（佐口裕之）

1　『倒産法の実務』25頁〔小林信明〕参照。

Q5 受任通知の発送

Q 破産申立てを受任した場合、まず始めに行うのは債権者への受任通知の発送であると思っていますが、その理解で正しいでしょうか。

回答 消費者破産の申立てにあっては、ほとんどの場合、受任直後に受任通知を送付するということで良いでしょうが、法人や個人事業主の破産申立てにあっては、受任通知の機能を考えて、受任通知を発送すべきか否か、発送するとして発送する時期・通知の内容・発送先等を検討すべきです。

解 説

1 申立代理人の心構え

申立代理人は、「債務者の財産等の適正かつ公平な清算」(破1条)を図るべき立場にあります。債務者によって、一部債権者に対して偏頗弁済が行われたり、財産隠匿がなされたのでは、「債務者の財産等の適正かつ公平な清算」は期待できません。申立代理人には、債権者の利益・平等を確保し、債務者の財産の散逸防止を図るべき役割が求められています。受任通知は、そのような役割を申立代理人が果たすための手段ですが、破産申立受任直後に、一律に発送すべきものとはいえません。債務者の属性や受任通知の機能を踏まえた上で、発送するか否か、発送するとして発送する時期・通知の内容・発送先等を検討すべきです。

以下では、消費者破産、法人破産、個人事業主破産の順で論じていきます[1]。

---

1 『破産200問』31頁〔阿部弘樹〕。

2　消費者の破産申立ての場合

　個人の破産申立ては、多くが消費者破産のケースだと思われます。消費者破産を受任した場合には、申立代理人としては可及的速やかに全債権者に対して受任通知の送付を行うことがほとんどでしょう。

　消費者破産のケースでは、債務者は多重債務で支払不能の状況に陥っているのが通例です。債権者からの電話による督促等で精神的に疲弊している債務者もいます。貸金業者は受任通知を受領すると、原則として債務者に直接請求することができなくなります（貸金業法21条1項9号）。そこで、自己破産申立てを受任したら、まず始めに受任通知を債権者に送付し、これにより、債権者との連絡窓口を代理人弁護士に一元化して、債務者に対する直接の連絡を停止させ、債務者の精神的安寧を回復させます。これにより、取立ての厳しい一部債権者に対してだけ弁済を継続するおそれをも排除できます。さらに、消費者破産のケースでは、債権額を正確に把握していない債務者がほとんどであるとともに、債権額算定のために利息制限法による引き直し計算が必要であるなど、破産申立てにあたって債権額を疎明することに困難を伴うことが多いのが実情です。そのため、受任通知発送時に債権調査票を同封し、債権調査を行うのが通例です。

　このように消費者破産のケースでは、債務者への直接請求の停止（これによる偏頗弁済防止・債務者の精神的安寧の確保）や債権調査のために、直ちに受任通知を発送します。ただし、給料支払先預金口座がある金融機関が破産債権者の場合、給料支払日直後に受任通知が送付されると、支給された給料のほとんどが貸付金と相殺されてしまう可能性もありますので、このような場合には受任通知の送付時期に留意する必要があります。

　消費者破産の場合には、債権者の債務者に対する直接請求を停止させるべく、受任通知を送付することが1つの目的となっているといっても過言ではありません。そのため、受任通知は速やかに発送されることが通例であり、受任通知の送付が遅滞して問題になることはほとんどないと思われます。それよりも、受任通知送付後、破産申立てが長期間なされないというケースで、債権者からの懲戒請求が散見されます。債務者は、債権者からの直接請求がなくなると、それで一息ついて安心してしまい、破産申立てを行うインセンティブを失うこ

ともありますが、弁護士職務基本規程で、弁護士には受任事件の遅滞なき処理が義務付けられていますので（基本規程35条）、申立代理人としては、長期間放置する破産申立事件がないよう、適切な方法で、事件管理をしていく必要があります。

3 法人の破産申立てを行う場合

(1) 消費者破産の場合との相違

　法人の破産申立てを受任した場合には、上記消費者破産の場合と同列には論じられません。

　受任通知を送付して債権調査を厳密化すれば、それだけ破産申立てが遅延してしまいますが、破産申立ての遅延には不利益もあります。労働債権の取扱いをみると、給料の請求権が財団債権となるのは開始決定前3か月間に限定されますし（破149条1項）、労働者健康福祉機構の未払賃金立替払制度で破産管財人が証明できるのは破産申立日の6か月前の日から2年間に退職した者に限ります（賃金の支払の確保等に関する法律7条、同法施行令3条1号）。破産申立て・開始決定が遅れれば、財団債権となる労働債権の範囲や立替払いの対象となる労働者の範囲が縮小し、それだけ労働債権者に不利益となります。法人の場合は、債権者や債権額について決算書・帳簿その他の書類で破産申立てに必要な程度の疎明は可能な場合が多いでしょうから、破産申立て前に時間をかけて債権調査を行う必要はほとんどないでしょう。

　また、法人破産における受任通知には、貸金業法に定めるような法律上の取立規制はありません。そのため、受任通知の送付によって、債権者に債務者の経済的窮乏を知らせてしまい、却って強引な債権回収を誘因し、偏頗弁済を助長するおそれがありますし、商品等の動産が債権者に引き上げられ、財産の散逸を招来するおそれもあります。

　前記のような観点から、法人の破産申立ての場合には、原則として受任通知の送付は不要であり、可能な限り迅速に開始決定を得ることに努めるべきであるとの見解も強く主張されています[2]。

2　多比羅誠「倒産手続に関する裁判所実務の課題と展望（上）」NBL988号31頁。

(2) 受任通知の送付局面1―金融機関による相殺への対応

　法人の破産申立てを受任したら、受任通知を発送しなければならないという考えはとるべきではありませんが、その一方、受任通知を有効に活用することによって、債権者の利益・平等を確保し、債務者の財産の散逸防止を図り得る局面もあります。

　受任通知を送付することによって、当該法人の支払停止を債権者に知らしめ、以後の相殺を制限することができます。具体的には、金融機関に受任通知を送付することで受任通知送付後に預金口座に入金された売掛金等の相殺禁止効を発生させ（破71条1項3号）、当該売掛金等の回収の障害を排除するために受任通知が利用されます。支払停止後直ちに受任通知（この場合は破産申立て予定であることの告知というのが正確でしょう）を金融機関に送付すれば、金融機関は支払停止につき悪意であったことになりますので、受任通知送付後に入金された預金を当該金融機関の貸付債権との相殺に供することができません。債権者の平等を図るためにも、債務者の財産はなるべく多く破産財団に帰属させ、配当に供すべきものですので、このような受任通知の送付は積極的に検討されるべきです。なお、受任通知送付日時を証明するために、この受任通知は敢えてFAXで送信し、送信日時が記載された帳票を出力しておくなどの工夫をするとよいでしょう。

(3) 受任通知の送付局面2―破産申立費用の確保

　弁護士が破産申立てを受任した段階では、申立代理人報酬や予納金（以下両者を合わせて「破産申立費用」といいます）を確保できていない場合も多くあります。このような場合、申立代理人が売掛金を回収したり、債務者の動産を売却したりするなどして破産申立費用を確保することは「債務者の財産等の適正かつ公平な清算」を目的とする破産手続を利用するための共益費用であり、合理性があります。このような場合、申立代理人は、債権者はもとより債務者に対しても受任通知を発送し、破産申立費用を確保するべく資産の換価・回収を行うことになります。資産の換価・回収にあたっての注意事項は**第1章Q4**を参照して下さい。

(4) 受任通知の送付局面3―事業廃止から長期間経過した法人の破産

既に法人が経済活動を長期間行っていない場合は、受任通知を契機として強引な取立てをする債権者もほとんどなく、また財産の散逸もさほど心配する必要がありません。労働債権に対する前記取扱いを勘案すると、事業廃止から6か月を経過した法人の破産申立てを受任した場合には、債権者等に受任通知を送付して債権調査を行いつつ、破産申立準備を進めても不合理とはいえません。

(5) 受任通知の送付範囲等の検討

受任通知は必ずしも全債権者に対して一斉に発送しなければならないものではありません。あくまでも「債権者の利益・平等を確保し、債務者の財産の散逸防止を図る」という申立代理人の役割に照らして、必要な範囲で送付することになります。金融機関による相殺を阻止したいというのであれば、借入金のある金融機関に受任通知を送付すれば足りるでしょうし、破産申立費用の確保のために売掛金の回収が必要という場合は、債務者に対しても受任通知の送付が必要になります。

また、公租公課に滞納がある場合に公租公課庁に受任通知を出すことは、滞納処分を促すことにもなりかねず、破産手続開始決定前の滞納処分は続行されてしまいますので（破43条2項）、却って公平な債務整理に反する結果を招来する可能性があります[3]。

(6) 破産申立てを行った旨の通知

受任通知を全く送付していなかった場合、破産手続開始決定がいきなり裁判所から送付されると債権者は逆に破産者に不信感をもつ場合があります。受任通知を送付していなくとも、破産申立てを行った場合には、代理人弁護士として、破産申立てを行った旨を各債権者に通知するなど、債権者に対する情報提供を行うことは別途検討すべきでしょう。

---

3 『破産管財の手引』28頁〔島岡大雄〕。

4　個人事業主の破産申立ての場合

　債務者が個人事業主の場合は、事業の現況等を踏まえて、前記法人破産の場合に準じて個別に受任通知の送付が検討されるべきです。ただし、個人事業主の破産といっても既に事業を廃業してから長期間が経過し、消費者金融業者等からの借入れがほとんどというようなケースは消費者破産と同様の取扱いをしても良いでしょう。

（阿部弘樹）

Q6 依頼者の否認対象行為への対応

Q 破産申立てを準備中ですが、債務者が否認対象行為を行った場合、どのような問題がありますか。既に否認対象行為がなされてしまった場合は、どのように対処すべきでしょうか。

回答 危機状態に陥った債務者が、否認対象行為を行ってしまうことは稀ではありません。

申立代理人は、破産制度の趣旨に則り、誠実かつ公平に職務を行う義務を負っていますので、債務者が詐害行為・偏頗行為等を行わないよう、指導・監督しなければなりません。

債務者によってこのような行為がなされ、破産財団を構成すべき財産を減少・消失させたとき、場合によっては、代理人の義務違反が問われ、破産管財人から損害賠償を請求される可能性がありますし、懲戒対象にもなることがありますので、注意が必要です。

否認対象行為がなされてしまった場合には、事情を聴取した上、できる限り原状回復や受益者による回収行為の防止等に努めるべきです。回復できない場合は、証拠資料等を保全し、裁判所及び破産管財人に報告して判断を仰ぐべきです。

解　説

1　否認対象行為の防止

(1)　否認対象行為の発生

倒産状態に陥った債務者が、自らのため財産を一部隠匿しようと考えたり、特定の債権者に対しては弁済しておきたい等と考えたりすることは稀ではありません。自己や親族・知人の利益を図って、ということもあれば、債権者から

の強硬な要求に屈してしまうということもあります。また、債務者は法律知識が十分ではないのが通常ですから、違法性の意識のないまま、こうした行為に及んでしまうこともままあります。

(2) 指導・監督

したがって、申立代理人としては、こうした否認対象行為がなされないよう、債務者を指導・監督する必要があります。

また、債務者には、ただでさえ、債務不履行をしている、債権者に迷惑をかけているという心理的負い目がありますから、強硬な債権者から要求されると心情的に拒否しきれないという面があります。

よって、債務者に対して単に口頭で注意するだけではなく、必要に応じて現預金や実印等を代理人が保管するなど、否認対象行為を未然に防止する措置を講じておくべきです。

2 申立代理人の公平誠実義務

(1) 申立代理人の責務

弁護士は、信義に従い誠実かつ公正に職務を行う義務を負っています（弁1条2項、30条の2第2項、基本規程5条）。

そして、破産手続は、債権者その他の利害関係人の利害及び債務者と債権者との間の権利関係を適切に調整し、もって債務者の財産等の適正かつ公平な清算を図ることを目的とするものです（破1条）。

このような破産制度の趣旨からして、破産申立てを受任した弁護士は、単純に依頼者である債務者の利益を擁護するのではなく、債権者その他の利害関係人の利益も考慮しながら、「適正かつ公平な清算」という目的に向けて、破産手続を公平、公正、透明に進めるべき役割を負っていると言うべきです[1]。

したがって、破産申立てを受任した弁護士は、公正誠実義務の遂行として、債務者が偏頗弁済や財産の不当処分などの債権者の利益・平等を損なう行為を行わないよう指導するとともに、財産保全に務め、可及的速やかに破産申立て

---

1 『破産申立マニュアル』22頁〔長島良成〕、同29頁〔綾克己〕。

を行って、財産を損なうことなく破産管財人に引き継ぐことが求められます[2]。

　この点につき、東京地裁破産再生部は、「これらは、法令上明文の規定に基づく要請ではありませんが、上記の破産制度の趣旨から当然に求められる法的義務というべきで、道義的な期待にとどまるものではありません。その意味で、破産事件の申立代理人も、また、公平誠実義務を負うということができます。」との見解を公表しています[3]。

(2)　申立代理人の義務違反

　そして、破産申立てを受任した弁護士が故意又は過失によりこれらの義務に違反して破産財団を構成すべき財産を減少・消失させたときには、破産管財人に対する不法行為を構成するものとして、破産管財人に対し、その減少・消失した財産の相当額につき損害賠償の責めを負う、との裁判例も出ています（東京地判平21.2.13判時2036号43頁）。

　この裁判例の事案は、会社の破産申立てを受任した弁護士が2年間も申立てを放置し、その間に会社の資産が消失してしまったというもので、代理人の任務懈怠が重大なケースです。このようなケースは、懲戒処分の対象ともなっています。

　この裁判例の射程がどこまで及ぶのか、債務者の行為に対し代理人はどこまで指導・監督義務違反を問われるのかは議論のあるところと思われます[4]。しかし、申立代理人としては、場合によっては義務違反を問われ、自分自身が損害賠償責任を追及される可能性があること、懲戒処分の対象にもなり得ることを念頭において、詐害行為・偏頗行為等によって破産財団に属すべき財産が減少・消失することのないよう、依頼者を指導・監督することが求められます[5]。

2　『破産管財の手引』14頁〔島岡大雄〕。
3　『破産管財の手引』14頁〔島岡大雄〕。
4　前記東京地判平21.2.13の解説（判時2036号43頁）では、「破産申立事件の処理の在り方、破産手続の運用等と関係するため、弁護士の責任の有無の判断は困難かつ微妙であるが」とされています。
5　最近の裁判例として、東京地判平25.2.6（判時2177号72頁）があります。

3 依頼者に対する説明・指導

(1) 破産法上の義務・否認制度の説明

このような否認対象行為を防止するためには、まず依頼者に対し、次のような破産法上の義務や制度について、よく説明する必要があります。

　a　説明義務・重要財産開示義務

①破産者の義務として、破産者等には、破産管財人等に対する説明義務（破40条）や重要財産開示義務（破41条）があること、②これらに違反した場合、個人の破産者であれば免責不許可事由となること（破252条1項11号）、③破産者もしくは説明義務者が説明を拒みまたは虚偽の説明をした場合等には、刑事罰の対象となること（破268条1項・2項、269条）。

　b　詐害行為・偏頗行為等

①否認権の制度（破160～165条）があり、詐害行為や偏頗行為等は破産管財人によって否認され、得た利益も返還を求められることがあること、②個人の破産者であれば、こうした行為は免責不許可事由に該当する場合があること（破252条1項1号・3号）、③法人の役員であれば、役員の責任に基づく損害賠償請求の対象となり得ること（破177～179条）、④詐欺破産罪（破265条）・特定の債権者に対する担保の供与等の罪（破266条）に該当する場合もあること。

(2) 不当な目的

それでも、依頼者の中には、自己や特定の者の利益のため、詐害行為・偏頗行為等を実行したいと考える人がいるかもしれません。

弁護士は、「依頼者の……正当な利益を実現するよう」努めなければならず（基本規程21条）、「依頼の目的又は事件処理の方法が明らかに不当な事件を受任してはならない」（同31条）とされています。

したがって、弁護士は、不当な利益の実現を目的とする破産申立てを受任してはなりません。仮に、依頼者が、上記のような破産制度の趣旨を損なう行為を希望し、説得にも応じない場合には、受任することはできません。既に受任していた場合には辞任その他適切な措置を取るべき（基本規程43条）であり、それ以上代理人として関与すべきではありません。依頼者が不正行為を行うこ

とを知りつつ、これを放置して破産申立てに及んだ場合、前述のとおり申立代理人の義務違反として損害賠償を求められる可能性がありますし、懲戒の対象にもなり得ます。

4 既になされていたことが判明した場合

(1) 事情聴取・現状維持

債務者が否認対象と疑われる行為を行っていたことが判明した場合、代理人としては、まず事情を聴取し、否認の要件に該当するか否かを検討する必要があります。具体的には、①債務者の支払不能状態の有無・その時期、②義務行為か否か、③債権者（受益者）の悪意の有無、④財産処分がなされた場合、その代金の相当性の有無・処分代金の使途等について検討する必要があります。

そして、否認対象と考えられる場合には、まず相手方との交渉により任意での原状回復ができないか検討すべきです。これが困難な場合でも、最低限現状を維持し、それ以上受益者に利益を確保させないように努めるべきです。

(2) 証拠の確保と管財人への引継ぎ

その上で、否認権行使について裁判所や破産管財人が判断できるよう、証拠を収集しておきます。当該行為に至った事情をまとめ、前述の諸点に関する資料をできる限り確保します。

そして、裁判所及び破産管財人に、これらを引き継ぎ、否認権行使について判断を仰ぐべきです。

もっとも、これらの調査のため、申立てが遅れるようでは本末転倒です。通常は、資料を確保した上で、速やかな申立てを優先し、詳細な調査は破産管財人に委ねた方が良いと思われます。もちろん、破産管財人から調査依頼等があった場合には、誠実に協力すべきです。

5 秘密保持義務との関係

(1) 秘密保持義務

これに対し、依頼者が、このような行為を「裁判所や破産管財人には言わな

いで欲しい」と望んだ場合、どのように対処すべきでしょうか。

　弁護士法23条は「弁護士又は弁護士であった者は、その職務上知り得た秘密を秘匿する権利を有し、義務を負う」と規定し、弁護士職務基本規程23条は「弁護士は、正当な理由なく、依頼者について職務上知り得た秘密を他に漏らし、又は利用してはならない」として、秘密保持義務を定めています。

　他方、前述のとおり、申立代理人は公平誠実義務を負っていますから、秘密保持義務との関係が問題となります。

　公平誠実義務を重視する立場から、依頼者が説得に応じない場合には、それを裁判所や破産管財人に告知しなければならないとの見解もあります[6]。しかし、依頼者の意思に反しても告知すべきとするのは、秘密保持義務という、弁護士が職業として本質的に負っている義務に正面から反することになります[7]。

(2) 実務的対応

　前述のとおり、破産者は破産管財人等に対する説明義務（破40条）や重要財産開示義務（破41条）を負っています。同義務違反は個人であれば免責不許可事由にあたりますし、刑事罰の制裁もあります。

　また、代理人も説明義務者（破40条1項2号、2項）となりますので、説明を求められた場合に、説明を拒み又は虚偽の説明をすれば、代理人自身が刑事罰の対象となります（破268条2項）。破産者が秘匿を望んだときに、裁判所や破産管財人から財産状況について問われた場合、代理人としては返答に窮することになります。

　従って、実務的には、裁判所や破産管財人に正確な情報を伝えるよう、できるだけ破産者を説得すべきです。どうしても、破産者がこの説得に応じない場合には、辞任する以外ないと思われます[8]。

　いずれにしても、これは大変重要かつ難しい問題です。申立代理人は、受任

6　民事再生事件において、この義務を認めるものとして、『民事再生の手引』137頁〔古谷慎吾〕、『伊藤・破産民再二版』611頁。これに対し、依頼者の意思に反して積極的に告知すべきでないとするものとして、『新・実務大系（21）』323頁〔小林信明〕があります。以上、詳細は**第3章Q9**を参照して下さい。

7　『園尾・一問一答』425頁〔松嶋英機〕、及びここで引用されている「民事再生法逐条研究　解釈と運用」ジュリ増刊2002年12月号53～60頁〔深山卓也発言〕。

8　小林前掲注6・326頁。

の際に、債務者に対し、上記のような問題があり、申立代理人としては公平誠実義務を優先させて行動せざるを得ない場合もあることを説明し、了承を得ておくことが望まれます[9]。

(石岡隆司)

---

[9] 同上、『新注釈民再（上）』197頁〔三森仁〕。

Q7 破産申立前の資産処分

Q 破産申立ての準備中ですが、債務者の資産を購入したいという希望者が現れています。申立て前に、資産の換価や処分をしても構わないでしょうか。その場合、どのような点に注意すべきでしょうか。

回答 破産申立前に債務者の財産を処分する場合、後の破産手続において、廉価売却等を理由に否認の対象とされないよう、価格の相当性等について慎重に検討し、債権者の理解が得られるような手続で進めるべきです。

そもそも、債務者の財産の処分は、本来的には裁判所が選任した破産管財人の職務であることから、申立代理人は、まずは債務者の財産を保全して適切かつ迅速に破産管財人に引き継ぐことを優先するのが原則です。

やむを得ない事情等があって申立代理人が財産の換価を行う場合でも、換価に必要以上に時間をかけて申立てを遅滞させるということがあってはなりません。

解説

1 否認との関係

破産手続開始決定前の財産の処分については、否認の対象となり得るものであることを常に意識する必要があります。

破産法160条1項は、破産債権者を害する行為、すなわち詐害行為を否認の対象としています。

詐害行為とは、より具体的には、破産者の固定資産、流動資産、あるいは現金資産を絶対的に減少させる行為[1]であり、財産を市場価格（相場）よりも低

---

[1] 『条解破産』1018頁。

い価格で売却する廉価売却はその典型例です。

そのため、破産申立前に資産を譲渡する場合には、価格の妥当性について特に留意する必要があります。具体的には、簿価や取引相場を確認し、複数の見積りを取得するなどして価格について十分検討を行い、後の破産手続において債権者の理解が得られる説明ができるようにしておく必要があります。

2 適正価格であれば問題はないか

旧法下では、適正価格による財産の処分がなされた場合に否認の対象となるかということに関して、説の対立がありました。適正価格での売却であれば、当該財産は責任財産から流出する代わりに、その分の対価が責任財産に組み入れられるため、詐害性を欠くという見方もできるからです。

現行法は、この点を明確にするため、新たに、相当の対価を得てした財産の処分行為の否認に関する規定を詐害行為否認に関する特則として設けました（破161条1項）。すなわち、①不動産を金銭に返還する行為（不動産の売却等）のように破産者において財産の隠匿、贈与等の債権者を害する処分をする危険が高まったと認められる財産処分行為であること、②破産者が、当該行為の当時、対価として取得した金銭その他の財産について、隠匿、贈与等の債権者を害する処分をする意思を有していたこと、③受益者である当該行為の相手方が、当該行為の当時、破産者の費消、隠匿等の意思を知っていたことといった要件を満たす場合に限り、否認の対象となると規定されました。

このように、適正価格での売却の場合は、廉価売却の場合に比して限定的ではあるものの、前記の要件を満たすときは、否認の対象となります。

とりわけ、当該行為自体についての詐害意思ではなく、当該行為の対価の使途が問題となる点に注意が必要です。

そのため、破産申立てを行う予定の債務者が財産の処分を行う場合は、適正価格であることを確認するのみならず、その使途についても注意を払うようにし、取得した対価の使途を記録して報告できるような体制を整えておくことが必要です。

3 相手方が内部者である場合

財産処分行為の相手方がいわゆる内部者である場合は、隠匿等を目的とした

処分行為である蓋然性が高く、また、内部者も破産者の隠匿等処分の意思を知りつつ加担したという場合が少なくありません。

そこで、法は、公平の見地から、財産処分行為の相手方が内部者といえるときは、相手方の悪意を推定し、相手方に対し立証責任を転換しています（破161条2項柱書）。

ここにいう相手方とは、具体的には、破産者たる会社の役員（破162条2項1号）や親会社等（同2号）、破産者たる自然人の親族または同居者（同3号）をいいます。

そのため、債務者の財産を関連会社や親族等に売却する場合には、他の者に売却する場合に比して、否認されるリスクが高いことを意識する必要があります。当該処分がなぜ必要なのか、対価は適正か、取得した対価は何に用いられるのかという点についても、他の場合に比して、高度の説明が求められる可能性があることを認識すべきです。

4　破産管財人と申立代理人の役割分担

破産申立前の債務者の財産の処分が否認の対象となるか否かについては、以上のとおりです。

もっとも、申立前に債務者が財産を処分することは、厳密な意味で否認の対象となるか否かにかかわらず、債権者から、不正な廉価売却や財産隠匿がなされたのではないか、より高く売却することができたのではないか、といった疑念を抱かれるおそれがあります。

そもそも、破産手続の目的は、債務者の財産等の適正かつ公平な清算を図ることであるところ（破1条）、財産が可能な限り高額で換価され、配当原資となる財団が増殖することは、債権者が一致して望むものであり、債権者の最大の関心事であるといっても過言ではありません。

そのため、破産法は、破産管財人に対し、就職後直ちに財団所属の財産の管理に着手することを要求するとともに（破79条）、その換価について方法を指定し（破184条以下）、さらに一定の金額を超える財産の売却については裁判所の許可を要するものとしています（破78条2項）。

つまり、破産財団を構成する財産の換価は、善管注意義務（破85条）を負い、公平中立な立場で職務を行う破産管財人が、その中心的な業務として、破産法

の定める手続に則り遂行するものといえます。

とすれば、破産申立てをする債務者及び申立代理人には、総債権者のために財産を保全し、破産管財人に適切に引き継ぐことが求められ、原則として、財産の換価は、破産管財人に委ねるべきであるといえます。

以上に関する裁判例として、当該事案における申立代理人による動産換価等について、「迅速な申立てというよりも、換価回収行為を優先させる内容となっているといわざるを得ないものである。」とした東京地判平22.10.14（判タ1340号83頁）があります（詳細は、**第１章Ｑ３、Ｑ４参照**）。

この点、高額な申立代理人の報酬を捻出するために、ことさら申立前に債務者の財産の換価回収を行っていると疑われる事案の存在が指摘されています[2]。

そのため、申立代理人としては、弁護士職務基本規定35条（迅速着手）及び民法644条（受任者の善管注意義務）を意識して申立業務を遂行する必要があり、無用な換価回収を優先させて迅速な申立てを怠ったとの非難を受けることのないよう、留意すべきです。

5 開始決定前の処分が許容される場合

前記のとおり、申立代理人としては、破産管財人による財産換価が容易となるように、整理した目録等を作成した上で、速やかに申立てを行い、適切かつ迅速に財産を引き継ぐことに注力するのが原則です。

一方で、例外的に、申立代理人による財産の換価回収が許容され、あるいは相当な場合も存在します。

(1) 季節性が強い商品や消費期限があるものを換価する場合

商品の性質上、１日単位で価値が減少、劣化していくような季節性が強いものなどは、従前の取引先に打診するなどして、一刻も早い売却が求められます。

保管に多大な費用を要するもの、時間が経つと腐敗して廃棄せざるを得なくなるようなものを抱える事案では、保管費用（倉庫賃借料、電気料金等）や後の廃棄費用の発生を抑えるためにも、処分の迅速性を優先すべきケースがあります[3]。

---

2 『破産申立マニュアル』92頁〔蓑毛良和〕。

(2) 価格に争いがない場合

　売掛金など金銭債権も、実務的には時間の経過による「劣化」が指摘されており、可能な限り早期の回収が要請されます[4]。また、金銭債権については、額面を下回ることなく満額回収できるのであれば、価値の減少について疑義が生じるおそれはありません。

　そのため、開始決定までに見込まれる時間と集金日のタイミングなどを検討し、ケースによっては、その全部ないし一部を申立代理人が回収するのが相当な場合もあります。

(3) 開始決定までに時間を要する場合

　その他、予納金相当額を確保する必要がある、賃借物件の明渡しを終えるまで開始決定が得られない[5]など、裁判所の運用との関係等から、やむを得ず、開始決定までに時間を要する場合があります。

　そのような場合、資産の劣化、価値減少を防ぐため、開始決定までの間に申立代理人が資産の換価回収を行うことが相当な場合もあります。

　もっとも、先に述べたとおり、債務者の財産の換価は、本来的には破産管財人の業務です。そのため、申立代理人としては、まずは速やかに申立てを行って迅速に破産管財人に引き継ぐ方向で検討し、自ら換価回収を行うのは、破産管財人が早期に着手するのが困難な場合の次善の策と位置付けるのが妥当です[6]。

3　保管費用が商品価値を上回るような場合は、直ちに返品したり、ものによっては廃棄したりするといった処理が必要な場合もあります。
4　深山雅也「売掛金等の債権回収手法に関する検討」自由と正義63巻8号56頁。
5　賃借建物の明渡しが完了していることを少額管財手続の開始要件とする庁もあるようです。
6　そもそも、破産手続開始決定のハードルを高くし過ぎている運用自体に問題がある場合もあります。そこで、事案に応じた適切な処理を行うため、破産申立代理人として、迅速な開始決定が求められるケースでは、柔軟な対応がなされるように裁判所と交渉することも重要です（多比羅誠「破産手続に関する裁判所実務の課題と展望（上）」NBL988号31頁参照）。

(4) 過払金を回収する場合

　個人の多重債務者の破産事件では、裁判所の運用として、申立前に過払金を回収することが要請されるような場合もあり、かかる場合は申立代理人が回収を行うことも相当であるといえます。

　ただし、その場合も迅速に回収作業を行った上で、速やかに破産申立てを行うべきこと[7]、回収した過払金については申立代理人が適切に管理した上で破産管財人に引き継ぐべきこと[8]は、当然です。

(5) 破産申立前に事業譲渡を行う場合

　破産申立以前に事業譲渡を行って、従業員や取引関係を譲渡し、その後に破産申立てを行い清算するという方法が採られることがあります。

　このような方法も、事業再生の一手法としてそれ自体は許容されるものですが、破産申立前に財産を大規模に譲渡することになるため、対価の妥当性について、慎重に検討を行うことが求められます。

　具体的には、入札手続を経て譲渡を実施する、公認会計士に依頼して客観的な査定資料を取得しておく、さらに可能であれば金融機関等大口債権者の内諾を得て進める、といった方法が考えられます。

（森　晋介）

---

[7]　『破産申立マニュアル』175頁〔伊藤健一郎〕。
[8]　『倒産法の実務』75頁〔中山孝雄＝大橋学〕、大迫恵美子「破産を巡る過払い金の取扱い」自由と正義59巻12号62頁。

Q8 迅速着手、破産管財人への引継ぎ

Q 法人の破産申立てを受任しましたが、現在、多忙であるため直ちに申立てを行うことができません。債権者に破産申立てを行う予定であることを通知しておけば、準備に多少時間をかけても不都合は生じないと思いますが、何か問題はあるでしょうか。なお、資産は、破産管財人にきちんと引き継ぐように会社に指示しています。

回答 法人の破産申立事件を受任した場合、迅速に破産申立てをすること、及び、手続が開始され破産管財人に対して引継ぎがなされるまでの間、破産申立人の資産を保全するべきことが、受任した弁護士の法的義務であることは、異論がないと考えられます。

破産申立てを受任した弁護士が、破産申立人の財産を保全する義務を怠り、また速やかに破産申立てをなすべき義務を懈怠し、これにより破産財団を構成するべき財産を消失させた場合、弁護士法56条1項に定める弁護士としての品位を失うべき非行に該当するものとして懲戒の対象となることがあります。

本件の場合、申立てに時間を要する合理的理由がないのに申立てを遅延させたなどの事情があるときは、迅速に破産申立てをしなかった点で、受任した弁護士の法的義務違反と評価される可能性があります。

また、資産の保全についても受任した弁護士の法的義務違反が生じるおそれがあります。迅速に破産申立てをしなかった場合、資産は破産管財人にきちんと引き継ぐように会社に指示しただけでは、申立代理人として資産の保全義務を全うしたといえるか疑義が生じることがあります。この点については、会社の人間による資産隠しや、債権者の一方的な資産の取付け等による資産の散逸の危険がどの程度存在するか、存在するとすればどの程度の対策・措置を取ればよいかといった観点からの考慮が必要となります。

資産の保全に問題が生じたときは、前記に述べたように、懲戒の対象とな

ることがあります。

解　説

1　弁護士職務基本規程等

　弁護士職務基本規程は、「弁護士は、事件を受任したときは、速やかに着手し、遅滞なく処理しなければならない。」（基本規程35条）と定めています。

　このことは、依頼者と弁護士との委任契約に基づく受任者の善管注意義務からみても当然に基礎付けられるところです。

　さらに、破産申立事件の受任においては、以下に述べるように、申立準備段階における法的無秩序状態を回避しなければならず、かかる破産手続の性質もよく考慮する必要があります。

2　破産手続のポイント（迅速かつ平等な配当）と申立準備段階における法的無秩序状態の回避の重要性について

　債権者に対して、迅速かつ平等な配当がなされることが破産手続のポイントであり、これを最終的に実現するのは破産管財人ですが、破産手続開始までの準備状況によって迅速かつ平等な配当がどの程度実現できるかに大きな影響を与えることも多いので、申立代理人としても、この点を十分留意する必要があります。

　破産申立てが俎上に上るような状況下においては、債権者からの取付け騒ぎや、破産申立てを行おうとしている債務者自身による一部債権者に対する偏頗的な弁済や担保の供与、資産隠し、さらには、利害関係人と通謀して行われる新たな債務の負担等の不当な債務の増加行為等法的秩序を無視した行為がなされる可能性が著しく高いことを、申立代理人としては、十分認識しておかなければなりません。

　これらの法的無秩序状態が発生したときは、その後に開始される破産手続において、迅速かつ平等な配当に対する障害となることは明らかです。破産管財人には否認権行使などの法的手段が与えられていますが、それ自体手間と時間のかかることである上、立証手段等の制約により、資産等の適切な回復や法的秩序の適切な修復ができない場合もありうるからです。

また、申立代理人たる弁護士としては、自分の依頼者、即ち、破産申立てを行おうとしている債務者が、詐欺破産罪（破265条）や特定の債権者に対する担保の供与等の罪（破266条）に該当するような行為（即ち、前者については、資産の隠匿、損壊、譲渡、価値の減損、不利益処分や債務の仮装負担や不利益な債務負担等の行為、また、後者については、債務者の義務に属しないか、または、その方法や時期が債務者の義務に属しない担保の供与や債務消滅行為）を行うことの無いように十分指導・監督をするべきです。

　さらに、資産を適切に保全するために、場合によっては、破産手続開始前の保全処分（破28条）や、他の手続の中止命令（破24条）や包括的禁止命令（破25条）の申立てを検討することも必要です。

3　申立準備段階における法的無秩序状態の回避と弁護士倫理について

　前記に述べたなかで、迅速に破産申立てをすること、及び、手続が開始され破産管財人に対して引継ぎがなされるまでの間、破産申立人の資産を保全することが、受任した弁護士の法的義務であることは、異論がないと考えられます。

　迅速に申立てをしなかった代理人の行為により債務者の財産が散逸したとして、代理人に破産管財人に対する不法行為責任を認めた裁判例（東京地判平21.2.13判時2036号43頁）があります。この裁判例は、申立代理人の行為が不法行為に当たるとして、破産管財人に対する申立代理人の損害賠償責任を認めた点に注目するべき論点を含んでいますが、弁護士倫理の観点から見ても、迅速に申立てをしなかった代理人の行為により債務者の財産が散逸した点については、弁護士倫理違反が当然に問題となる事例であったと考えられます。

　日弁連の懲戒事例においても、破産申立てを受任した弁護士が、破産申立人の財産を保全する義務を怠り、また速やかに破産申立てをなすべき義務を懈怠し、これにより破産財団を構成するべき財産を消失させたことが、弁護士法56条1項に定める弁護士としての品位を失うべき非行に該当するものとされた事例が存します。

　また、迅速な申立ての観点について言えば、受任後、合理的な理由が存在しないにもかかわらず、2年以上破産申立てをせず、これにより破産管財人による偏頗弁済の否認権行使が妨げられて破産財団に損害を及ぼした場合も懲戒の

対象となっています。この理は、受任後に財産の消失が無いとしても、迅速な申立ての懈怠により、受任前に破産申立人のなした行為について破産管財人による偏頗弁済の否認権行使が妨げられた場合には懲戒の対象となることを示していると考えられます。

破産申立人の財産を保全する義務について言えば、法人の破産申立てに際し、受任した弁護士が財産の管理一切を安易にその法人の代表者に任せ、債権者への偏頗弁済を許し、その結果、破産申立て時までに、財産を消滅させた場合も懲戒の対象となっていますので、注意が必要です。

本件でも、資産は破産管財人にきちんと引き継ぐように会社に指示しただけでは、申立代理人として資産の保全義務を全うしたといえるか疑義が生じることがあります。

4　関連する弁護士倫理上の論点について

債務整理を受任した事例ですが、債務整理手続の進行が大幅に遅延している状況にある場合は、受任弁護士は、労働債権者その他の債権者からその進捗状況の問い合わせ等があれば、遅滞の理由等の説明など、適切な回答・説明を行う義務があるとして、これらの者からの問い合わせに対して適切な対応をせず、これを放置したことが、弁護士として品位を失うべき非行に当たるとした懲戒事例があります。

これは、破産申立てが遅延している場合にも同様に妥当するものと思われます。

また、この事例は、債務整理手続の進行が大幅に遅延していない場合は、手続進行状況について回答・説明義務が生じないのか、そうとしても、進行の大幅な遅延とは、どの程度の期間を意味するのか、遅延の原因が弁護士の業務懈怠にある場合とやむを得ない理由による場合とで結論が違ってくるのか等、弁護士倫理上興味ある論点を含んでいます。労働者の保護等の視点も考慮して検討するべき問題でしょう。

さらに、この事例では、債権者からの問い合わせが、受任した弁護士ではなく、その依頼者、すなわち、債務整理をしなければならない債務者に対してなされた場合であっても、これに対して回答・説明するべきことは、実質的に債務整理の一環として受任した弁護士の業務に含まれると解していますので、こ

のような点についても注意が必要です。

　もう一件の事例を紹介いたしますと、A社からA社の破産申立事件を受任してその業務を行っていた弁護士が、A社の債権者であるB社からB社の破産申立事件を受任し、B社がA社の債権者であることを知り、さらにB社がA社から偏頗弁済を受けていたことを知ってからもなおB社の破産申立てに係る業務を行ったことが懲戒に当たるとされた事例があります。

　これらの事例の射程距離については議論の存するところであるとは考えられますが、弁護士としては、十分な注意をするべきでしょう。

（佐藤順哉）

Q9 過払金の取扱い

Q 債務整理の依頼（個人の自己破産申立てを含む）を受けて準備をしていたところ、貸金業者への過払金が発生していることが判明しました。この過払金の取扱いについて注意をするべきことはあるでしょうか。

また、回収した過払金について報酬を受領するにあたり、留意すべきことはあるでしょうか。

回答 個人の債務整理事件において「過払金」が発生した場合には、利息制限法の引き直し計算後の債務額との関係の中で債務整理の手続が選択され、また依頼者の経済的な更生を図ることも期待されています。それ故、個人の自己破産申立て前に過払金請求を行うべきか否かについては、破産手続を迅速に開始させるべき要請と、依頼者の意思の尊重（基本規程22条1項）、債務者の経済的更生の確保の要請を考慮して決定すべきものと考えます。

また、申立代理人による過払金回収行為の報酬については日本司法支援センターの「民事法律扶助業務運営細則」（33条）や、日弁連の「債務整理事件処理の規律を定める規程」（15条）に一定の規制が設けられております（なお、神戸地裁伊丹支決平19.11.28判時2001号88頁、東京地判平23.10.24判時2140号23頁参照）。

解　説

1　個人の債務整理事件での手続選択と過払金の調査

　個人の債務整理事件の相談を受けたとき、法人の破産申立事件とは一般に異なる場面があります。法人の破産申立事件等の場合には負債の金額は概ね確定しており、破産申立て、民事再生申立て、任意整理の手続選択の方針が、当初から比較的決定しやすいと思われます。これに対し、個人の債務整理事件では

利息制限法超過の利息約定で貸付をしている貸金業者からの借入れを含むことが多いので、そもそも利息制限法による引き直し計算後の債務額がいくらであるかを、まず確定させる必要があります。その結果、弁済すべき金額を超えて支払った金額である、いわゆる「過払金」が発生していることがあります（債務整理事件処理の規律を定める規程2条6号）。そして、個人の債務整理事件においては、任意整理、個人再生申立て、自己破産申立て等の債務整理のための手続選択をする際に、この過払金の存在も考慮することとなります。この手続選択は、過払金等の資産と、引き直し計算後の債務額との関係で決まってくる問題です。

そして、過払金が存在すると判明した場合、破産申立てを選択したとしても、過払金を回収し、そこから申立費用等を捻出することができれば、依頼者の経済的負担を軽減できることになり、経済的な更生に資することになります。

それ故、本問の個人の自己破産申立てと過払金の問題、具体的には、自己破産申立ての前に債務者（多くは申立代理人）が過払金請求を行うべきか、微妙な問題となっています。

2 自己破産申立て前の過払金回収の肯否（申立代理人が調査すべきか、回収をすべきか、どこまで許されるか）

この点については、①破産手続をより迅速に開始させるという意味では、取引履歴の開示等、金額を確定して回収するまでに時間を要する過払金債権は、原則として申立て前に熱心に回収すべきではなく、早期に破産申立てを行い、破産管財人によって過払金を回収してもらうことにも一応の合理性は認められるものと思われます。それゆえ、業者側の抵抗等によって、過払金訴訟が長期に亘ることが予想されるような場合には、まず破産申立てを先行させ、破産管財人に過払金を回収してもらうことも十分あり得ます（同様の趣旨で、過払金訴訟を提起した後に、破産開始決定を得、破産管財人に訴訟手続を受継してもらうこともあり得るかもしれません）。

他方、②破産予定の債務者の立場に立ったときは、破産手続が開始される前に過払金を回収できれば、回収した過払金を弁護士報酬・予納金を含む手続費用に充てることができ、経済的な負担は軽減されることになります。そして、この②の点は、通常は依頼者の意思にも合致するものと思われますから、「弁

護士は、委任の趣旨に関する依頼者の意思を尊重して職務を行うものとする。」とする弁護士職務基本規程（22条1項）の趣旨にも添うものと思われます。

　そこで、破産申立てを予定している債務者から過払金請求を委任された場合、以上の①、②の要請を考慮して、破産申立てに着手する前に過払金訴訟を提起するかどうかを決めてゆくべきものと思料いたします。

　また、この点について、東京地判平22.10.14（判タ1340号83頁）が「申立代理人弁護士による換価回収行為は、債権者にとって、それを行われなければ資産価値が急速に劣化したり、債権回収が困難になるといった特段の事情がない限り、意味がないばかりか、かえって、財産価値の減少や隠匿の危険ないし疑いを生じさせる可能性があるのであるから、そのような事情がないにもかかわらず、申立代理人弁護士が換価回収行為をすることは相当でなく、換価回収行為は、原則として管財人が行うべきである。」と判示したことにも注意が必要です（**第1章Q3及びQ4**を参照して下さい）。前記②の見地から、申立て前に過払金を回収するとしても、費用等が工面できた時点で、早期に破産申立てを行うべきと思われます。

3　破産申立て前の過払金回収に際しての問題点

　破産申立て前に破産者がなした貸金業者との間の過払金返還請求権の放棄を内容とする和解が否認された事例があります。事案は、破産者が貸金業者に対し約48万円の過払金返還請求権を有していたところ、破産者から委任を受けた弁護士が破産者の代理人として5万円の返還を受け、その余の請求権を放棄する内容の和解契約を締結しましたが、その後、破産手続開始決定がなされ、破産管財人が選任されたところ、破産管財人は、この和解は支払停止後にした破産債権者を害する行為に当たるとして、破産法160条1項2号に基づき、この和解を否認し、貸金業者に対し残金の約43万円の支払を求めたというものでした。これに対し、裁判所は、弁護士による通知書の送付は支払の停止に当たり、本和解は、経済的合理性を欠くままに破産者の資産を減少させる行為であって、破産債権者を害する行為に当たり、貸金業者は本和解当時、支払の停止があったこと及び破産債権者を害する事実を知らなかったとは認められないなどと判示し、否認の請求を認容しました（神戸地裁伊丹支決平22.12.15判時2107号129頁）。

　貸金業者の信用状態が関係するので難しい問題がありますが、破産申立て前

に大幅な減額をして和解する場合には、後にその相当性が問われる可能性があることに注意し、和解の相当性を示す資料を揃えておくことが望まれます。

4　申立代理人による過払金回収行為の報酬に関する規制

　破産申立てに着手する前に過払金を回収した場合には、破産申立代理人が破産手続開始申立てに対する報酬とは別個に弁護士報酬を受領できることは一般的に認められています（民事法律扶助業務運営細則33条参照）。しかし、この過払金回収行為の報酬についても無制約ではなく、一定の制限があるのは当然です。

　この点、神戸地裁伊丹支決平19.11.28（判時2001号88頁）は、いわゆる商工ローン業者の過払金請求及び自己破産申立てに関し、破産管財人が、過払金請求（一部のみ回収済み）及び自己破産申立て（未了）に関与した当時の代理人弁護士（途中で辞任）に対し、破産法160条1項、3項の否認権を行使し、代理人弁護士が正当な範囲を超えて受領した弁護士報酬約247万8000円の返還を求めた否認の請求申立事件において、「一般に委任契約は当事者間の信頼関係を基礎とし、他の契約関係に比較すると信義誠実の原則と衡平の原則が強く支配するといえるのであり、この関係は法律専門職たる弁護士とその依頼者との委任契約においてはより一層強調されてしかるべきである。そうすると、弁護士の報酬額に関して、当事者間の合意に全て拘束されるとするのは妥当ではなく、依頼された事件の難易、労力の程度、所要時間の多寡、廃止前の弁護士会報酬規定等の内容その他諸般の事情を総合考慮して、信義誠実の原則と衡平の原則に基づき約定の範囲内においてその報酬額を減額することができると解するのが相当であるし、否認の請求事件においては上記減額部分は否認の対象となるというべきである。」と判示し、破産管財人の請求をほぼ認め206万3725円の返還を認容しました。

　また、東京地判平23.10.24（判時2140号23頁）も、「破産債権者との関係においては、弁護士の報酬額が、支払の対価である役務の提供と合理的均衡を失する場合、破産者はその合理的均衡を欠く部分については支払義務を負わないといえるから、当該部分の支払行為は破産法160条3項の「無償行為」に当たり否認の対象となり得る」とし、「客観的な弁護士報酬の相当額との比較の判断に当たっては、日弁連の「弁護士の報酬に関する規程」2条を基準として、当

該事件の「経済的利益、事案の難易、時間及び労力その他の事情」を総合考慮すべきである。」としました。そして、「客観的に相当と認められる報酬の額は、弁護士法人の報酬基準に記載の回収額の25パーセントを上回ることはないとして、破産者が弁護士法人に支払った報酬額のうち上記基準額を超える部分は役務の対価と合理的均衡を失するものであり、否認の対象となる」と判示しています（なお、後記日弁連「債務整理事件処理の規律を定める規程」参照）。これら神戸地裁伊丹支部決定、東京地裁判決は正当な判断だと考えます。

なお、この過払金回収行為の弁護士報酬については、日本司法支援センターの民事法律扶助業務を利用した場合には、原則として、「交渉による回収のときは回収額の15パーセント（消費税別）、訴訟による回収のときは回収額の20パーセント（消費税別）を報酬金として決定する。」と規定されています（民事法律扶助業務運営細則33条）。

さらに、日弁連において平成23年4月1日から施行された「債務整理事件処理の規律を定める規程」にも「回収した過払金の金額を経済的利益として、当該経済的利益に、25パーセント以下の範囲内で規則で定める割合を乗じた金額を超える金額としてはならない。」と規定され（15条）、これを受けて同施行規則においては「訴訟によらずに過払金を回収したときにあっては20パーセントとし、訴訟により過払金を回収したときにあっては25パーセントとする。」と規定されております（4条）。このように、申立代理人による過払金回収行為の報酬については一定の規制が設けられています。

5　申立代理人が回収した過払金の保管

弁護士職務基本規程38条に「弁護士は、事件に関して依頼者、相手方その他利害関係人から金員を預かったときは、自己の金員と区別し、預り金であることを明確にする方法で保管し、その状況を記録しなければならない。」と規定され、また、同規程39条には「弁護士は、事件に関して依頼者、相手方その他利害関係人から書類その他の物品を預かったときは、善良な管理者の注意をもって保管しなければならない。」と規定されています。この点は、申立代理人が回収した過払金の保管についても同様であり、当然のことと考えます。

また、破産申立代理人が過払金を回収した後に、破産申立てを予定している依頼者から過払金を返還してもらいたいと要請を受けることがあります。この

ときには、破産者の自由財産に相当する範囲内であれば、依頼者に返還をすることについて、依頼者の意思の尊重、経済的な更生の観点からも、ほとんど問題を生ずることはないものと思われます。これに対し、破産を予定しているにも拘わらず、この自由財産の範囲を超えて依頼者から返還請求された場合には、困難な問題を生じます。この場合には、弁護士は依頼者と、自由財産を超える過払金については破産申立て後、選任された破産管財人に引き継ぐ必要があることを説得して、依頼者の了解をもらうべく協議をする必要があるものと考えます。

(和田聖仁)

Q10 労働者への対応

Q 債務者が事業者で、複数の従業員がいます。破産申立てにあたり、従業員の解雇手続で注意すべき点は何でしょうか。従業員の給料や退職金の支払との関係で注意すべき点は何でしょうか。

回答 1　破産申立てにおいて、事業停止時に従業員を解雇するのが原則ですが、解雇することが相当でない場合には、円滑に管財業務を進めるために、裁判所及び破産管財人候補者と事前協議を行う必要があります。
2　申立代理人弁護士として、一方、労働関係書類を調整して従業員に交付し、従業員の再就職や生活費の保障を考えつつ、他方、破産管財人への協力者の確保にも目を向けなければなりません。
3　申立代理人弁護士は、正当な理由なく、破産申立てを遅延しないよう注意する必要があります。また、従業員に対し、申立てがなされていない事情や支払ができない理由などを誠実に説明するよう努めなければなりません。

解　説

1　事業者破産申立事件の従業員関係において考慮しなければならないこと

債務者が事業者で複数の従業員がいる場合、破産申立てにあたって、申立代理人弁護士は、次のことを考慮する必要があります。
①　破産手続は清算手続であるので、事業活動の継続を想定せず、速やかに、事業を廃止し、清算手続を遂行する破産管財人への移行を図ること
②　従業員は、事業廃止により、その事業者の事業活動を離れ、新たな就職を速やかに望むものであり、破産手続を進めるに当たって、再就職が円滑、迅

速に行われるようにすること
③ 破産管財人において、円滑な管財業務の遂行のため、事業者の従業員の協力を得なければならない場合があること

2 破産申立てにあたって、従業員の解雇が必要か

　破産申立て前に従業員を解雇し労働契約を終了させるか否かは事案によるものの、事業停止時に従業員全員を解雇しておくのが原則です。破産は事業継続を前提とするものではなく、余計な労働債権を発生させることは破産財団に損失をもたらし他の債権者の利益を害することになりかねないからです。もし、事業継続をする場合（破36条参照）や、破産手続開始までに解雇することができない、あるいは解雇すると却って大きな問題（例：資産消失のおそれ）が生ずるような場合には、裁判所及び破産管財人候補者にその旨を伝え、適切な進行を依頼、要請することが重要です。また、事業停止時に従業員を解雇する場合でも、手続開始後の管財業務が円滑に進められるよう、従業員の協力が必要になることを予定し、労働関係書類の確保や必要な従業員への協力要請（破40条参照）が必要になります[1]。

3 解雇とその効力

(1) 即時解雇か、予告解雇か

　事業者が行う解雇の意思表示は、即時解雇、予告解雇いずれとするのでしょうか。

　破産実務では、事業停止した以上、即時解雇とする場合が多いでしょうが、事案によっては、予告期間の賃金を確実に支払うことができる資力がある場合に、解雇予告とし、手続開始決定後しばらく破産管財人が労働者による補助を受けられるようにしておくこともあります。

　申立代理人としては、事案に応じて、破産管財人が破産管財処理をしやすい手段を選択することが肝要であり、ときに、裁判所、破産管財人候補者と事前協議を行うなどして、適切な方針を選ぶことが望まれます。

---

1 『破産管財の手引』29頁〔島岡大雄〕。

(2) 解雇予告手当の支払がない即時解雇の私法上の効力

ここで、解雇予告手当の支払がない場合（労基20条）、即時解雇として私法上の効力が認められるか、という問題があります。

破産実務においては、端的に、即時解雇は効力があるとして扱い、解雇予告手当請求権を労働債権として処理することが通例です。

この点、解雇予告手当が未払の即時解雇は、その後30日間を経過するまで効力を生じないとされる関係（最二小判昭35.3.11民集14巻3号403頁）で、解雇後30日間の未払給与請求権ないし休業手当請求権（労基26条）が財団債権となるとする考え方[2]もあります。しかし、破産の場合、従業員は解雇されたことを受容し、解雇予告手当の支払や雇用（失業）保険受給手続のため離職票・社会保険の資格喪失届の発行を求めるのが通常です（なお、最高裁の事案は破産事案ではありません）。

いずれにしても、解雇予告手当には、こうした問題もあり、独立行政法人労働者健康福祉機構が行う未払賃金立替払制度（以下「立替払制度」といいます）の対象とならないことからしても、資金が乏しい場合には、解雇予告手当から支払うのが望ましいと思われます。

なお、東京地裁では、破産管財人から解雇予告手当も「給料」に当たるとして財団債権の承認の許可申立てがあれば、これを適法なものとする運用です[3・4]。

4 労働債権に関する留意点

(1) 労働債権に関する書類の調整・交付

従業員を解雇する場合、退職に伴う書類（離職票、源泉徴収票など）を準備して、従業員に交付し、社会保険、労働保険脱退手続をする必要があります。

また、未払の労働債権がある場合、破産申立てに当たり、労働者名ごとに、給料、退職金、解雇予告手当に仕分けし、未払期間を調べ、額を計算して、内

---

[2] 『新・実務大系（28）』146頁〔長島良成〕。
[3] 『破産管財の手引』260頁〔片山健＝原雅基〕。
[4] 『破産申立マニュアル』145頁以下〔田川淳一〕。

容を明らかにしなければなりません。

さらに、破産管財人における労働債権の存否、内容確認に資するため、労働関係書類を整え、速やかに破産管財人に引き継がなければなりません。労働関係書類としては、例えば、従業員名簿、就業規則（賃金規程、退職金規程などを含む）、賃金台帳、タイムカード等が挙げられます。

(2) 迅速処理の要請

破産手続における労働債権は、破産手続開始前の原因により生じたものは優先的破産債権、開始後の原因により生じたものは財団債権ですが、手続開始前3か月間の給料請求権及び退職前3か月間の給料総額に相当する額の退職手当請求権は財団債権とされています（破149条）。

そうすると、未払の給料がある従業員を解雇したが、破産申立手続が遅れ3か月を経過しても破産手続開始決定が得られない場合、財団債権とされるべき給料請求権が優先的破産債権と扱われ、財団不足のため廃止になった場合に労働者が労働債権の支払を受けることができない事態が生じます。

また、未払の労働債権がある場合、労働者は、早期に支払を求めるのが通常であり、立替払制度の利用が進むよう、準備や調査をすることが必要です（解雇予告手当は対象となりません）。具体的には、立替払いの対象となる労働債権の内容を明らかにするとともに、長期の未払給料がある場合には長期の理由、未払退職金がある場合には、規程や労働慣行の確認、他制度（たとえば中退共）の利用の有無、退職金の支払実績などです。

立替払制度の利用は、退職時期が破産申立日の6か月前から2年間でなければなりません（賃金の支払の確保等に関する法律7条、同法施行令3条1号、**第2章Q14**参照）。したがって、申立手続が遅れたことにより立替払制度が利用できなくなり、労働者に不利益が生ずることもあります。

こうしたことから、ほかに何ら問題がないにもかかわらず、申立代理人の任務懈怠により、破産申立てが遅れ、時間的制限に抵触することになれば大きな問題となりかねませんので注意が必要です。

(3) 労働債権の弁済

労働債権は、労働者の保護・生活保障の観点から支払う必要性が高く、実務

上、破産申立前に、可能な限り、弁済することが多いといえます。このような実務については、多くの裁判所も肯定しており[5]、他に未納の公租公課がある場合でも、同じように考えてよいと思われます（労基法119条1号、120条1号参照）。

特に、解雇予告手当については、立替払制度の対象にならないことに加え、解雇の効力に疑義を生じさせないためにも、まず支払うべきものです。

ただし、退職金については、支払金額が多額になることがありますので、予想される財団の規模との均衡を考慮し、申立前に支払うことが妥当か、慎重に検討することになると思われます。

5　弁護士倫理の観点からのまとめ

弁護士は、事件を受任したときは、速やかな着手、遅滞なき処理が要請されます（基本規程35条）。従業員を即時解雇したとしても、正当な理由がなく、破産申立て、手続開始決定が遅延しないよう、注意する必要があります。

また、未払いの労働債権がある場合、従業員も債権者であり、申立代理人は、労働債権者からの問い合わせに誠実に回答するよう心がけるようにしなければなりません。従業員に対し、申立てがなされていないことや労働債権の弁済がなされなかった事情などを適切に説明、回答しないことで、問題視されることがないよう配慮することが肝要です。

(西脇明典)

5　『運用と書式』18頁。

Q11 辞任

Q 受任通知を出した後ですが、債務者本人と信頼関係が築けないため、代理人を辞任して構わないでしょうか。この場合に、注意すべき点は何でしょうか。

回答 依頼者との信頼関係が失われ、回復が困難な場合、弁護士は、辞任その他適切な措置を取らなければなりません（基本規程43条）。しかし、その場合でも、弁護士としては、信頼関係の回復に向けて可能な限りの努力をすべきです。

特に、債務整理事件では、依頼者に対し、後見的な見地からの配慮が求められます。

よって、最終的に辞任せざるを得ないとしても、適切な説明で依頼者にその事態を理解させ、今後の対処法を検討する機会を保障した上で、辞任等の措置を講ずることが求められます。

このような配慮なく辞任した場合には、後見的配慮が欠けた性急なものとして、辞任が相当でないと判断されることがありますし、辞任時における説明義務違反を問われることもあります。

場合によっては、依頼者から損害賠償請求や懲戒申立てという事態に発展する可能性もありますから、注意が必要です。

解　説

1　信頼関係喪失と辞任

(1)　破産申立ての依頼者

破産申立ての依頼者（特に個人）の中には、代理人から受任通知を発送し、債権者からの督促が止むと、安心してしまい、連絡が取れなくなったり、申立てのための資料の作成・提出に非協力的になってしまったりする人が少なから

ず存在することも事実だと思います。

このため、代理人としては申立ての準備を円滑に進めることができずに苦労することも少なくありませんし、場合によっては、依頼者との信頼関係が大きく揺らぎ、代理人として職務を継続しがたいという場合もあると思われます。

(2) 辞 任

弁護士職務基本規程36条は、「弁護士は、必要に応じ、依頼者に対して、事件の経過及び事件の帰趨に影響を及ぼす事項を報告し、依頼者と協議しながら事件の処理を進めなければならない」と定めています。弁護士は、依頼者と密接に連絡を取り、協議しながら事件処理を進めなければなりません。

その上で、同43条は、「依頼者との間に信頼関係が失われ、かつ、その回復が困難なときは、その旨を説明し、辞任その他の事案に応じた適切な措置をとらなければならない。」としています。ただし、この場合、「依頼者との信頼関係が失われた場合でも、弁護士としては、直ちに辞任するのではなく、その信頼関係の回復に向けて可能な限りの努力をすべきである」[1]とされていることに注意が必要です。

2 債務整理事件の場合

(1) 債務整理事件における留意点

特に、債務整理事件の場合、通常事件に比べて注意しなければならない点があります。

東京地裁立川支判平23.4.25（判タ1357号147頁）は、債務整理を受任した弁護士法人が途中で辞任したところ、依頼者から預かり金の返還を求められた事案ですが、以下のように判示しています。

「（債務整理の依頼者は）多重債務を負うに至った一因として、あるいは多重債務に起因して、経済的のみならず、精神的、社会的にも少なからざる問題を抱えている者も多い」

このため、「債務整理に当たる弁護士は、形式的、事後的な処理だけではなく、

---

1 『解説基本規程〔第2版〕』111頁。

依頼者に対し、後見的な見地からの配慮（例えば依頼者の経済生活に対する指導監督）も求められる（かかる配慮も、具体的な事情に応じて、弁護士の善良なる管理者の注意義務の一内容に当たりうるというべきである）」

「委任契約の途中終了で、債務整理が中断すれば、多重債務者の経済的更生に多大な支障が生じる」

したがって、「弁護士と依頼者との間で、信頼関係の維持に問題が生じた場合も、できるだけ信頼関係の回復に努め、適切な説明で依頼者にその事態を理解させ、今後の対処法を検討させる機会を保障した上で辞任等の措置を取るのが相当である（基本規程43条参照）」

「電話や郵便では依頼者との間の意思の疎通に要領を得ない場合は、後見的な配慮として、被告法人の弁護士から積極的に面談による打ち合わせや説明を求め、原告とともに善後策を講じることを検討すべきであるが（基本規程36条参照）、（本件において）そのような配慮が十分に行われたとはいえない」

よって、「原告にも責められるべき点があるとはいえ、その程度は被告法人との間の信頼関係を破壊し、本件委任の終了がやむを得ないといえる程度には達しておらず、かえって、被告法人の辞任は、後見的な配慮が不十分で、やや性急なものとの評価を免れず、解除・辞任が相当でない特段の事情がある」。

(2) 後見的見地からの配慮

債務整理の場合、依頼者が経済的に行き詰まり、ケースによってはリストラによる失業や自宅の明渡しに直面するなど困窮した状態にあること等を考慮すると、弁護士には「形式的、事後的な処理だけではなく、依頼者に対し、後見的な見地からの配慮（例えば依頼者の経済生活に対する指導監督）も求められる」との指摘は、もっともなものと思われます。

さらに、「電話や郵便では依頼者との間の意思の疎通に要領を得ない場合は、後見的な配慮として、弁護士から積極的に面談による打ち合わせや説明を求め、依頼者とともに善後策を講じることを検討すべきである」との指摘は重要です（債務整理事件処理の規律を定める規程3条、4条参照）。

そして、辞任するにしても「適切な説明で依頼者にその事態を理解させ、今後の対処法を検討させる機会を保障した上で辞任等の措置を取るのが相当である」との点は、まさに債務整理事件において弁護士が留意しなければならない

事項と思われます。

(3) 安易な辞任に対する警鐘

この他にも、辞任について、弁護士にも帰責事由があるとした裁判例に、神戸地裁伊丹支決平19.11.28（判タ1284号328頁）があります。ここでも、「（依頼者の要望に対し）必要十分な説明や助力、場合によっては説得をすべきであったのに、要望を拒絶するのみで、何ら適切な対応をとっていなかった」として、弁護士側にも辞任にあたり帰責事由を認めています。

いずれも、弁護士に対し、依頼者に対する十分な説明や配慮を要求している点に注意が必要です。

これらの裁判例は、債務整理事件における安易な辞任に対し警鐘を鳴らすものと言えます。

特に、昨今、多重債務者から破産申立て等の債務整理事件を受任しながら、比較的簡単な過払い金の回収だけを行い、その後の処理については、依頼者の些細な義務違反を理由に辞任する、という例も見受けられるようですが、これは問題と言わなければなりません。

3 辞任と説明義務

(1) 辞任時における説明義務

弁護士職務基本規程44条は、「弁護士は、委任の終了にあたり、事件処理の状況又はその結果に関し、必要に応じ法的助言を付して、依頼者に説明しなければならない」と定めています。この「委任の終了」には、辞任の場合も含まれます[2]。

また、同22条１項は、「弁護士は、委任の趣旨に関する依頼者の意思を尊重して職務を行うものとする」と定めています。

したがって、特に依頼者の意思に反して辞任する場合には、依頼者が辞任によって不利益を被る可能性がありますから、事件処理の状況及びその結果について、依頼者に対してよく説明するべきです。

---

2 『解説基本規程〔第２版〕』113頁。

さらに、債務整理事件の場合、辞任通知を債権者に送付すれば、依頼者は、債権者から直接支払の請求を受けたり、訴訟を提起されたりする等の不利益を被る可能性が高くなる訳ですから、事前に辞任による不利益を依頼者に十分に説明する必要があります[3]。

(2) 損害賠償請求事例

辞任時の説明義務違反等を巡って、依頼者から弁護士に対する損害賠償請求に至った事案があります（鹿児島地裁名瀬支判平21.10.30判タ1314号81頁、及び控訴審・福岡高裁宮崎支判平22.12.22判タ1351号192頁）。

一審は、「辞任通知を債権者に送付すれば、依頼者は、当該債権者から直接支払の請求を受けたり、又は訴訟を提起される等の不利益を被る可能性が極めて高くなるから、一般的に期待される弁護士としては、辞任通知を債権者に送付するに当たっては、事前に、事件処理の状況及びその結果はもとより、辞任による不利益を依頼者に十分に説明する必要がある」

「被告（弁護士）は、原告（依頼者）に辞任予告通知を送付する際はもとより、辞任通知を債権者に送付するに当たっても、事前に事件処理の状況及びその結果並びに辞任による不利益を一切原告に説明していないから、一般的に期待される弁護士としては、著しく不適切なものであって、この点において説明義務に違反するものとして、債務不履行責任を負う」

として、辞任した弁護士に対する損害賠償請求を認容しました。

これに対し、控訴審は、被控訴人（依頼者）が、辞任前の再三にわたる控訴人（弁護士）側からの連絡要請にも応じなかったこと等を重視し、「控訴人が被控訴人の各債権者に辞任通知をファックス送信しようとした時点で、あらかじめ被控訴人やその関係者に電話で連絡を取ろうとせず、その結果、被控訴人が、債権者から訴訟提起されるまでそのことを知らなかったとしても、その責めはもっぱら被控訴人が負うのが相当」として、説明義務違反を否定しました。

両判決が結論を異にしたのは、辞任通知送付前後の事情についての評価が異なったためと思われます。しかし、控訴審判決も、辞任時における説明義務自体を否定している訳ではありません。

---

[3] 後記鹿児島地裁名瀬支判平21.10.30の判示部分（判タ1314号120頁）。

一審判決が指摘する、「辞任通知を債権者に送付するに当たっては、事前に、事件処理の状況及びその結果はもとより、辞任による不利益を依頼者に十分に説明する必要がある」との点は、債務整理事件における辞任の際に留意すべき事項として重要と思われます。

(3) 辞任の意思の送達

　また、この事案では、「依頼者は、債権者から訴訟提起され、訴状等を受け取って、訴状添付の辞任通知等によって、被告が辞任したことを初めて知った。」と認定されています[4]。辞任予告通知は複数回送付したようですが、本来信書の送付を禁ずる宅配業者のメール便を利用したため、依頼者の受領を確認できていなかったようです。一審判決では、この点も弁護士の帰責事由として捉えられています[5]。

　このように、依頼者が辞任の事実を知らず、債権者からの請求等によってこれを初めて知るようでは、大きなトラブルの基となります。

　したがって、やむを得ず辞任せざるを得ない場合でも、最低限、債権者に辞任通知を発する前に、辞任の意思を依頼者に明確に伝えることが必要です。文書により辞任を通知する場合には、依頼者が文書を受領したかどうかを確認できる方法による必要があります。

4　債務整理事件を受任した弁護士の依頼者に対する説明義務

　前記事件に関連するものとして、債務整理事件を受任した弁護士が、提示した和解案に応じなかった債権者に対して、そのまま放置して債権の消滅時効の完成を待つという「時効待ち」の方針を採った点について、依頼者（訴訟途中死亡）から説明義務違反を理由として損害賠償請求がなされた事件があります。

　控訴審は、依頼者が、当該弁護士の採る債務整理の方針に異議を述べず、その方針を黙示に承諾したと認められるとして、説明義務違反を否定しました。

　これに対し、最高裁は、平成25年4月16日、以下のように判示して、原判決を破棄し説明義務違反を肯定しました[6]。

4　前記鹿児島地裁名瀬支判平21.10.30の判示部分（判タ1314号83頁）。
5　前記鹿児島地裁名瀬支判平21.10.30の判示部分（判タ1314号121頁）。
6　最三小判平25.4.16（裁判所HP）。

「本件において被上告人（弁護士）が採った時効待ち方針は、D（債権者）がA（依頼者）に対して何らの措置も採らないことを一方的に期待して残債権の消滅時効の完成を待つというものであり、債務整理の最終的な解決が遅延するという不利益があるばかりか、当時の状況に鑑みてDがAに対する残債権の回収を断念し、消滅時効が完成することを期待し得る合理的な根拠があったことはうかがえないのであるから、Dから提訴される可能性を残し、一旦提訴されると法定利率を超える高い利率による遅延損害金も含めた敗訴判決を受ける公算が高いというリスクをも伴うものであった。」

　「債務整理に係る法律事務を受任した被上告人は、委任契約に基づく善管注意義務の一環として、時効待ち方針を採るのであれば、Aに対し、時効待ち方針に伴う上記の不利益やリスクを説明するとともに、回収した過払金をもってDに対する債務を弁済するという選択肢があることも説明すべき義務を負っていたというべきである。」

　同判決には田原・大橋両裁判官の補足意見が付されています。特に、田原裁判官は「債務整理事件を受任した弁護士の依頼者に対する説明・報告義務」について詳細な意見を述べています。

　この最高裁判決では、弁護士の実務上のあり方について言及がなされています。債務整理事件を受任した弁護士は、その処理方針等について依頼者に説明を行うに際し、前記判決において指摘された内容を意識する必要があります。

（石岡隆司・森　晋介）

第2章

破産管財

Q1 コンフリクト

Q 裁判所から破産管財人就任の打診がありました。受任にあたって、以下の事実がある場合、どう対処すべきですか。これらの事実が破産管財人就任後に判明した場合、どうすべきですか。
① 債権者の中に、当該事件に関して相談を受けているものがある場合
② 債権者の中に自身の顧問会社がある場合
③ 債権者の中に自身の親族が経営する会社がある場合
④ 売掛金債務者の中に、自身の顧問会社がある場合
⑤ 債権者・債務者の中に共同事務所の他の共同経営者（パートナー）の顧問会社または依頼者がある場合

回答 ①の場合は、破産管財人に就任することを辞退すべきです。②～⑤の場合は、個別事案により、就任すべきか否か、就任後判明した場合に辞任すべきかは変わってきますが、就任にあたっては慎重に検討すべきです。

解　説

1　破産管財人の地位

①から⑤に該当する事由がある場合に破産管財人を引き受けることが、弁護士法25条、弁護士職務基本規程27条、28条、65条、81条に抵触しないかが問題となります。

この問題を考えるにあたって破産手続の目的および破産管財人の地位、職務について考えておく必要があります。破産手続は、債務者の財産等の適正かつ公平な清算を図ることを目的とし（破1条）、破産管財人は裁判所により選任されます（破74条）。破産管財人は破産者あるいは破産債権者の代理人ではなく、

破産財産の管理機構として[1]、破産財産の管理及び処分権限を有し（破78条1項）、その職務を行うについて全ての利害関係人に対し善管注意義務を負っています（破85条）。すなわち、破産管財人は破産者、破産債権者等の利害関係人の権利を適正かつ公平に守る立場にあると言えます。

2 債権者の中に、当該事件に関して相談を受けている者がある場合

(1) 破産管財人の地位と利益相反の関係

破産手続では、届出債権に対する調査（破117条）があり、債権の認否について争いのあるときは破産債権の査定（破125条）、破産債権査定異議の訴え（破126条）があり、ここでは破産管財人と債権者が「事実関係において利害が対立する」ことがあります。否認権行使の場面でも同様です。

このため、債権者の中に、当該事件に関して相談を受けている者がある場合、弁護士法25条1号または2号、弁護士職務基本規程27条1号または2号の問題として論ずる余地があります。

しかし、このような場合に破産管財人に就任することが直ちに弁護士法25条等に抵触するとは言えません。

なぜなら、弁護士法25条等の相手方とは「同一案件における事実関係において利害の対立する状態にある当事者」と理解されているところ[2]、破産管財人の地位を前述のように理解すると、破産債権者と破産管財人は訴訟における原告と被告のようにその利害が対立する関係にあるとは言えないからです。

この問題については、利益相反の問題としてとらえるのではなく、以下に述べるとおり、より根本的に弁護士職務基本規程81条の問題としてとらえるのが妥当といえます。

(2) 破産管財人に就任することは弁護士職務基本規程81条に違反する

破産手続は債務者の財産等の適正かつ公平な清算を図る制度です。したがっ

---

1 『伊藤・破産民再二版』148頁。
2 『条解弁護士法〔第4版〕』185頁。

て、現実に適正かつ公平な清算が行われる必要があります。しかし、現実に適正かつ公平な清算が行われても、社会からそのように見えない時は、破産制度に対する社会的信頼が失われ、破産が制度として機能しなくなります。ここから破産管財人は現実に「適正かつ公平な清算」を行うとともに、その職務執行が「適正かつ公平」らしく見えることも求められます。特定の債権者から破産債権について相談を受けていた場合、その認否が適正であっても、破産者、他の債権者から適正さに疑いをもたれることもあります。否認権の行使についても同様です。このように管財人の職務行為について「適正かつ公平」らしさに疑いをもたれることは、当該破産事件の処理についてだけでなく破産制度全体に対する信頼を失わせることとなります。

ところで、弁護士職務基本規程81条は、「弁護士は、法令により官公署から委嘱された事項について、職務の公平を保ち得ない事由があるときは、その委嘱を受けてはならない」と定めています。この規程は「弁護士の職務と官公署の職務の公正とこれらに対する国民の信頼を目的とする」[3]のもとであると理解され、「職務の公正を保ち得ない事由とは、職務の中立性を保ち得ない事情あるいは中立性を疑われる事情である。」[4]と解されています。

弁護士職務基本規程81条は「中立性を疑われる事情」があるときも委嘱を受けてはならないとしていることになりますから、債権者の中に当該事件について相談を受けている者がいる場合に破産管財人に就任することは弁護士職務基本規程81条に抵触することとなるので、破産管財人に就任してはならないということになります。

なお、一般に裁判所から破産管財人への就任の打診の際には破産者の名称が伝えられるでしょうから就任後にこのような事情を知ることは通常ないでしょうが、破産管財人に就任後、既に債権者から相談を受けていたことが判明したときは裁判所と協議し、破産手続の「適正かつ公平」らしさを疑われるか否かという観点から辞任するか否か判断することとなります。

---

[3] 『解説基本規程〔第2版〕』184頁。
[4] 『解説基本規程〔第2版〕』184頁。

3 債権者の中に、自身の顧問会社がある場合

　ここではまず「顧問」とは何かが問題となります。弁護士と顧問先との関係は一般には顧問先から定期的に一定の報酬を受けつつ顧問先からの法律相談や事件受任に応ずる契約であり、顧問弁護士は「顧問先からの具体的な依頼や相談がなくとも、常に顧問先の利益を擁護するべき立場にある」と理解され[5]ています。

　このため、弁護士職務基本規程28条2号が継続的な法律事務の提供を約している者を相手方とする事件を受任できないとしていることが問題となります。この規程は、「このような事件の受任は、弁護士の職務執行の公正に疑いを生じさせ、また、弁護士の品位と信頼を害するおそれがあるため、職務を行い得ない」ものとしたとされていますが[6]、破産管財人の地位は2で述べたとおりですので、破産管財人に就任することが、直ちに顧問先を相手方とする事件を受任したことになりません[7]。

　むしろ、「顧問」が上述のようなものであれば、破産債権者の中に破産管財人の顧問先があると債務者、他の債権者から破産管財人の職務執行の公正さに疑いをもたれることもありますので、破産管財人に就任することは、原則として弁護士職務基本規程81条に違反すると考えられます。

　しかし、弁護士職務基本規程81条の問題と考えると職務の公正を害さず、債務者、他の債権者、利害関係人から職務の公正さを疑われないような事情がある場合は、受任することができると考えられます。顧問契約はしていても、当該債権について相談を受けていない場合、①当該顧問先の債権の存否や額について争いがあるか、②債権の内容、③債権者数が多いか、④顧問先の債権額が総破産債権額で占める割合、⑤双方未履行の双務契約か、⑥否認権行使の対象となるか、⑦別除権の行使による破産財団への影響はどの程度か等を考慮して

---

[5] 『弁護士倫理の理論と実務』89頁、『解説基本規程〔第2版〕』78頁。
[6] 『解説基本規程〔第2版〕』76頁。
[7] 『解説基本規程〔第2版〕』88頁。この問題を弁護士職務基本規程28条2号との関係で捉える考え方として『弁護士倫理の理論と実務』89頁があります。管財人として顧問先の届出破産債権に異議を出したり、否認権を行使する場合には、81条と同時に28条2号に抵触すると考えられますが、この問題は本文のように弁護士職務基本規程81条の問題として考えるべきです。

破産管財人の職務の公正らしさを害さないときは裁判所からの破産管財人就任依頼を引き受けても良いと考えられます[8]。①〜⑦については、裁判所や届けられた申立書副本から情報を得ることになります。これらの情報を顧問先に話すことは許されません。また、裁判所に受諾の回答をするときは、債権者に顧問先がいることを伝える必要があります。

4　債権者の中に、自身の親族が経営する会社がある場合

このような場合は、破産管財人に就任することが弁護士職務基本規程28条1号および81条に抵触しないかが問題となります。親族等が債権者となる破産事件の破産管財人に就任すると親族等の債権について何らかの特別扱いをしたのではないかと見られるのであれば、職務の公正に対する信頼を保ち得ないことになりますので、やはり弁護士職務基本規程81条に抵触する可能性が生じます。ただ、これも「公平らしさ」を問題とするので、前記3記載の場合のように「公平らしさ」を害さない場合は、就任可能と言えます。前記3で考慮すべきとした事情に加えて、親族が経営している会社が実質親族個人と解される規模の会社か、全国展開をしている上場企業で親族もいわゆるサラリーマン社長で当該破産債権もその会社の経営規模に比して取るに足らない額であるか否かも考慮要素となります。

5　売掛金債務者の中に、自身の顧問会社がある場合

この場合についても既に述べたことが該当します。まずこのような場合には、破産管財人の職務に破産財団に属する債務の取立てがあるので、前述の顧問弁護士の職務から利益相反が問題となります。破産者と顧問先の間に債務の存在、額について争いがある場合は、利益相反が生じます。また、和解をすると和解について裁判所の許可があるとは言え、破産管財人の職務の公正らしさに疑いが生ずると言えます。しかし、融資取引のない銀行の預金債務や継続的取引の締日と支払日の関係で債務は残っているものの債権について全く争いのないもので支払日に機械的に支払われるものであれば、公正らしさを害することはありません。

8　多比羅誠「破産管財人の心得（1）」NBL581号6頁。

したがって、裁判所から破産管財人就任について打診があった時点で、既に当該債務について相談を受けていた場合、あるいは裁判所から当該破産事件のポイントとして顧問先からの債権回収等の指摘があった場合は辞退すべきこととなります。さらに、就任後、当該債権の取り立てをめぐって争いが生じたときは、辞任あるいは裁判所に追加の管財人の選任を求め、当該債権の回収を追加選任された管財人の職務とする（破76条）ことも考えられます。

6　債権者・債務者の中に、共同事務所の他の共同経営者（パートナー）の顧問会社または依頼者がある場合

　弁護士職務基本規程57条は、共同事務所において所属弁護士が職務を行い得ない事件として、他の所属弁護士が27条または28条の規程によって職務を行い得ない事件と定めています。ただ例外として、「職務の公正を保ち得る事由があるときは、この限りではない」としています。

　前記3から5で検討した場合を弁護士職務基本規程27条、28条の問題としてとらえるのではなく、81条の問題としてとらえると、この場合は57条に直接抵触しません。しかし、57条が同一の弁護士では取り扱えない事件を同一事務所に属する他の弁護士が取り扱うと依頼者に疑惑と不安を生ぜしめ弁護士の職務執行の公正さを疑われることとなる[9]ことから定められていることは、81条の解釈にも当てはまり、この場合も原則として破産管財人を引き受けるべきでないと言えます。しかし、57条ただし書にあるように職務の公正を保ち得る事由があるときは破産管財人を引き受けてかまいません。ここで職務の公正を保ち得る場合とは現実に職務の公正を保ち得ることと職務の公正らしさを保ち得ることの双方を含みます。

　「職務の公正を保ち得る事情」として情報遮断措置が取られていることが挙げられることがありますが[10]、具体的な適用にあたっては様々な問題がありますので、前記3ないし5で述べたように対処するのが良いと考えられます。

（矢吹徹雄）

---

[9]　『解説基本規程〔第2版〕』141頁。
[10]　『解説基本規程〔第2版〕』143頁。

Q2 破産者からの引継ぎ、情報入手、資産の確保に際しての留意事項

Q 破産手続開始決定後、直ちに破産財団所属資産を確保し、管理を開始するために、破産管財人が留意すべきことは何ですか。その観点から、破産者から直ちに確認しておくべき点、引継ぎを受けておくべき点として、どのようなものがありますか。

回答 破産管財人は破産管財人に選任されたら、直ちに破産財団所属資産の管理を開始しなければなりません（破79条）。また、破産法は破産管財人が善管注意義務を負うと定めています（破85条1項）。

したがって、破産管財人は善管注意義務に反しないよう留意して、破産手続開始後、直ちに破産財団の状況を把握し、破産財団所属資産を管理する必要があります。破産財団所属資産の散逸を防止し、その価値を維持することは、破産管財人の責務ですから、破産管財人が、直ちに破産財団所属資産の管理を開始しないなどした結果、財団の確保に支障を生じると、善管注意義務違反として破産管財人個人に損害賠償義務が生じることもあります（破85条2項）。

このような観点から、破産管財人は、破産手続開始決定後、直ちに破産者やその代理人と面談し、破産財団の状況等を確認し、現金、預金通帳、自動車の鍵および車検証、有価証券、不動産の登記済証、実印等の重要な財産ならびに帳簿、賃金台帳、売掛金元帳および請求書等の帳票類等の引継ぎを受けておくべきです。

解　説

1　破産管財人の義務

(1)　直ちに破産財団所属資産の管理に着手する義務

　破産管財人は破産手続開始決定によって選任された後、直ちに、破産財団に属する財産の管理に着手しなければなりません（破79条）。

　破産管財人は、破産財団を掌握し、それを管理し、その増殖を図りつつ適正に換価し、債権者に対し、配当を実施することがその職責です。破産財団を管理することは、破産管財人の職責を果たす上での出発点[1]ですから、破産管財人は、選任された後、直ちに、破産財団所属資産の管理に着手する必要があります。

(2)　善管注意義務

　破産法は、破産管財人が善管注意義務を負うと定めています（破85条1項）。破産管財人は、この義務に反しないよう配慮して、破産財団所属資産を管理しなければなりません。

　財団の散逸を防止し、その価値を維持することは破産管財人の責務であり、その責務を怠ると、善管注意義務違反として破産管財人個人に損害賠償義務が生じます（破85条2項）。

　破産手続開始決定後、選任された破産管財人が直ちに破産財団所属資産の管理に着手しなかったために、破産財団所属資産を確保することができなくなるようなケースもあり得ます。このような場合には、破産管財人に、善管注意義務違反として損害賠償義務が生じる可能性があります。

　例えば、破産財団所属資産である自動車が管理者不在の状態になっており、そのことを破産管財人が破産者から直ちに聴取しておらず、その自動車の管理に着手するのが遅れ、その遅れが原因で、関係者が違法にその自動車の占有を侵奪し、結局、破産管財人が自動車を確保するのに支障を生じるようなことに

1　『大コンメ破産』340頁〔田原睦夫〕。

なった場合には、善管注意義務違反として、破産管財人は個人的に損害賠償義務を負うことにもなりかねません。

このような事態を避けるため、破産管財人は、善管注意義務に留意しながら、破産手続開始決定後、直ちに、破産者やその代理人と面談し、破産財団所属資産に関する情報を聴取した上、資料等の引継ぎを受け、破産財団所属資産の確保と管理を開始する必要があります。

2 破産者から確認しておくべき点及び引継ぎを受けておくべき点

(1) 破産者から確認しておくべき点

破産財団を管理することは、破産管財人の職責を果たす上での出発点[2]ですから、破産管財人は、選任された後、直ちに、破産財団所属資産の管理に着手する必要があります。破産管財人は破産財団所属資産について、その散逸・劣化を防ぐ処置をしなければなりません。特に、破産に伴う混乱により、物品の盗難、持ち出し等が起きやすいため、盗難等を防止することが重要です。また、在庫品などの価値が減じないよう処置をして、破産財団所属資産を適正に管理することが必要です。

破産管財人は、破産財団所属資産を適正に管理するため、上記の善管注意義務に反しないよう留意して、破産管財人に選任された後、直ちに破産者やその代理人と面接し、破産に至る経緯、収支の明細、破産財団所属資産の状況等について確認する必要があります。

特に、破産管財人が選任後早々に対応する必要がある事項について、直ちに破産者から確認する必要があります。例えば、本社・営業所・工場・倉庫等の占有管理状況、保有資産の管理状況（管理者の存否、施錠の有無、在庫品その他資産の持ち去りの有無とそれに対する申立て前後の対応状況等）、否認該当行為の存否、回収すべき債権に関する時効その他抗弁に関する情報、帳簿・伝票類の保管場所と保管状況等は早急に確認する必要があります[3]。これらの確認事項

---

[2] 『大コンメ破産』340頁〔田原睦夫〕。
[3] 『破産管財の手引』89頁〔片山健〕。

について、破産管財人が破産者に対し直ちに確認することが破産財団所属資産の適正な管理の前提になります。

破産管財人が破産者から前記の事項について、確認しなかった、ないし確認が遅れたために、財団の確保に支障が生じた場合には、破産管財人の善管注意義務懈怠が問われかねません。

また、破産手続開始後、直ちに破産者本人（代表者）と常時連絡を取ることができるように、破産者本人（代表者）の連絡先、居住先、携帯電話番号、固定電話番号等の確認も必要です。管財業務を円滑に進めるためには、破産者本人（代表者）の連絡先に変更があった場合には、直ちに破産管財人に連絡するよう徹底する必要もあります。

万一、本人と直接連絡を取ることができなくなった場合に備えて、幹部社員等の関係者の連絡先についても確認しておくべきです。

なお、破産者から事情等を確認するに際しては、破産管財人から破産者に対し、破産者の説明義務（破40条）、重要財産開示義務（破41条）、免責不許可事由（破252条）、住居制限（破37条）、郵便物の転送（破81条）などについて説明をしておく必要があります。

(2) 破産者から引継ぎを受けておくべき点

破産管財人は、破産者やその代理人と面接すると同時に、換価が必要な財産及びそれらに関する資料を破産者から直ちに引継ぎを受けなければなりません。破産管財人が破産者から直ちにこれらの引継ぎを受けなかったことが原因で、破産財団所属資産の確保に支障が生じた場合には、破産管財人の善管注意義務懈怠が問われかねません。

速やかに破産者から引継ぎを受けるべきものとして、預金通帳、現金、手形・小切手帳、キャッシュカード、クレジットカード、有価証券、保険証券、建物等の鍵、自動車の鍵および車検証、不動産の登記済証、実印・銀行登録印等の印鑑、在庫品等の重要な財産ならびに帳簿、賃金台帳、売掛金元帳および請求書等の帳票類等、係属する訴訟の記録等があります[4]。破産管財人は、前記の善管注意義務に留意して、速やかにこれらの引継ぎを受けるべきです。

---

4 『管財実践マニュアル』94頁。

なお、盗難、持ち去り等を防止するため、自動車、建物、在庫品等は、早急に占有を確保し、必要な場合は告示書を貼り付けするなどして破産管財人が占有していることを明示しておくべきです。

　特に、自動車については、破産財団に属する自動車で交通事故を起こすと破産管財人が運行供用者の責任を負う可能性もありますので、破産手続開始決定後、直ちに破産者から鍵および車検証の引継ぎを受け、破産者等が無断で使用しないようにするのが原則です[5]。

（栗田博正）

5　『管財実践マニュアル』91頁。

Q3 資産の種別に応じた管理上の留意事項

Q 破産管財人は、以下の破産財団所属資産または破産者の占有下にあった資産を管理する場合、どのような点に留意すべきですか。また、下記以外でも、管理に際して留意すべき資産はありますか。
①土地建物、②動産、③金銭、④債権、⑤自動車、⑥賃借建物・事務所・借地上建物、⑦取戻権対象資産、⑧別除権対象資産（動産先取特権の対象となる動産やその売却代金債権を含む）

回答 破産管財人に選任されたら、ただちに資産の性質や状況に応じて適切な管理を行う必要があり、これを怠ると、破産管財人の善管注意義務違反として、破産管財人個人が損害賠償義務を負うことがあります。不動産や動産の占有を確保し、金銭は自己の資産と分別した預金で管理します。債権の消滅時効に留意し、権利の維持に必要な支払等を行うほか、管理経費の増加を回避することも必要です。取戻権者の資産を適切に管理して返還し、担保権者に対して負う担保価値維持義務にも留意する必要があります。懲戒事例や賠償請求された裁判例もあり、留意が必要です。

解　説

1　はじめに

　破産管財人は、破産財団所属資産の管理権を有します（破78条1項）。他方、破産法は、破産管財人が善管注意義務を負うと定めています（破85条1項）から、破産管財人は、この義務に反しないよう配慮して、財団所属資産を管理しなければなりません。その際、破産管財人は、資産の性質に応じて適切な管理をすることが必要であり、これを怠ると、善管注意義務違反を問われ、個人として損害賠償責任を負うことにもなりかねないので、注意が必要です。

2 対象資産に応じた管理上の留意事項

(1) 土地建物

　土地建物は、その占有を早期に確保することが必要です。とくに遠隔地の物件、管理者が不在の空き家・空き地、内部に在庫品等の価値ある物品が保管されている物件などは、第三者が破産直後の混乱に乗じて占拠したり、内部の物品が持ち出されたりする例もよく見聞きします。破産手続開始決定後、破産管財人による状況見分前に不動産の現況が変えられてしまうと、破産時点での状況を認識することができなくなってしまいます。また、破産者所有の建物が老朽化しているような場合、建物が崩壊して第三者がけがをしたりすると、営造物の設置管理上の所有者・占有者の責任を問われることもあります。そこで、破産管財人は、開始決定後ただちに物件の現状を確認するとともに、破産管財人の管理物件である旨の貼り紙をしたり、鍵を付け替えて施錠したり、適当な者に管理を委託するなどして、占有管理を確実にする措置を講じます。場合に応じて、申立代理人に依頼してその助力を得たり、破産者の従業員の協力を得たりすることも考えられます。

　同時に、不動産の登記簿を確認します。万一否認等の問題ある登記が経由されているときは、その抹消の交渉をしたり、その登記上の権利の処分禁止等の保全処分を経由したり、否認の請求を行うなどの検討もしなければなりません。

　また、登記済権利証や登記識別情報を確保し、土地の境界図面、建物の図面、建築確認申請時の書類等も確保します。

　なお、不動産は、1月1日に所有していた者に対して固定資産税・都市計画税が課せられますから、売却換価や財団からの放棄等をなす際には、不用意にこの日を過ぎて1年度分余計に租税が課せられないように留意します。

(2) 動　産

　動産は不動産以上に散逸や持出しの危険があるため、早期に占有を確保し管理することが必要です。そして、その所有権の有無、リース契約や寄託契約、賃貸借契約、所有権留保等の有無を確認します。

　また、物品ごとに、適切な保管方法や管理上の留意点などを、早期に関係者

から聞き取ります。破産者、その代表者、従業員らに面接し、書類等も確認しながら、保管管理のしかたを認識し、破産管財人自ら管理を開始し、または必要に応じて適切な管理者（雇用契約が維持されていれば従業員等）に破産管財人の補助者としての管理を命ずることもあります。在庫品等の劣化の防止、冷蔵品や冷凍品の温度管理の方法、電気の通電の確保、危険物や毒劇物等の管理の方法、汚染物質や液体・臭い等の近隣への流出防止策、といったことにも配慮しないと、財団を毀損したり、第三者に損害を及ぼしたりして、注意義務違反に問われることがあります。財団の規模に応じて、これらに必要な費用も見積り、換価価値に比して過大な費用を要するときは、早期の財団からの放棄や廃棄等も含めて、裁判所と相談しながら対応を検討します。

(3) 金　銭

　破産者や申立代理人が所持している現預金、破産者の事業所や建物等に存する現金は、破産管財人において確保し、これを財団の預金口座に保管します。「破産者○○破産管財人××××」という名義の預金口座を開設して、管理するのが通例です。破産管財人個人の預金とは区別し、自身の資産と混同しないように管理することは当然です。かつては、1円の預金でも引き出すときは裁判所の許可書の謄本を銀行に提出する扱いでしたが、その後この手続が緩和され、いまでは銀行への預金引出しに関する裁判所の許可書謄本等の提出は不要となりました。しかし、これは破産管財人を務める弁護士に対する信頼に基づく扱いであり、だからこそ弁護士は、まちがってもこの信頼に反する行為をしてはなりません。破産管財人が、管財口座を開設せず、財団に属する資金を自己名義の銀行口座に入金し、許可なく引き出したという事案について、（別件の和解金を返還しなかった案件と併せて）業務停止10月とした懲戒事例や、破産管財人が、財団の預金を、数年間に多数回にわたり許可なく自己の用途に費消する目的で引き出すなどし、他の複数の破産管財事件でも同様の行為をしていた事案で除名となった懲戒事例がありますが、誠に遺憾と言わざるを得ません。

(4) 債　権

　債権は、開始決定後できる限り早い時点で、破産者の有している債権を確認し、その請求の根拠となる注文書・納品書・請求書・契約書・その他の立証書

類を確保します。そして、まずは破産管財人名義の口座へ入金するよう案内する請求文書を発送します。債権は、早い時点で請求すれば円滑に回収できたものでも、時間の経過とともに、債務者側の資金繰り上の支払予定から外れてしまい回収に苦労したり、思わぬ抗弁や反対主張が出てきて支払を渋られたりすることがあり、早期の対応が不可欠です。また、短期消滅時効には特に留意し、まちがっても債権を時効消滅させないようにします。仮に回収困難な債権であっても、時効期間満了までに手を尽くし、財団から放棄するのであれば時効期間満了前に許可を得て処理をしておくべきです。この点、債権を消滅時効にかけた破産管財人について、善管注意義務違反を認め、破産債権者から破産管財人に対する損害賠償請求を認めた判例があります（東京高判昭39.1.23金法369号3頁）。

(5) 自動車

自動車も、破産手続開始決定後ただちにその占有を確保します。債権者が乗っていってしまったり、従業員が使用を続けているケースがありますが、早期に占有を確保しないと、万一の事故の際には破産管財人（破産財団）が運行供用者としての責任を問われることがありえます。自動車を換価する場合には、毎年4月1日時点の所有者に自動車税が課せられますので、早期の換価が必要です。なお、自動車については、所有権留保特約付きの売買契約によって購入している場合などには別除権対象となりえますが、その所有名義が誰と登録されているかに留意します（最二小判平22.6.4民集64巻4号1107頁）（**第2章Q8参照**）。

(6) 賃借建物・事務所・借地上建物

破産管財人は、財団にとって不要な資産は早期に廃棄・放棄し、管理経費のかかる資産は早期に処分して、経費の増大を防ぐ必要があります。そのため、財団にとって不要な賃借建物の賃貸借契約は、早期に解除し、明け渡さないと、必要以上に賃料支払債務を増大させ、財団を減少させることになります。

換価可能性の低い借地上建物について地代を支払い続けることは財団の減少を来たしますので、早期に財団からの放棄を検討します。ただ、地上建物の賃借人がある場合には、軽々に地代の支払を止めたり、敷地の賃貸借契約を何の配慮もなしに放棄ないし財団からの放棄をしたりすると、借家人の利益を害し

ます。このような処理をする場合には、その前に借家人と土地賃貸人に連絡し、状況に応じて借家人に地代を代払いする機会を与えるなどの配慮を検討することが（理論上その法的義務がどこまであるかは難しい問題ではあるものの）、権利の調整役である（破1条）破産管財人にとっては望ましい対応と思われます。

これに関連して、借地権及び借地上建物の所有者の破産事件の破産管財人が、破産後、土地賃貸人から賃料支払の催告を受けたのに支払をしなかったため借地契約の解除を招き、同地上建物の賃借人に対して土地賃貸人から建物退去を求める訴訟が提起された事案について、破産管財人である弁護士を戒告とした懲戒事例があります。

同様に借地上建物について担保権者がある場合には、後述の破産管財人の担保価値維持義務との関係で、借地権を財団から放棄したり破産法53条により解除したりする場合に、破産管財人は担保権者に対してどのような配慮義務を負うかも、難しい問題です。借地権及び借地上建物の所有者の破産事件の破産管財人が、地代を払わず、（旧）民法621条に基づき借地契約の解約申入れを行った事案について、借地上建物の担保権者が、破産管財人には①地代支払義務、②担保権者に地代代払の機会を与える義務、③旧民法621条による解除をしない義務があると主張して損害賠償を求めた事案において、裁判所が、③の義務違反の余地を認めた判例があります[1]。

(7) 取戻権対象資産

破産管財人は、破産者が占有する資産の中に取戻権対象資産がないかを確認し、返還までの間、適切に管理をすることが必要です。破産者の管理する第三者所有の金型が使用不能になった例について、判例は、「破産管財人は、善良な管理者の注意をもって職務を行うことを要するものであり、破産宣告に伴い破産者から第三者の取戻権の対象となる動産の占有を承継した場合には、取戻権者にこれを引渡すまでは、棄損、紛失等をすることのないようにしてこれを保管すべき注意義務がある」とし、「その注意義務の内容は、その動産の性質、性状に基づく一般的な保管管理の方法をもとに、取戻権者と破産者との間のそ

---

[1] 東京地判平9.10.28（判時1650号96頁）。結論としては、債権者の特殊な行動に着目して、その権利濫用により債権者の請求を棄却した。

の動産に関する契約関係等において定められた保管管理の方法のほか、破産管財人が破産管財業務を遂行する上で知り又は知りえた事情等をも総合的に勘案して判断すべきものである。」としています（東京高判平9.5.29判タ981号164頁）。

(8) 別除権対象資産

判例上、担保権の対象資産について、破産管財人は、破産者が担保権設定者として負っていた担保価値維持義務を承継するとされているので（最一小判平18.12.21民集60巻10号3964頁）、破産管財人は、担保価値を不当に毀損しないよう配慮して管理する必要があります。この判例は、破産者の有する敷金債権が担保差入れされていたケースにおいて、破産管財人が、財団に資金があるのに破産後の賃料の支払をせず、何か月か賃借物件の占有を継続した後に、賃貸人との間で未払賃料を敷金から充当する旨の合意をしたために、担保目的物の敷金が減じた事案について、未だ議論が進んでいなかったことなどを理由に破産管財人の善管注意義務違反は問わなかったものの、破産財団の不当利得を認めて敷金の担保権者に対する利得の返還義務を認めたものです（**第2章Q11参照**）。

破産管財人にとって、別除権対象資産の受戻交渉の際など、担保権者は交渉の相手方でもあり、利害が対立すると感ずることもあります。しかし、破産法1条は、関係者の権利関係を適切に調整し、適正かつ公平な清算を図ることを破産法の目的としています。破産管財人はこの破産手続の中心に位置する機関ですから、関係者の権利を害しないよう配慮しつつ、破産管財業務を進める必要があり[2]、担保価値維持義務にも配慮した取扱いが求められます。

動産売買先取特権の対象動産の処分を検討する場合、民事執行法190条2項の裁判所の許可決定が送達されたときは、執行対象動産の処分は禁じられるので留意します。なお、動産売買先取特権者が目的物を特定した上でその存在を主張・立証した場合には、動産売買先取特権者から優先弁済請求がなされる可能性があるため換価処分に際して留意する必要があると指摘する見解があります[3]。ただ、この点は、未だ動産売買先取特権者が担保権実行としての手続に着手しているわけではないため、破産管財人として、この時点で既に目的物の

---

2 「公正中立義務」。『破産・民再の実務（上）』157頁、167頁〔安福達也〕。
3 『条解破産』624頁。

換価を禁じられるのかは意見の分かれる問題と思われ、むしろ反対の判例もあります[4]。その観点からは、同様に、動産の転売代金債権については、物上代位の差押えがない限りは、破産管財人はその取立てができるものと解されます（**第 2 章 Q12 参照**）。

3　その他管理上留意すべき資産

　特許権など知的財産権は、特許料等を納付しないと、知的財産権が失効してしまいます。

　また、最近は、土壌汚染などついて、破産管財人にどのような対応をする責務があるかも議論されています[5]。東京地裁では、破産管財人としては、財団に資金のある限りで、十分な管理をする必要があるとしており[6]、資金が不足する場合には、危険回避の措置等について、裁判所や行政機関等と適時に相談をして対応する必要があるといえます。

（伊藤　尚）

4　名古屋地判昭61.11.17（判タ627号210頁）、東京地判平 3．2．13（金法1294号22頁）など。
5　「パネルディスカッション　破産管財人の地位の再検討」事業再生と債権管理128号143頁。
6　『破産管財の手引』160頁〔古谷慎吾〕。

Q4 資産管理に際しての留意事項

Q 破産管財人は、破産財団所属資産の管理を行う際、以下の点について、どのようなことに留意すべきですか。
① 財団所属資産の第三者による侵害、侵奪の防止
② 破産管財人自身の資産との混同防止
③ 財団所属資産と他の者の資産（取戻権対象資産を含む）の分別
④ 財団所属資産の紛失、滅失、毀損等の防止
⑤ 消滅時効、知的財産権の失効、その他権利の喪失の防止
⑥ 財団所属資産に起因する第三者の損害の防止（自動車、営造物、危険物の管理等）

回答 破産管財人は、就職後直ちに、破産財団に属する財産の管理に着手しなければなりません（破79条）。破産財団所属の財産の管理処分権限は破産管財人に専属していますが、その裏返しとして、破産管財人には、財産を管理する職責があります。そして、その職責を果たす際には、善良なる管理者の注意をもってこれを行う必要があります（破85条1項）。その注意を怠ると、破産管財人は利害関係人に生じた損害を賠償する義務を負いますが（破85条2項）、その責任は、破産管財人の個人責任と解されています。財産管理の様々な場面に即して、管理上の留意点を検討すると、以下のとおりです。

解説

1 はじめに

破産管財人の善管注意義務については、破産管財人としての地位、知識等において一般的に要求される平均人の注意義務を指すと解されています[1]。善管

注意義務違反となるか否かは、破産管財人の具体的な行為の態様に加え、事案の規模や特殊性、早期処理の要請等に照らして個別的に判断されることになります[2]。以下に、場面ごとに、財団資産の管理上の留意事項を記します。

2 財団資産の第三者による侵害、侵奪の防止

　破産管財人は、就任後直ちに破産財団に属する資産の占有を確保し、各資産の特性に応じて、適切な管理を開始しなければなりません（資産別の留意事項については、**第2章Q3**を参照）。

　とくに破産手続開始決定直後は、混乱の中で様々な利害関係人が権利を主張します。ところが、破産者においては、手続に対する不慣れや不理解のため、あるいは資産を管理する者が解雇等によっていなくなってしまったことなどから、破産者の自宅や事務所、工場、倉庫などの管理が手薄になり、財団所属資産が第三者に占有されたり、保管物品が持ち出されたりすることがしばしばあります。破産管財人は、破産者や申立代理人から直ちに事情を聞き取り、どのような資産があり、それがどのように管理されていて、かつどのような管理上のリスクがあるかを認識し、それに応じて管理方法を検討し、必要な手を打たなければなりません。

　不動産が第三者に占拠されてしまうことがないか、動産が持ち出されてしまうことはないか、登記済権利証や印鑑証明、委任状等が他に交付されていて破産後に何らかの登記が経由されてしまうおそれはないか、破産者所有の自動車の所在が不明になっていないか、といった危険の有無を聞き取ります。

　そして、その状況に応じて、破産管財人自身が現地に赴いて貼り紙をしたり、鍵の返還を受けたり、施錠したり、鍵を交換したり、動産を他の場所に移動したり、縄張り等の措置をして搬出しにくいように工夫をしたり、といった方策を講じます。手が足りない場合には、申立代理人にも助力を依頼し、破産者の従業員で信頼の置ける者に、破産管財人の補助を指示することも検討します。破産者の従業員が既に解雇されている場合には、他の元従業員とのバランス上、日当ないしアルバイト料を支払うこともあります。

1　『大コンメ破産』359頁〔菅家忠行〕。
2　『破産・民再の実務（上）』163頁〔安福達也〕。

3 破産管財人自身の資産との混同防止

　当然のことですが、破産管財人は、自身の資産と区別して、財団所属の資産を管理します。現金は、「破産者○○破産管財人××××」という名義の銀行口座を開設して保管します。**第2章Q3**にも記載したように、破産管財人が財団の資金を正しく管理せず悪用した事案について、懲戒事例もあり、厳に戒めるべきことです。

4 財団所属資産と他の者の資産（取戻権対象資産を含む）の分別

　財団所属資産（破産者が所有権を有する資産）と他の者の資産（他者の所有に属する資産）の区別も大切です。

　破産管財人が、弁護士として別件の依頼者から預り保管する金品と区別する必要がありますし、複数の破産事件相互間の資産の混同がないようにも留意します。同時に法人とその代表者の破産管財事件を受任した場合や、夫と妻の破産管財事件を双方受任した場合なども、それぞれ区別して資産を管理します。

　受任直後は、破産者や代理人からの情報収集もときとして十分でなく、また現場の混乱もあるため、第三者に返還すべき資産（寄託品とか、リース物件）や、担保権の存する資産などについて、それと気付かず、破産者所有の物品と誤解して処理を進めてしまう危険があります。破産者や代理人と面接の上、破産者の決算書類、償却資産台帳、税務申告書類のなかの資産目録、各種の契約書類等を目の前にしながら、関係者から十分聴取りをします。物品の存する現場に赴き、物品に付された明認方法や権利関係を示すシール等を確認し、物品を目前にして従業員らから説明を受けるなどして、第三者の権利に属する物品でないかを確認します。そして、第三者の物品であると判明したときは、その権利内容を確認し、返還すべき物であればいつまでにどのように返還するのか、それまでの管理上の留意点を聞き取り、必要な措置を講じます。

　第2章Q3でも記載しましたが、破産者の管理する第三者所有の金型が使用不能になった例について、破産管財人の保管管理上の善管注意義務違反を認めた判例があり、注意が必要です（東京高判平9.5.29判タ981号164頁）。

5　財団所属資産の紛失、滅失、毀損等の防止

　破産管財人の管理する資産が紛失したり、滅失、毀損したりしないよう留意することも大切です。このようなことが起きた場合、その保管・管理について破産管財人の過失が認められれば、破産管財人は善管注意義務の違反を問われ、破産財団に対してその価値の減少額を個人として賠償する必要を生じます。高価な絵画などの美術品、温度管理が必要な物品、賞味期限のある食品、さびなどが出やすい物品、管理に専門的な知識や配慮が必要な物品などは、それぞれに応じて必要な管理手法を取らないと、その換価価値が低下してしまう可能性があり、それも滅失・毀損と評価されます。

6　消滅時効、知的財産権の失効、その他権利の喪失の防止

　財団に属する資産として何らかの権利がある場合に、その権利が失効してしまわないよう配慮することも必要です。

　債権は、その種別毎に消滅時効期間に留意します。とくに短期消滅時効には留意し、まちがっても債権を時効消滅させてしまってはいけません。破産手続開始決定直後であっても、破産者において相当の期間回収できずに滞留していた債権がある場合、消滅時効期間の満了時期が迫っている場合がありえます。運送賃や動産の損料は１年、商人の商品売買代金債権は２年、施工業者の工事請負代金債権は３年、といった短期の時効には注意が必要です。必要に応じ中断措置を講じます。仮に回収困難な債権であっても、時効期間満了までに手を尽くした上で、財団から放棄するのであればそれ以前に許可を得て処理をしておくべきです。

　この点、債権を消滅時効にかけてしまった破産管財人について、債権管理につき善管注意義務の違反を認め、破産債権者からの破産管財人に対する損害賠償請求を認めた判例があります。同判例は、「本件破産会社の経理、とくにその帳簿の整理等が不完全であったことが分るけれども、それだからといってこれらのことが財団に属する債権の調査やこの回収のための適切な手段をなすべき破産管財人の善管義務に消長を及ぼすいわれはなく、むしろ、そういう場合にこそ通常考えられるべき破産管財人の適切な活動が期待されるのである。」として、破産債権者に対する破産管財人の損害賠償義務を認めています（東京

高判昭39.1.23金法369号3頁）。

　特許権、実用新案権、意匠権、商標権などの知的財産権については、特許料等の支払を怠らないようにする必要があります。納付すべき期間経過後6か月間は、納めるべき特許料のほか割増特許料を納付すれば追納が許されますが、その期間に納付をしないと、その特許権は、未納付について正当な理由があって特許権の回復が認められる場合でない限り、消滅してしまいますので注意が必要です（特許法112条。実用新案法33条、意匠法44条にも同旨の既定があります。また、商標権の登録料の分割納付をしている場合につき、商標法41条の2に同様の規定があります）。換価価値のある知的財産権については、これらの費用を支弁してでも権利を維持して、換価に努めることになりますが、換価価値がない場合には、納付期限までに財団から放棄すべきかを検討して、その許可申請に及ぶことになります。特許料等を納めずに権利を失効させる場合、破産法78条2項12号の「権利の放棄」に準ずるものとして、破産者の意見を聞くのが相当と思われます（破78条6項）。

7　財団所属資産に起因する第三者の損害の防止（自動車、営造物、危険物の管理等）

　破産者所有の自動車が従業員に貸与されている場合は多いですが、その自動車が破産手続開始決定後に交通事故を起こして、被害者に損害が生じると運行供用者責任を問われるおそれがありますから、破産管財人は、原則として、従業員等から自動車の返還を受け、それが道路を運行しないようにする必要があります[3]。

　破産管財人が管理している土地の工作物に設置・保存の瑕疵があって、第三者に損害が生じた場合、破産管財人が占有管理しているものであれば、占有者としての責任が生じますし、破産者所有の物品であれば、所有者としての無過失責任を負います（民717条）。建築業者の破産事件において、建築途上の建前があって、破産後にそれが倒壊してけが人が出たなどという場合が想定されます。あるいは、破産者所有の物品の中に危険物や爆発物、発火しやすい物があって、その事故によって第三者に損害を生ずると言った場合もありえます。破産

3　『破産管財の手引』174頁〔下田敦史〕。

者の物品から汚染物が流れ出して近隣に損害を与える、といったこともありえます。破産管財人としては、それぞれの物品の性状と危険に応じて必要な措置を講ずるべきですが、財団にそれに十分な資金がない場合もありえます。そのような場合には、破産管財人は裁判所と相談しつつ、できる限り第三者に損害が生じないような予防措置や情報提供等を行う必要がありましょう。このような場合、安易に財団から放棄するのではなく、破産管財人の報酬見込額を除く全ての換価回収金を投入してでも、危険物の除去に務めるべきであるとされています[4]。

(伊藤　尚)

---

4 『破産管財の手引』160頁以下〔古谷慎吾〕。

Q5 資産換価に際しての留意事項一般

Q 破産管財人は、破産財団所属資産の換価を行うに際して、以下の点について、どのようなことに留意すべきですか。
① 資産の換価時期について
② 資産の換価額について
③ 資産の換価方法について
④ 資産の劣化防止について
⑤ 換価対象資産に関する権利関係の確認について

回答 破産管財人は、破産財団所属資産の換価を行うに際しては、選任後速やかに、破産者が破産手続開始の時に有していた資産のうち換価対象資産を確認し、債権者等への配当原資の確保のため破産財団の極大化の観点から、できるだけ高い金額で、より少ない費用での換価に努めるよう留意する必要があります。また、債権者は早期の配当と最終的な損失の確定をも望んでいることや、速やかに換価しなければ価値が劣化する等それぞれの資産の特質もあること等の観点から、迅速な換価にも留意する必要があります。さらに、債権者の関心の大きい物件等の重要な資産の換価においては、換価額や換価方法の相当性について疑義を持たれることのないよう手続の公正性や透明性にも配慮するよう留意する必要があります。

解　説

1　はじめに

破産手続開始決定があった場合、破産者が破産手続開始時に有していた一切の財産は破産財団に属するものとされ（破34条1項）、同時に、破産財団に属する財産の管理及び処分をする権能は、破産管財人に専属するものとされています（破78条1項）。そして、破産財団に属する一切の財産をいかなる時期にどのような方法で換価処分するかは、破産管財人の裁量に委ねられています。

ただし、破産管財人は裁判所の監督に服し（破75条1項）、不動産の任意売却、商品の一括売却、100万円を超える動産の任意売却及び100万円を超える債権や有価証券の譲渡等は、原則として裁判所の許可を得なければならず（破78条2項、3項1号、破規25条）、これらの行為を無許可で行わないよう注意することが必要です。

　また、破産管財人が裁量権を逸脱し、あるいは職務を懈怠して、財産の適切な管理処分を行わない場合には、破産管財人の義務違反として解任事由に当たることとなります（破75条2項）。さらに、財産の不適切な管理処分があった場合、破産管財人の具体的な行為態様、事案の規模や特殊性、早期処理の要請等に照らして個別的に判断されることになりますが、善管注意義務違反となり損害賠償責任を負うことがありますので（破85条）、十分留意して業務を行う必要があります[1]（なお、最一小判平18.12.21判時1961号53頁）。

2　資産の換価時期について

(1)　在庫商品や原材料等の動産

　在庫商品や原材料等の動産は、一般的に時の経過とともに急速にその資産価値を損いますが、季節商品や流行性の物のように、著しく減価するものもあります。また、破産手続開始決定後の保管先の倉庫料等の費用が財団債権となり破産財団の減少を招く場合も少なくありません。このため、特に迅速な換価処分に努めなければなりません。

(2)　売掛金

　売掛金は、売掛金債権者に破産手続が開始されたことを契機として、売掛金債務者の支払が消極的になる場合も少なくありません。このため、破産管財人は、選任直後から請求書を送付する等して、早急に請求の意思を明確にし、支払意思を示さない債務者に対しては請求書を繰り返し送付し、場合によっては法的手続等をも辞さない断固とした姿勢で回収に臨むことが必要です[2]。

1　『破産・民再の実務（上）』163頁〔安福達也〕参照。
2　『破産・民再の実務（上）』237頁〔片山憲一〕参照。

また、生産者・卸売商人・小売商人の産物・商品代金等の売掛金債権は、2年の短期消滅時効（民173条1号）にかかりますので、消滅時効が近い債権がある場合には、時効中断の手続をとる等の対応も必要となります。相当額の取立可能な債権が存在していたにもかかわらず、破産管財人が債権回収のために適切な調査や必要な手段を講ぜず、結果、消滅時効の完成を許してしまったような事案において、破産管財人の破産債権者に対する善管注意義務違反が認められた裁判例もあります（東京高判昭39.1.23金法369号3頁）。

(3) 不動産や自動車

　不動産や自動車は、固定資産税や自動車税の負担を避けるという観点も考慮して売却等の処分を行う必要があります（固定資産税は、毎年1月1日現在の所有者に課税され、自動車税は、毎年4月1日現在の所有者に課税されます）。特に、別除権付不動産は、破産財団へ組み入れられる金額と固定資産税の負担等のコストとのバランスを検討して、売却等の処分を行うのか、破産財団から放棄するのかの判断を行うこととなります。

　もっとも、不動産の売却は、破産財団の増殖に大きく貢献しますので、破産管財人には、積極的な売却に努め、安易な放棄はしないという姿勢も大切です。

3　資産の換価額について

　破産管財人には、破産財団の増殖に資するため、より高額、より低コストで資産の換価処分を行うことが望まれますが、破産管財人は債権者の代表として換価業務を行うことから、換価手続の公平性と透明性にも配慮して換価額を決することが必要となります。

　特に、高額な在庫商品や不動産等、債権者の関心の大きい物件等の重要な資産の換価においては、売却に先立って債権者に通知等を行い、買受け希望や価格について意見を述べる機会を与えるなどして、換価額の相当性について疑義を持たれないよう配慮する必要があります。そして、裁判所への処分許可申請等では、そのような換価額に至った理由をできる限り客観的な根拠に基づき説明するよう努め、後に検証可能なようにしておくことも重要となります。

　また、逆に、換価価値がないと判断される資産であっても、破産管財人が破産会社の元代表者や元従業員への売却可能性を検討する場合には、これらの者

との馴れ合い等から通常より安い価額で譲渡することのないように努め、公正性に配慮する必要があります。

4 資産の換価方法について

　資産の換価方法について、破産管財人の裁量に委ねられていますが、経済的に妥当な内容及び方法で行い、より高額、より低コスト、迅速な処理という視点に立って処理することが必要です。

　また、重要な資産については、債権者等が強い関心を有している場合も多いことから、可能な限り、関心を有している者に対して情報提供を行い、入札方式で買い手を募る方法や、複数の専門業者等の査定や相見積りをとり最も高条件の相手方と取引する方法による等、取引の公正性を担保するように努めることが必要となります。

　さらに、破産管財人は、その職務の廉潔性の観点から、資産を換価処分する際、自己や親族等を通じて取引の相手方となることは避けるべきですし[3]、換価に関連してお礼等を理由に金品の提供を受けることは、一切拒否すべきです。

5 資産の劣化防止について

(1) 消費期限のある飲食物等

　消費期限のある飲食物等、当該商品に特質がある場合には、できる限り早期に売却等処分するように努め、商品の劣化による価値の減少を防止する必要があります。消費者に健康被害が生じる可能性が少しでも認められる場合には、裁判所と協議の上、廃棄処分を検討することも必要となります。

(2) 事業の継続

　破産者の事業の継続を行うかについては、破産財団の増殖、維持、無用な減少防止の観点から、事業の継続の必要性、有益性を十分に検討し、そもそも事業の継続に伴う支出を行うことが可能か、事業を継続する体制が確保できるか、事業を継続する期間が明確になっているか等を勘案して、事業継続の是非を決

---

3 『破産・民再の実務（上）』166頁〔安福達也〕参照。

することが必要となります。

6　換価対象資産に関する権利関係の確認について

　換価対象資産は、破産者が所有し、破産財団を構成するものに限られます。このため、別除権（破65条）や取戻権（破62条）が認められるもの等、第三者の権利物件を破産財団に属するものと誤認して売却することのないように権利関係を確認する必要があります。

　具体的には、在庫商品や原材料等の動産は、集合動産譲渡担保の目的となっている場合その法的処理に注意を要しますし、動産売買の先取特権による差押えを受ける可能性があります。また、コピー機、パソコン、ファックス、電話機等の機器類は、ファイナンス・リース契約を結んでおり、リース会社に返還をしなければならないこともありますし、割賦販売で購入した自動車も、所有権留保がされている場合には、所有者に返還しなければなりません。さらに、工場に抵当権が設定されている場合、工場に設置された機械装置等にも抵当権の効力が及んでいることがあります。工場財団登記簿に工場抵当法3条目録が作成されているか等に留意し、抵当権の及ぶ範囲の確認を行うことが必要です。

　なお、自然人の破産の場合、破産者が破産手続開始の時に有していた資産であっても、差押え禁止の場合には、破産財団を構成しないことになります（破34条3項）。また、自由財産拡張に関する判断が換価に先行するため、拡張の対象とならなかった資産について換価を行うこととなります（破34条4項）。

7　その他

(1)　第三者の保有する知的財産権を侵害するような商品

　偽ブランド品のように売却することにより第三者の保有する知的財産権を侵害するような商品は、裁判所と協議の上、廃棄処分を検討する必要があります。

(2)　顧客リスト等の個人情報の売却換価

　顧客リスト等の個人情報の売却換価について、破産管財人は、清算を目的とし、事業としての反復性と継続性を有せず、個人情報保護法に定める個人情報

取扱事業者には該当しないと解されます（個人情報保護法2条3項）。

　しかし、破産管財人は、裁判所から選任された公的な立場を有する機関であり（破74条1項）、破産財団に属する財産の処分を含め、業務遂行にあたって善管注意義務を負っていることからすれば（破85条1号）、少なくとも個人情報保護法の基本理念（個人情報保護法3条）に基づいて、適正に個人情報を取り扱わなければなりません。

　そこで、顧客リスト等の個人情報につき、特に同業他社から引合いがある場合も考えられますが、第三者への提供制限（同法23条）の趣旨に鑑み、安易に引き合いに応じるべきではありません[4]。

（瀬古智昭）

---

[4] 『新破産実務マニュアル』253頁。

Q6 資産換価に際しての職務の公正

Q 破産管財人は、破産財団所属資産の換価を行うに際して、職務の公正さを保つため、どのような点に留意すべきですか。換価方法に関して、何か工夫はありますか。

また、資産の売却に際して仲介業者や買取業者を使う場合、留意点はありますか。

回答 破産管財人の財団所属資産の換価は、財団の実情に応じて様々な進め方が考えられますが、職務の公正さを保つとの観点からは、事案により、次の様な工夫が考えられます。

① 可能な限り、入札その他、公正かつ高額な換価実現のための換価ルールを予め設定し、その手続に則って換価を進めること。
② そのように換価ルールに則って進めることについて、事前に債権者等の関係者に対し周知させた上、進捗状況を適宜報告する等、手続の透明性を維持すること。
③ 管財人としての職務の中立性・廉潔性を維持すること。

解説

1 公益的機関としての破産管財人

破産財団所属資産の管理処分権は破産管財人の専権に属し（破78条1項）、多くの場合資産換価が破産管財人の中核的業務となる上、その換価結果は配当の有無・程度に直接影響し債権者等の手続関係者が最も関心を寄せる事項です。

職務の公正は、もともと弁護士の基本的義務です（基本規程5条）が、破産管財人は裁判所から選任された公益的機関ですから、さらに高い水準の公正さを求められ、中でも上記のように関係者の最大関心事と言ってもよい資産換価業務においては、職務の公正さが重要視されることになります。

2 公正と公正らしさ

　破産管財人の業務が「公正」になされなければならないのは当然ですが、破産手続のような集団的手続にあっては「公正らしさ」を保持する、すなわち関係者から些かなりとも不公正ではないかとの疑念が差しはさまれることなく、より多くの関係者の納得の上で手続が進んで行くよう、破産管財人側が意識的積極的に働き掛けることも常に念頭に置く必要があります。

　以下には、この「公正」と「公正らしさ」の2つの要請を満たすために換価手続上採るべきと思われる視点を簡単に述べます。

3 換価ルールの設定と実行

(1) 価格競争的換価ルール

　不動産換価の場面での競争入札的手続が典型ですが、商品・機械等動産の換価場面でも、予め破産管財人が価格について競争的要素を取り込んだ競争入札的換価ルールを設定し、それらを債権者等の関係者に周知させた上で実行するよう工夫できないか、財団の実情等に沿って、まずは検討してみることです。価格競争的手続を盛り込むのは、より高額での換価をめざす上で有益なほか、仮に入札者が現れなかった場合には破産管財人の選択する適宜の方法で換価する旨を予めルール化しこれを周知しておくことにより、公正さを維持したまま換価手続を早期終了させることも可能になります。

(2) 財団の実情に応じたルール設定

　設定すべきこうした換価ルールの内容や程度は、財団の実情に応じて千差万別となるのが当然で、資産がわずかしかなく敢えてルールを設定するまでもない場合も少なくないでしょうし、逆に財団中に引合いの多い不動産が含まれていて、換価のため本格的な入札手続の採用が必要になり破産管財人が特定の事業者に入札窓口を委託する場合等、詳細なルール化を要する場合もあります。

　ルールの設定までは要しない場合であっても、就任後間もない時期に破産管財人が資産換価の計画を立て、できれば次に述べるようにそれを関係者に周知させることにより、単に買い手が現れるのを待っているだけのような消極的か

つ無計画な管財姿勢による手続の長期化を防ぐことにも寄与することにもなると思われます。

(3) 取引債権者への周知

特に法人破産の場合には、債権者ことに取引債権者は従来からの取引を通じて破産者の資産保有の状況をかなりの程度具体的に把握しており、そうした破産者の資産がどのように換価されるかについて関心を持つのが普通です。

したがって、前記のように換価ルールを設定しその周知に努めることは、破産管財人側から換価手続の公正さをアピールする意義だけでなく、この債権者の関心に応える意味も持ちます。事案に応じ、また換価対象により破産管財人の換価の進め方は様々と思われますが、例えば、債権者の関心が極めて高い物件を早期に換価する場合などには、債権者の許に裁判所から破産手続開始決定が届いた後、財産状況報告集会での報告がなされるまでの間に、その換価に関する情報を債権者にも知らせ、債権者が買受人を紹介したり債権者自身が購入希望を出す機会を与える等の工夫をすると、後日債権者から、「知らぬ間に売られたが、あの機械だったら自分に声がかかったならもっと高額に買っていた」とか、「もっと高額な買い手を紹介できていた」等の不満が出るのを防ぎ、ひいて当該の管財業務が公正に行われているとの「公正らしさ」に対する好印象を与えることに寄与する場合があるでしょう。

(4) 債権者へのすみやかな情報提供の工夫

その意味で、現在の実務では必ずしも広く実施されてはいませんが、財団の状況に応じ可能な範囲で、破産管財人が就任後すみやかに、債権者全員に対し例えば次の事項を含んだ就任挨拶文書を発送するのを検討してみるのも一方策です。

① 破産財団中の、換価を要する資産の概要
② それらについて上記換価ルールを設定していたらその内容。特に債権者も買い受けに参加可能な手続としておく。
③ 資産換価に関する情報提供（買取希望者の紹介等）の要請

4　資産換価手続における破産管財人の中立性と廉潔性の維持

(1)　中立性に関する懲戒事例

　破産管財人の中立性については、**第2章Q7**に懲戒事例をご紹介しましたのでご覧下さい。

(2)　破産管財人の廉潔性

　資産処分において、管財人自身やその親族等を資産の買い手とすることが破産管財人の廉潔性を損なうことになるのは当然ですし、処分に関連してお礼等として破産管財人が金品を受け取ることも一切拒否しなくてはなりません。もし金品の受け取りを執拗に求められたりした場合には、拒絶の理由として破産管財人に対する贈収賄罪（破273条、274条）の存在を示すことも有用でしょう。

5　資産ごとの具体的留意点

　以上に述べた事柄を、各資産の種類ごとにその性質に即して概説します。

(1)　不動産

a　仲介業者への委託

　不動産について詳しくは**第2章Q7**に譲りますが、ここでは不動産仲介業者に委託する場合について考えます。

　任意売却が専ら別除権者側の主導で進められる場合は別として、破産管財人側が積極的に任意売却を実現させようとする場合、破産管財人が買手探しや金額決定・交渉等について不動産仲介業者に業務を委託することも少なくありません。

　仲介業者の選定は破産管財人に委ねられますが、それだけに地域や業界での評判等にも留意して選定が慎重に行われるべきですし、また選定に関し万一にも破産管財人と業者の癒着等の指摘を受けることがないよう留意すべきことになります。

　多くは売買価格等について別除権者の理解を得る必要がありますから、業者の選定自体に関し別除権者の内諾を取り付けておくのも1つの工夫かも知れま

せん。

　また、より高額かつ効率的な売却実現を考えるならば、破産管財人が複数の仲介業者を選任するのが望ましいことになります。その意味でいわゆる専任媒介は、公正さの確保と別除権者の納得性を考慮すると、破産財団中の不動産換価には必ずしも向かないのではないかとも思われます。

　b　仲介手数料

　破産管財人が委託した仲介業者によって不動産売買の成立に至った場合、仲介業者が成約に伴う売手側の仲介者として基準に従った適正な仲介報酬を請求することは、仲介報酬は「財団の……換価に関する費用」（財団債権・破148条1項2号）であり、仲介業者としての正当な業務の対価ですから、破産管財人の廉潔性への影響はなく、破産管財人がその支払に応じるについて問題はないと思われます。

　ただし、先述のとおり、この場合に仲介業者側からバックリベートの趣旨で金品の提供を受けたりしてはならないのは当然です。

(2)　**商品・在庫品**

　店舗の破産の場合の店頭商品その他在庫商品の換価は、消費期限のある食品類を始め早急に実現させる必要があり、また時間の経過により陳腐化が進むことも懸念しなくてはなりません。

　したがって、破産管財人としては就任後早期に文字通りの「倒産（廉価）セール」を計画し実行することも考える必要があります。

　この場合、旧従業員に日当を支払って協力を得た上、販売対象は、従来顧客や商品の種類によっては一般市民にも声を掛けて販売します。

　こうした方法でなく、商品等を一括して売却することが適当な場合もあります。この場合には、買取業者に、特定の日時に現地で商品群の見分（下見）の機会を設定し、その後に相（あい）見積りまたは入札をしてもらう方法によります。

　留意すべきことは、この場合には予め次の事項を事前に売却条件として書面により明示しておくことです。

　　①　全商品を一括で買い上げること
　　②　代金は現金で商品と引き換え払いとすること

③　返品には一切応じられないこと
　④　商品の搬出費用は買主が負担すること
　⑤　商品についての瑕疵担保責任は一切負わないこと
　こうした条件を踏まえて売却することにより、仮に安値でしか売れなかったとしても換価の公正さが疑われることは少なくなるでしょう。

(3) 納入業者への売却

　商品に限らず原材料等の物品は、それを納入した業者に買い取ってもらうことも検討することになりますが、納入業者は同時に売掛債権者でもあり、代金未払の納入品を金を払って買い戻すのには当然抵抗があります。この点、売却するのでなく単純に返品扱いし返品伝票授受による売掛債権減額処理を行うことに問題意識を持たない破産管財人も存在するようです。しかし、所有権留保特約でも付されていない限り、引き渡し済みの物品の所有権は原則として破産者に移転している訳ですから、当然の如く返品処理することは許されません。
　納入業者しか引取り手の見つからない物品の処分については、裁判所とも協議の上、納入業者に戻すにしても単なる返品扱いでない方法を工夫すべきことになります。

(4) 什器備品・機械

　什器備品や機械等についても以上と同じですが、特に機械に関しては、破産手続開始決定が信用情報誌に掲載されると、全国各地の買取業者から買取希望のファクシミリが送られて来ます。
　機械等の程度・分量によっては、これら業者を利用せずに個別売却を行うことが適当な場合もあるでしょうが、業者を利用することが早期かつ全量の換価につながる場合が多いのも事実です。
　業者を利用するのであれば、前記(2)に述べた①～⑤等の売却条件を明記した文書を返信、競争入札手続を実施することになります。
　なお、機械その他の物品が賃借建物内に存置されている等、早急に物品撤去が必要な場合には、売却条件に「目的機械だけでなく建物内のゴミを含む物品全部を収去すること」との趣旨の項目を加える工夫もあり得ます。この場合、全物品の収去費用が売却代金を上回る（つまり管財人が逆に差額を支払う）可能

性も出て来ますが、賃借建物の早期明渡しには資する方法です。

　忘れてならないのは、こうした買取業者を利用する場合にも、そのことを予め債権者等関係者に関係者自身も入札参加が可能な手続として周知させ、公正さを保持しておくことです。

(5)　売掛金その他の債権回収

　売掛金・貸付金等については、破産者に支払うのを渋り、破産管財人の請求に対し様々な理由を付して支払に応じようとしない場合も少なくありません。

　破産管財人としては、支払に向け粘り強く交渉するよりは、躊躇せずに支払請求訴訟を起こし、早期に訴訟上の和解をする等で債権回収を実現させた方が、事務の負担も軽い上、公正さの確保にも適うことになります。早期に提訴する方針を採れば、漫然と回収交渉をしていて短期消滅時効に掛けてしまい、破産管財人が善管注意義務違反を問われる（東京高判昭39.1.23金法369号3頁）リスクも回避することができるでしょう。

　回収すべき債権が多数に及ぶ場合には、サービサーに一括売却することも検討に値します。その場合、名目額に比べ処分価格が大幅に減額することになりますが、早期の財団換価が実現する上、正規の専門企業を利用することによって、破産管財人の回収業務の公正さが却って確保されることになるでしょう。

　　　　　　　　　　　　　　　　　　　　　　　　　　　　（中村隆次）

Q7 不動産の売却

Q 破産管財人は、不動産の売却にあたり、どのような点に留意すべきですか。瑕疵担保責任を負わないという免責条項は有効ですか。担保権者や賃借人等の権利関係のある者に対する留意事項はありますか。また、破産者の明渡し等に関する留意事項はありますか。

回答 破産管財人が、破産財団所属の不動産を売却するに際しては、破産財団の増殖を図りつつ、破産管財人の公益的性質を前提とした職務の公平性・公正性・中立性を担保して、利害関係人に対して適時かつ平等に情報を開示し、透明性のある売却手続を心がけ、利害関係人に合理的な説明を尽くせるように遂行する必要があります。不動産を売却する際には瑕疵担保責任免責条項を定めることが必要ですが、買主が個人であり消費者契約法上の「消費者」に該当する場合には、破産管財人が同法上の「事業者」に該当し、当該条項が無効となる可能性を踏まえて、買主に対して破産管財人が瑕疵担保責任を負わない旨について十分に説明を尽くすことが肝要です。また、破産管財人は就任後速やかに破産者から不動産の引渡しを受ける必要があります。

解 説

1 破産財団の増殖と適正な換価処分

破産管財人の換価業務は、破産財団の増殖を図り、破産債権者への配当原資を増大させることが重要な目的であるといえます。もっとも、事案によっては、早期に売却しなければ当該換価対象資産の価値を毀損して譲渡価額が減少するといった処分価格以外の事情によって、売却先を選定する必要が認められる場面があります。例えば、東京地判平8.9.30（判タ933号168頁）は、増加する滞納税額と破産債権者への早期配当のため早期売却の必要性があったこと、当該

不動産については所有権の帰趨を争う裁判の上告審の係属と不法占有者という懸案事項があり、これらの懸案事項を自らの責任で消滅させる条件で購入価格（95億円）を提示したのは本件買主だけであり、他の110億円程度の購入希望者は２つの懸案事項を破産管財人にて解消する条件であったこと等を踏まえて、当該売却代金が当時の適正価格に照らし不当な金額とはいえず、また、高額不動産に関する懸案事項を消滅させる旨の好条件を提示した者に破産裁判所の許可を得た上で売却した場合は、時間的・労力的に限られた条件の下で行動する破産管財人としてやむを得ない判断であり善管注意義務違反があったとはいえないと判示しています。

2 公平性・中立性

　裁判所から選任された破産管財人は、その公益的性質から職務の執行にあたり、利害関係人に対して公正中立でなければならない義務を負うと解されています[1]。この点に関連して、破産管財人が土地の任意的競争入札による売却手続を行い、売買決済時に自らは立ち会わずに、買受人とは別の入札者の仲介業者従業員の立場で入札時に出席していた人物を破産管財人の代理人として代金決済の場に出席させたことが、破産管財人が入札価格を吊り上げさせるために入札時に当該人物を出席させていたのではないかとの疑念を生じさせた事案で、弁護士職務基本規程５条に違反し、弁護士法56条１項に定める弁護士としての品位を失うべき非行にあたるとした日弁連懲戒事例があります。また、破産管財人は換価処分に際して、廉潔な姿勢を貫く必要があり、例えば、自己や親族関係者等を取引の相手方とする取引は避けるべきですし[2]、換価に関連してお礼等を理由に金品の提供を受けることは、一切拒否するべきです。

3 不動産の売却における留意点

(1) 不動産の任意売却

　破産管財人が財団帰属不動産を換価する際には、任意売却の方法（破78条２

---

1 『破産・民再の実務（上）』166頁〔安福達也〕。
2 『破産・民再の実務（上）』166頁〔安福達也〕参照。

項1号）によるのが一般ですが、当該不動産に担保権が設定されている場合には、原則として、売却代金の中から別除権者に対して一定の金員（受戻金）を支払って担保権を抹消（別除権の受戻し）する必要があります。別除権者との交渉に際しては、買受希望者との売却交渉の進展具合等の情報提供を不動産業者に任せきりにせず、破産管財人自身が別除権者に適時に情報提供する等して任意売却に向けた積極性と誠意を示すことが重要です。また、別除権者に対する情報提供は、全ての別除権者宛に同一内容の文書を随時ファクシミリ送信する等、透明性の高い方法で行うべきでしょう[3]（なお、破産管財人の担保価値維持義務に関する最一小判平18.12.21民集60巻10号3964頁については、**第2章Q11参照**）。

破産管財人は、複数の不動産業者を関与させるとともに複数の買受希望者に入札させる等、競争原理のもとで公正かつ公平に透明性を確保して対応することが必要です。複数の業者に依頼する場合は、透明性を確保するためにその旨を予め依頼する全ての業者に説明することが望ましいといえます[4]。なお、東京地裁破産再生部では、売買代金および諸経費は原則として一括決済とし、登記手続を速やかに完了させ、手付金、残代金方式は避け、一括決済が困難な場合は、手付金は取らず破産管財人側からいつでも無条件に解除できるようにする方法が有用であるとしています。他に、手付金は収受するものの買主側が違約した場合は、売主（破産管財人）側は手付金を没収し、売主（破産管財人）側の都合で解除する場合には、手付金倍返し（民557条1項）ではなく、手付金同額を返金するのみであるという特約条項を盛り込み、破産財団の毀損を回避する方法も指摘されています[5]。いずれにしても代金等の決済方法について、買主に対して十分な説明を行う必要があります。

(2) 瑕疵担保責任免責特約（瑕疵担保責任免責条項）

不動産を任意売却する際は、売却後の破産管財人に対する瑕疵担保責任に基づく損害賠償請求を回避するため、売主である破産管財人が瑕疵担保責任を一切負担しない旨の特約（瑕疵担保責任免責条項）を定めることが必要です。買受人がエンドユーザーである場合、買受人は消費者契約法上の「消費者」（同

---

3 『破産管財の手引』148頁〔下田敦史〕。
4 『破産管財の手引』149頁〔下田敦史〕。
5 『破産管財の手引』150頁〔下田敦史〕。

法2条1項）に該当します。また、破産管財人が消費者契約法2条2項の「事業者」に該当するかについて議論があります。破産管財人が「事業者」に該当する場合には、瑕疵担保責任免責条項は同法8条1項5号、10条により無効となる可能性があります。しかし、破産管財人が事実上瑕疵担保責任を負担することはできないため、契約の相手方に対して、その旨を十分に説明して相手方の納得を得ることが必要です[6]。この点、破産法203条により、配当通知の発送時に破産管財人に知れていない財団債権者は弁済を受けられないため、破産財団に対する損害賠償請求については、配当通知がなされるまでの間に請求されない限り、財団債権として取り扱う必要はありません。また、破産管財人個人に対する損害賠償請求については、隠れた瑕疵のある物件を売却したことが破産管財人としての善管注意義務違反（破85条1項）となることは極めて稀であると思われるとの指摘があります[7]。破産管財人としては後日の紛争を防止するため、買受人に対して十分な説明をし、破産管財人としての善管注意義務を尽くすべきであるといえます。

(3) 担保権者（別除権者）との交渉

a 担保権者との事前取決め

破産管財人は担保権者との間で、任意売却の手続に入る前に、財団組入額の算出方法、売却代金から控除する必要経費、売却条件（現金一括払い、境界確認義務の免除、現状有姿での引渡し、瑕疵担保責任の免責等）を取り決めておく必要があります（なお、任意売却後の別除権不足額の処理に関する札幌高判平24.2.17金判1395号28頁については、**第2章Q15参照**）。

b 後順位担保権者の取扱い

不動産の任意売却を実現するためには、担保余剰のない後順位担保権者の同意が必要となります。一般的には、後順位担保権者の登記の抹消についての承諾料（いわゆるハンコ代）として適宜の額を支払うことで理解を求めることとなります。後順位担保権者がその抹消に応じない場合は、担保権消滅許可制度（破186条以下）の利用を検討することとなります[8]。

---

6 『破産管財の手引』174頁〔下田敦史〕。
7 福岡県弁護士会倒産業務等支援センター委員会他編『破産法実務』（福岡県弁護士会、2010年）68頁。

(4) 受戻金の充当方法

担保が設定されている不動産の任意売却に際して、破産管財人としては受戻金を別除権者の有する債権の届出債権（一般破産債権）に充当する旨の合意を取得して充当関係を明確にすべきです。合意できない場合には、民法の規定により別除権者の破産者に対する一般破産債権ではなく劣後的破産債権に充当される場合があるため、留意する必要があります[9]。

(5) 危険物の除去

例えば、産業廃棄物処理場等で汚水が流出する等の公害問題が発生していたり、毒劇物が散乱したまま放置されている工場や崩壊の危険性のある土地・建物等を破産財団から放棄すると、管理者が不在のまま放置されることとなり、周辺住民に対する危険を増大させるおそれが生じます[10]。このような場合、破産管財人は、社会的責任を自覚し、事前に裁判所と協議し、事案によっては破産管財人報酬見込額を除く全ての換価回収金を投入してでも危険物の除去に努めるべき場合があるでしょう。除去費用を破産財団で負担できない場合は、所轄官庁、地方自治体、地元住民に必要な措置を取るように協力を求めた上で、破産財団から放棄せざるを得ない場合もあります[11]。

(6) マンションの滞納管理費等がある場合

任意売却の対象不動産がマンションの場合、破産管財人は、破産者が管理費や修繕積立金を滞納していないかを確認する必要があります。破産手続開始決定前の滞納管理費・修繕積立金については、建物の区分所有等に関する法律により特別の先取特権（同法7条1項）が成立し、この先取特権は当該物件の特定承継人にも主張することができるため（同法8条）、売買契約に際して、この先取特権について別除権の受戻し（破78条2項14号）を行う必要があります[12]。

---

8 『破産・民再の実務（上）』211頁〔山﨑栄一郎〕。
9 『破産管財の手引』153頁〔下田敦史〕。
10 『破産管財の手引』160頁〔古谷慎吾〕。
11 『破産管財の手引』160頁〔古谷慎吾〕。

4 賃貸不動産の任意売却

　破産財団に属する不動産について、破産者が賃貸人となって賃貸借契約が締結されており、賃借人が居住等で使用している場合があります。賃借人が第三者対抗要件を備えている場合には、破産法53条1項、2項は適用されず、破産管財人から同条1項に基づく解除はできません（破56条1項）。また、賃貸人の破産は、借地借家法所定の解約申入れ等の正当事由（借地借家28条）に当たらないことから、破産管財人からの一方的な解約はできないといえます。破産管財人は、破産財団増殖の観点から賃貸借契約を維持したまま任意売却すべきか否かを見極める必要があります。

　賃借人に明渡しを求めた方が破産財団の増殖にとって有益であると判断した場合には、適正な立退料を支払い、破産財団に対する敷金・保証金返還請求権の放棄を内容とする和解契約を締結することを検討します。他方で、賃貸借契約を維持する方が破産財団の増殖にとって有益であると判断した場合には、当該不動産の維持管理に努めるとともに、任意売却に際して敷金・保証金関係の承継の有無を明らかにし、精算する必要があります[13]。

5 破産者の引渡し

　破産者が従前より自宅として破産財団に属する不動産を使用している場合等、破産者が当該不動産につき任意に立ち退かないために、破産管財人の任意売却が滞るおそれがあります。このような事態が生じないよう破産管財人は申立代理人の協力を得たり、破産者本人と十分に協議して、破産手続開始決定後速やかに破産者に引渡しを求めることが必要です。破産管財人が破産者に引渡しを求める際には、当該不動産の管理処分権は破産管財人に専属すること（破78条1項）、破産者が任意に引き渡さない場合には、破産管財人は破産者に対し引渡命令（破156条）を得て執行することも可能であること、破産者が自由財産から転居費用を支出できない事情がある場合には任意売却代金から一定額の転居費用を支出することも可能であること等を説明し、任意の引渡しに応ずるよう説得することになります。

　　　　　　　　　　　　　　　　　　　　　　　　　　　　（岡　伸浩）

12　『破産管財の手引』151頁〔下田敦史〕。
13　『破産管財の手引』190頁〔島岡大雄〕。

Q8 動産の売却

Q 破産管財人は、動産の売却にあたり、どのような点に留意すべきですか。売却困難な自動車についてはどのように処理すべきですか。

回答 破産管財人が、破産財団の所属動産を売却するに際しては、破産財団に帰属するものであるかを調査し、破産財団の増殖を図るべく、当該動産の性質に応じて、早期に売却する必要があります。売却困難な自動車については、早期に廃車手続（法人事件）または放棄手続（個人事件）を行う必要があります。

解　説

1　破産財団帰属性

　破産管財人が動産を売却するに際しては、当該動産が果たして破産財団に帰属する財産か否かを調査する必要があります。例えば、破産管財人が、破産者が寄託契約に基づいて保管していた第三者所有の物品を売却した場合には、破産管財人の善管注意義務違反（破85条1項）を問われる可能性があります。動産の売却の前提となる破産管財人の第三者の所有物の保管に関する裁判例として、東京高判平9.5.29（判タ981号164頁）は、破産管財人が破産者から取戻権の対象となる動産の占有を承継した場合には、取戻権者にこれを引き渡すまでは、毀損、紛失等をすることのないようにこれを保管すべき注意義務があるとし、一定の事情を斟酌して、破産管財人は破産者が行っていたのと同程度の保管管理の方法によりこれを行えば注意義務を果たしたと解するのが相当であるとしています。

2　動産の性質に応じた処理

　破産管財人が破産財団に帰属する動産を処分するにあたり、当該動産の性質

（例えば、食品や薬品等）によって、当該動産につき欠陥が存在し、買主の生命、身体、財産を侵害した場合には、買主から製造物責任法に基づく損害賠償請求を受ける可能性があります（製造物責任法3条）。このような万一の場合に備えて破産管財人としていわゆるPL保険に加入することが考えられます。また、動産の性質によって、消費者に健康被害が生じる可能性が少しでも認められれば、裁判所と十分に協議した上、動産の売却自体を行わないことを決断することが必要な場面もあるでしょう。

3　在庫商品等の換価

(1)　在庫商品等の換価

在庫商品等の動産は、時間の経過とともに陳腐化したり、保管費用を要したりする場合もあるため、早期に換価することが望ましいといえます。特に消費期限のある食品類、季節物商品、流行性のある衣服等は、売却時期を失しないように注意する必要があります。換価方法としては、旧従業員の協力を得て、従前の顧客に対して廉価販売（セール販売）する方法や複数の業者からの相見積りや入札方式を採用する等して在庫商品を一括して売却する方法、納入業者に売却する方法等が考えられます。破産管財人は、動産の種類、量および金額ならびに買取希望者の有無および属性等に照らして適切な換価方法を選択し、売却価格を可能な限り最大化することに努めます。また、多くの関係者に対して公平に動産の売却手続に関する情報を提供することで換価方法の透明性や公正性を確保する必要があります。さらに、仕入先からの動産売買先取特権の物上代位による売掛金債権に対する差押え（民304条1項本文）が懸念されるため、破産管財人としては差押えを回避すべく在庫商品等の動産の引渡しと引き換えに売買代金を受領するのが望ましいといえます（民304条1項但書参照）[1]。

(2)　動産売買先取特権者との関係

破産者が仕入れた商品等について、仕入先が破産管財人に対して動産売買先取特権を主張する場合があります。この場合に破産管財人が動産売買先取特権

1　『新・実務大系(28)』163頁〔腰塚和男〕。

を消滅させる取扱いをしたことが破産管財人の善管注意義務との関係で問題となった裁判例として、東京地判平3.2.13（金法1294号22頁）と名古屋地判昭61.11.17（判時1233号110頁）が挙げられます。これらの裁判例は、いずれも動産売買先取特権が目的動産に対する追及力を欠き、目的動産の第三取得者への譲渡を阻止する権利を有しない弱い担保権であることを理由に破産管財人の善管注意義務違反を否定しています。

動産売買先取特権者による動産競売は、動産売買先取特権者が執行官に対し当該動産を提出した場合や動産売買先取特権者が執行官に対し当該動産の占有者が差押えを承諾することを証する文書を提出した場合等に開始するのが原則です（民執190条1項1号、2号）。しかし、当該動産の占有者が差押えを承諾しなくとも、動産売買先取特権者は裁判所の許可を得れば動産の競売を開始することができます（民執190条2項、同条1項3号）。この規定の存在を前提に、破産管財人が行うべき動産売買先取特権の対象である動産の取扱いに関して、①動産差押え時までは、破産管財人は任意売却が可能であるとする見解、②民事執行法190条2項の裁判所の許可決定が破産管財人に送達された時以降は、破産管財人は任意売却ができないとする見解、③担保権者から目的物を特定して具体的に先取特権が主張立証された時以降は、破産管財人は任意売却をすべきではないとする見解、④動産売買先取特権者は、その存在を立証できれば、破産管財人の任意売却後も、破産管財人に対する配当要求類似の優先弁済請求が可能であるとする見解、といった様々な見解が主張されています[2]。この点については、前記②のように民事執行法190条2項の裁判所の許可決定が破産管財人に送達された時以降は、破産管財人は任意売却できないと解すべきであると考えます。もっとも、破産管財人が行うべき動産売買先取特権の対象である動産の取扱いに関しては、前記のとおり、いつの時点から動産売買先取特権を優先すべきか議論のあるところであり、また、前記名古屋地裁判決は支払停止直前の取込み的取引があった場合等特段の考慮を要する事案では、破産管財人の不法行為の成否が問題となりうると判示しており、そのような場合には、裁判所とも相談の上、和解による解決も視野に入れて慎重に対処すべきでしょう（動産売買先取特権の取扱いについては、**第2章Q12**参照）。

---

[2] 『条解破産』624頁。

4 什器・備品の換価

　実務上、什器・備品は、元従業員や中古品等の専門業者に売却することが多いといえます。換価価値がない場合には、廃棄業者を通じて廃棄を進めることとなります。対象資産にパソコンが含まれていると個人情報や機密情報に属するデータが存在する可能性があるため、専門業者にデータの抹消等を依頼して対応する必要があります。また、廃棄に際しては、その後の管財業務の遂行に必要なデータのバックアップをとっておく必要があります。データを再現する場合に特殊なソフトウェアを使用する場合もあるため、予め元従業員等に確認する必要があります[3]。

5 瑕疵担保責任免責条項

　動産を任意売却する際は、売却後に破産管財人に対する瑕疵担保責任に基づく損害賠償請求を回避するため、売主である破産管財人が瑕疵担保責任を一切負担しない旨の特約（瑕疵担保責任免責条項）を定めることが必要です。この点、買受人がエンドユーザーである場合、瑕疵担保責任免責条項が消費者契約法8条1項5号、10条により無効とならないか、が問題となりえます（詳しくは前問**第2章Q7**参照）。

6 自動車の換価

(1) 自動車の管理

　破産財団に属する財産に自動車がある場合は、交通事故による運行供用者責任（自動車損害賠償保障法3条本文）を負担するリスクを避けるため、関係者によって運転されないよう破産管財人が鍵を保管する必要があります。破産管財人は、できる限り関係者に運転をさせないようにし、やむを得ず運転を認める場合には任意保険に加入しているかを確認する必要があります。

---

[3] 『新・実務大系（28）』164頁〔腰塚和男〕。

(2) 自動車の売却

自動車の換価は、原則として換価価値について査定を行った上で、売却を進めることになります。減価償却期間を経過している場合は無価値であることが多いため、査定は不要となるのが一般的です。輸入車の場合には、減価償却期間を経過しても換価価値が認められることがあるため注意が必要です。換価価値がない自動車の場合は、破産会社の元代表者や元従業員への売却が可能か否かを検討します。売却に際しては、現金一括払い、現状有姿での引渡し、瑕疵担保責任の免責を内容とする合意を締結する必要があります。

(3) 自動車税等の負担の回避

換価価値がなく、売却困難な自動車である場合には、自動車税（毎年4月1日現在の登録名義人に課税されます）・自賠責保険料の負担を避ける必要があります。法人事件の場合、単に自動車を破産財団から放棄するだけではその後の自動車の管理者が不明確となる結果、破産管財人の責任が問われるおそれがありますので、「廃車（登録抹消）手続」を行う必要があります。他方で、個人事件の場合、破産財団から放棄をする必要があります[4]。

(4) 所有権留保付自動車の換価

信販会社から買主に対して自動車ローンによる融資がなされ、信販会社に所有権が留保されている所有権留保付の自動車が存在する場合があります。所有権留保については、留保されている所有権を理由として所有権留保権者に取戻権（破62条）を認める考え方や代金完済を停止条件とする所有権を買主が取得している以上、所有権留保は代金債権担保のための担保権であるとして、所有権留保権者に別除権（破2条9項類推）を認める考え方が主張されています。もっとも、最近の学説は、別除権と解することでほぼ一致していると指摘されています[5]。そこで、以下では所有権留保を別除権と解することを前提に検討します。

破産管財人としてはまず当該自動車の登録名義が販売会社にあるのか信販会

---

4 『破産管財の手引』174頁〔下田敦史〕。
5 『伊藤・破産民再二版』346頁。

社にあるのかを確認する必要があります。この点、信販会社が自動車の購入者に代わり販売会社に売買代金の立替払いをした後、当該購入者に個人再生手続（小規模個人再生）が開始され、信販会社が再生債務者との間の所有権留保特約に基づき留保した所有権を別除権として行使した事案で、判例は、販売会社を所有者とする登録がされていても、信販会社を所有者とする登録がなされていない限り、信販会社は再生債務者に対して留保した所有権を別除権として行使することは許されないと判示しました（最二小判平22.6.4民集64巻4号1107頁）。この判例を前提とすると、自動車の登録名義が信販会社にある場合には信販会社は別除権を行使することが認められ、販売会社にある場合には信販会社が別除権を行使することは認められないこととなります[6]。

　信販会社に当該自動車の登録名義があり、信販会社の別除権行使が認められる場合、破産管財人としては破産者の残債務額と車両価格とを確認し、残債務を完済して登録名義の移転を受けた上で当該自動車を売却することが破産財団の増殖との関係で有利かどうかを判断する必要があります。破産者の残債務額が車両価格を上回る場合には、破産管財人は、別除権を承認して信販会社に当該自動車を引き渡した上で、信販会社に対して残債務額から車両価格を控除した残額を破産債権として届け出るよう促すこととなります。この場合、自動車税は登録名義人である信販会社ではなく、使用者である破産者に課せられる（地方税法145条2項）ため、破産管財人は、車検証の「使用者」が破産者のまま放置されることのないように運輸支局の自動車検査登録事務所にて使用者の変更手続を行う必要があります[7]。

　信販会社に当該自動車の登記名義がなく、信販会社の別除権行使が認められない場合、破産管財人は信販会社からの自動車の引渡しの要請に応じる義務はなく、信販会社の立替金等債権は無担保の破産債権として取り扱うこととなります。もっとも、破産管財人が当該自動車を換価するためには、販売会社から当該自動車の登録名義の移転を受ける必要が生じますが、販売会社としては信販会社の立替金等債権の完済がない状況にある以上、これを拒否する場合があります。このような場面では、破産管財人としては、信販会社に一定の解決金

---

[6] 福田修久「破産手続・民事再生手続における否認権等の法律問題　第1回　所有権留保に基づく自動車引上げがされた場合の否認等について」法曹時報64巻6号1頁。
[7] 『破産・民再の実務（上）』231頁〔片山憲一〕。

を支払う前提で販売会社または信販会社に売却を委ね、売却代金から解決金を差し引いた残額を破産財団に組み入れる、または信販会社に解決金を支払い、所有権留保の解除を得た上で、登録名義の移転を受けて破産管財人が当該自動車を売却するといった内容の和解による解決の途を探ることも検討すべきでしょう。

（岡　伸浩）

Q9 資産の廃棄

Q 破産管財人は、破産財団に属する資産の廃棄をする場合、どのような点に留意すべきですか。
危険物などがある場合は、どうですか。近隣などから破産管財人の善管注意義務違反を問われることはありますか。

回答 破産財団に属する資産を廃棄するにあたっては、破産財団を不当に減少させ、ひいては配当原資や財団債権への弁済額を減少させる結果とならないように留意しなければなりません。また、破産財団に属する資産の廃棄が、法令上の規制に則ってなされる必要があることは勿論、第三者の権利を侵害したり、社会に対して害悪をもたしたりする結果となることを避けなければなりません。特に、危険物については、破産財団から費用を負担してでも可能な限りの危険物の除去や処理を行う必要があります。また、個人情報等が記載・記録された書類やPCの廃棄にあたっては、個人情報等の漏洩が生じないように措置をとることが求められます。

解　説

1　破産管財人の善管注意義務と弁護士倫理に基づく義務

　破産管財人が、破産財団に属する資産を廃棄するに際して留意すべき点を検討するにあたって、次の2つの観点があると思われます。
　1つめは、破産管財人は、破産手続における機関であり、破産法が破産管財人に求めている職責を果たす上で善管注意義務を負っているので、破産財団に属する資産の廃棄に際しても、この善管注意義務に違反してはならないという観点です。破産管財人が破産手続の機関として負っている善管注意義務（破85条1項）に違反すれば、破産手続上の利害関係人に対して破産管財人個人として損害賠償責任を負うことになります（破85条2項）。

2つめは、破産管財人は、弁護士であることを理由に、破産管財人としての業務を遂行する上でも、弁護士倫理上の規律の適用を受けるという観点です。この弁護士倫理上の規律は、破産手続上の利害関係人との関係についてのみ機能するものではなく、第三者ひいては社会に対する関係でも機能するといえますし、弁護士法2条1項や弁護士職務基本規程5条に定める誠実義務は法的義務であるとする見解もあります[1]。すなわち、破産管財人は、破産管財業務の一環としてであったとしても第三者との関係で不法行為をなせば損害賠償責任（民709条）を負いますが、それにとどまらず、破産管財業務を遂行するにあたっては、弁護士として弁護士倫理上の要請される義務や行為規範に反することがないようにする必要があります。

2　破産財団に属する資産の廃棄

(1)　廃棄の判断に際しての留意事項

　破産管財人は、破産財団に属する財産を適切に換価処分して配当原資を増殖させることが基本的な職務ですから、破産財団に属する資産を廃棄することになるのは、当該資産が無価値で換価ができない場合です。換価は可能であっても管理のための費用が多額にかかること等の理由で破産財団を減少させることとなる資産である場合は、破産財団からの放棄にとどめるという選択肢もありますので、廃棄まではしない場合があります。破産管財人としては、破産財団に属する資産の換価の可能性や換価価値を早期に把握して、廃棄すべきものは早期に廃棄処分をすることになります。

　しかし、換価の可能性がある資産を安易に廃棄することは、破産財団を増殖させるという破産管財人の基本的な職責の放棄であり、善管注意義務違反を問われることになりますので留意が必要です。また、無価値の資産であっても、第三者の権利、すなわち取戻権や別除権の対象となっている場合がありますので、当該資産についての取戻権や別除権の有無に留意し、当該資産について取戻権者や別除権者がいる場合には、第三者の権利を侵害することのないように廃棄をせず保管し、取戻権者や別除権者から権利の行使を受けるべきことにな

1　『弁護士概説〔第4版〕』27頁、『解説基本規程〔第2版〕』11頁。

ります。早期に権利の行使がされない場合は、取戻権者や別除権者に対して権利の放棄を求めて協議をする場合もあります。

(2) 廃棄の方法・手続について

　無価値で換価ができない資産であることが明らかであっても、その廃棄の方法・手続に留意しなければならない場合があります。事業者は廃棄物の処理及び清掃に関する法律（以下「廃棄物処理法」といいます。）により、その事業活動に伴って生じた廃棄物の適正な処理（廃棄物処理法3条1項、11条）を義務付けられています。破産管財人が廃棄物処理法上の「事業者」に該当するかどうかについては議論がありますが、仮に破産管財人が「事業者」に該当しないとしても、破産者（法人であればその代表者または清算人）が適正に廃棄物を処理する資力を有していることを期待できないことや、管財業務の社会的役割や公益性等に鑑みれば、弁護士である破産管財人が行う業務として廃棄物の放置や不正な処理による被害の拡大を可及的に防ぐことが求められているというべきであり、破産財団が負担できる範囲内という制約はあるものの、主体的に法令に従った廃棄物の適正な処理に取り組むことが求められていると考えられます[2]。

　廃棄しようとする資産が産業廃棄物（廃棄物処理法2条4項）である場合は、産業廃棄物の処理・処分について許可を受けた産業廃棄物処理事業者（収集運搬業者、処分業者のそれぞれ）との間で、法令に従った基準に従い、書面により契約をして委託しなければなりません（廃棄物処理法12条、廃棄物処理法施行令6条の2）。そして、産業廃棄物の排出事業者には、産業廃棄物管理票（マニフェスト）を作成して、委託した産業廃棄物が適正に処理されたか否かを確認する義務も課せられています（廃棄物処理法12条の3）。したがって、破産管財人も、産業廃棄物の廃棄に際しては、これらの手続や基準を遵守すべきです。

(3) 危険物の廃棄について

　破産管財人が廃棄しようとする資産に危険物、例えばポリ塩化ビフェニル（PCB）、六価クロム、飛散性アスベスト、医療廃棄物（感染性産業廃棄物）等が

2　『破産200問』111頁〔長島良成〕。

含まれる場合には、特別管理産業廃棄物（廃棄物処理法12条の２）の処理・処分に倣い、一般の産業廃棄物よりもより厳しい規制・基準が適用されると解すべきです。例えば、PCBに関しては、ポリ塩化ビフェニル廃棄物の適正な処理の推進に関する特別措置法（PCB特措法）による規制があり、PCB廃棄物を保管している事業者は、廃棄物処理法の定める特別管理産業廃棄物保管基準に従って保管し、毎年度都道府県知事に対して保管及び処理の状況の届出をする必要があるほか、PCB廃棄物は、譲渡し・譲受けが禁じられており、処理・処分のためには法令に定める基準に従って特別管理産業廃棄物の許可業者に収集運搬を委託した上で、日本環境安全事業株式会社（JESCO）で処理をすることとなります。破産管財人がPCB特措法上の「事業者」やその地位を承継した者に該当するかについては議論がありますが、前記(2)で述べたことと同じ理由で、破産管財人は破産財団が負担できる範囲内でPCB特措法に従って、主体的にPCBの管理・処分に取り組むことが求められていると考えられます[3]。

(4) 個人情報や機密情報等の取扱について

　破産管財人が廃棄しようとする資産の中に、個人情報や第三者の機密情報が記載・記録されている場合があります。例えば、破産者が使用していたPCの中に顧客情報や役員・従業員に関する個人情報が記録されていたり、履歴書など人事・労務に関する資料には役員・従業員のプライバシーに関する情報が記載されているものがあります。あるいは、破産者が、取引先の機密情報や営業秘密を預かっている場合もあります。破産管財人は、個人情報保護法や不正競争防止法に違反しないようにすることは当然ですが、個人情報や機密情報等を含む資産を安易に廃棄して、結果として情報の漏洩や悪用が生じないように留意しなければなりません。

　弁護士として職務上知り得た秘密を保持する義務（弁23条）の対象は、依頼者の秘密に限られるという限定説が有力ですが[4]、第三者の秘密を含むとする見解（非限定説）や依頼者に準ずる者の秘密を含むとする見解（折衷説）もあ

3　『破産管財の手引』160頁〔古谷慎吾〕、『破産200問』113頁〔進士肇〕。
4　『弁護士概説〔第４版〕』109頁。

ります[5]ので注意が必要です。いずれの見解に立つにせよ、破産管財人の職務は、破産者等からの依頼に基づくものではないものの、破産者の財産を一定の公的立場に基づいて管理処分することになりますので、管財業務の遂行上必要な報告等を行う場合など正当な理由がある場合を除いて、破産者または第三者の秘密情報を漏洩することがないようにしなければなりません。個人情報や機密情報等の漏洩を防ぐために、PCの廃棄に際しては記録されたデータやプログラムの消去処理をし、履歴書や機密情報が記録された書類等の廃棄にあたっては、裁断または溶解の処理をすべきです。

(5) 近隣住民等への責任

破産管財人は、法令に違反して廃棄物を処理・処分するなどして近隣住民等へ損害を与えた場合には、破産管財人個人として民法709条に基づき損害賠償責任を負う場合があります。

刑事責任に関しても、岐阜地判平24.2.1（判タ1375号106頁）は、弁護士である原告が、破産管財人として行った業務が廃棄物処理法に違反するとして被告（県）が原告を刑事告発し、その事実を報道機関に対し公表したことにつき、被告に対し、国家賠償法に基づき損害賠償等を認めた事案[6]ですが、その判決理由中の判断にて、「破産管財人が委託基準遵守義務に違反して当該廃棄物を処理した場合に破産管財人に本件廃掃法違反の罪が解釈上成立する余地が全くないとまではいえず」と判示していますから、廃棄物処理法に違反すれば、破産管財人個人が刑事責任を問われる可能性があることに留意が必要です。

（上野　保）

---

5 『解説基本規程〔第2版〕』53頁、「座談会　弁護士倫理の課題と展望」自由と正義2012年10月号、12頁、13頁、加藤新太郎『コモン・ベーシック弁護士倫理』（有斐閣、2006年）123頁。
6 『破産200問』111頁〔長島良成〕。

Q10 破産財団からの「放棄」

Q 破産管財人が資産を破産財団から放棄する場合、どのような点に留意すべきですか。不動産、借地上に存する建物等、動産、自動車など、資産の種別ごとに留意すべき点を教えてください。

回答 破産管財人は、破産財団に帰属する資産であっても、破産財団の増殖に寄与しないものについては、早期に破産財団から放棄をして破産財団の負担を少なくする必要があります。しかし、破産管財人が資産を破産財団から放棄するに際しては、当該資産について権利を有する第三者が受ける不利益に配慮する必要があり、また、破産者が実質的には破産財団から放棄された資産の管理を十分に行うことができない場合があることを考慮する必要があります。

資産の種類別に見ると、不動産を破産財団から放棄する場合には、その不動産に設定されている担保権について担保権の実行をする機会を与えることに留意すべきです。また、借地上の建物等に関しては、建物等に担保権が設定されている場合には、破産財団からの放棄後に地代の不払いによって借地契約が解除されることがないように、担保権者に地代を支払ってもらうことにするなどの協議が必要です。動産については、危険物等が不正に放置されることにならないように留意すべきです。自動車については、法人の破産事件では、単に破産財団から放棄しただけでその後の管理者が不明確になると、放棄後であっても破産管財人が運行供用者責任を負うおそれがありますので、廃車手続をすべきです。

解　説

1 破産財団からの資産の放棄の判断に際して留意すべき事項

破産管財人は、破産財団に属する資産について売却の努力を十分にしたにも

かかわらず売却そのものが困難である場合や、換価価値が乏しく売却をしても管理・売却費用を回収できないような場合は、裁判所の許可を得て、破産財団から放棄をすることができます（破78条2項12号）。

　一般的には第三者への売却が困難な資産であっても、破産者の関係者や土地であれば隣地所有者に買い取りを求めることで換価できる場合がありますし、オーバーローンの担保権付資産であっても、担保権者と交渉することにより破産財団への組入額を得られる場合がありますので、破産管財人はその努力をすべきです。逆に、可能性がないにもかかわらず徒に換価の努力を続けて破産事件を長期化させることも避けるべきです。したがって、原則として遅滞なく破産財団からの放棄の当否を見極めるべきですが、少なくとも第1回債権者集会までに具体的な見通しを立てること（判断時期や放棄をすることになる条件を明らかにするなど）が望ましいといえます[1]。

　以下、不動産、借地上の建物等、動産、自動車といった資産を破産財団から放棄する場合に、それぞれ留意すべき事項について述べます。

2　不動産について

(1)　不動産を破産財団から放棄する判断に際して留意すべき事項

　無担保の不動産であっても、場所が特定できない山林・原野、河川敷などという土地は、その性質上売却がそもそも著しく困難といえますので、破産管財人が放棄をしても管理上重大な問題がないものは破産財団から放棄して差し支えないといえます。他方で、破産者が個人の場合に、破産者所有の自宅不動産に破産者やその親族が居住しているため転居が困難であるというだけでは、破産財団からの放棄は相当でなく、破産者に転居費用がないという場合であっても、売却代金から転居費用を支払う等の配慮をすることで立退きを求め、当該不動産の売却を行うべきです。

(2)　担保権付不動産について

　担保権付不動産については、破産管財人が相当と考えられる売却金額での売

1　『破産管財の手引』156頁〔松戸健一〕。

却の努力をしたにもかかわらず、第１順位の担保権者の協力が得られないときは、当該不動産を破産財団から放棄することもやむを得ないと考えられますが、無剰余の後順位担保権者のみが協力をしない場合には、破産財団からの放棄の前に担保権消滅許可制度（破186条以下）の利用を検討すべきです。

　担保権付不動産の放棄の手続のうち特に留意すべきことは、担保権者に競売申立ての機会を与えるために、破産財団からの放棄の２週間前までに、担保権者全員に対して放棄予定であることを通知する必要があるという点です（破規56条後段）。破産規則は法人の破産者の場合を定めていますが、個人の破産者の場合も同様に通知すべきと考えられます。

　また、破産財団から不動産を放棄した後は、破産管財人は、破産者（法人の場合は破産者の元代表者または清算人）へ不動産の管理を引き継がなければなりません。なお、区分所有建物が破産財団から放棄された場合、放棄後に買受人（新たな所有者）が取得するまでの間の区分建物の管理費（修繕費を含む。）は破産者の負担となり、買受人が同期間の管理費を支払ったときは、破産者に求償できるとされています（東京高判平23.11.16判時2135号56頁）ので、破産者へその旨を説明する等の配慮が必要です。

(3) 賃貸中の不動産について

　賃貸中の不動産については、破産財団から放棄をすると、賃貸物件の維持管理に問題が生ずる場合がありますので、担保権者がいれば放棄の前に担保不動産収益執行（民執180条２号）による管理を開始してもらうことや、賃借人や破産者（の代表者）に管理体制の整備を求めることといった配慮をすべきです。また、賃貸中の不動産を破産財団から放棄をすると、その後の賃料を破産者が収受することとなりますので、第１順位の担保権者に物上代位による賃料債権の差押えをしてもらうか、または、別除権協定により将来の賃料債権を第１順位の担保権者に譲渡すること等の措置を取ることが考えられます[2]。

(4) 不動産の放棄のタイミングについて

　不動産の破産財団からの放棄の時期に関しては、固定資産税等の賦課期日が

2　『破産管財の手引』159頁〔松戸健一〕。

1月1日（地方税法359条）とされており、同日の所有名義人に当該1年分の課税がされることに鑑み、放棄をする場合は可能な限り1月1日より前に行うことに留意すべきです。

また、破産者が消費税の課税対象となる事業者である場合、担保権付不動産の担保権が実行されて売却されると、破産財団に対して破産財団の増殖とは関係なく当該売却代金を基準とした消費税の課税がなされることになるため、破産管財人が担保権実行手続中の不動産を破産財団から放棄する場合は、剰余金の交付がないことを確認した上で、買受人の代金納付前に放棄すべきです。

3　借地上の建物等について

借地人の破産管財人は、借地上に建物等が存在しており、かつ、当該建物等に担保権が設定されている場合は、当該建物等を破産財団から放棄するときには、当該建物等の担保価値を維持するために、放棄に先立ち、担保権者から地代を払ってもらって借地契約が解除されないようにしたり、担保権の実行としての競売手続が始まっている場合は差押債権者に地代代払制度（民執56条1項）の許可に基づく地代の支払をしてもらうようにするなどの手当をする必要があります[3]。

この点に関しては、最一小判平18.12.21（民集60巻10号3964頁）が破産管財人は破産者が負っている担保価値維持義務を承継する旨を判示していることから考えても、担保権者の意向を確認することなく、一方的に担保権の目的である借地上の建物等を破産財団から放棄することは、破産管財人の善管注意義務違反とされるおそれがありますので、特に留意が必要です。

4　動産について

破産財団に属する動産を破産財団から放棄する場合も、当該動産が担保権その他の第三者の権利の対象となっていないかについて留意が必要です。動産の場合は、約定担保権のみならず、当該動産の売主に動産売買の先取特権が成立している場合がありますので、当該動産の売主が先取特権の行使を具体的に予定していることが破産管財人に知れているときは、その先取特権者の権利に配

3　『破産管財の手引』159頁〔松戸健一〕。

慮をする必要があります。当該動産を破産財団から放棄する場合には、第三者の権利行使の機会を与える意味で事前に放棄の予定を当該第三者に伝えることが望ましく、また破産財団からの放棄をするまでの間、当該動産を適切に管理保管することは当然として、放棄後も適切に保管管理がなされるよう破産者（法人の場合は破産者の元代表者または清算人）へ引き継ぐことが必要です。

5　自動車について

　破産財団に自動車がある場合は、交通事故による運行供用者責任（自動車損害賠償保障法3条）の負担を回避し、自動車税・自賠責保険料の負担を避けるためにも、当該自動車の換価ができないときは、個人の破産者の場合は破産財団からの放棄をし、法人の破産者の場合は早急に廃車手続をすべきです。法人の破産事件の場合に、廃車手続をしなければならないのは、単に破産財団からの放棄にとどまると、その後の自動車の管理者が不明確となるため、破産管財人の責任が問われるおそれがあるためです[4]。なお、自動車の場合も、第三者の権利の対象となっていることがありますので、破産財団からの放棄に先立ちその点の調査や確認が必要です。

　破産財団に帰属する自動車の所在が不明となっていることもあります。その場合はまず発見・回収に努めるべきですが、発見ができない場合には、前述の換価困難な場合と同様に、早急に破産者が法人の場合は廃車、破産者が個人の場合は破産財団から放棄をすべきです。盗難のために所在不明となっている場合は警察へ盗難届出をした上でその受理証明を提出して廃車手続を取ることが可能です。また、自動車税の負担については、都道府県税事務所へ所在不明を理由に破産財団から放棄をした旨の説明を行い、自動車税の課税をしない措置を講じてもらうことを検討する必要があります[5]。

6　廃棄物や土壌汚染のある土地について

　危険物を含む動産などの廃棄物の処理・処分や土壌汚染のある土地の汚染除去処理には、多額の費用を要する場合がありますが、破産財団の負担で処理・

4　『破産管財の手引』174頁〔下田敦史〕。
5　『破産管財の手引』175頁〔下田敦史〕。

処分の費用を負担するとなると、破産財団の増殖（減少の防止）に努めるという破産管財人の職責との間に葛藤が生ずることとなります。破産者が事業者である場合には、そもそも破産者が廃棄物の処理・処分に責任を負っていることや公害の防止・除去が第1次的に事業者の負担とされていること、問題の社会的にみた重要性、破産管財業務の公益性を考えると、破産管財人は破産財団が負担できる範囲で可能な限り、廃棄物処理法の手続・基準に従って危険物を除去し、また、土壌汚染対策法にしたがった調査・除去措置をするように努力することが求められるというべきです。破産管財人は、法令に従わずに廃棄物や土壌汚染のある土地を処理・処分することが許されないことは勿論、安易に破産財団から当該廃棄物や土壌汚染のある土地を放棄してしまうことも許されないと解されます。具体的には、破産裁判所と協議をした上で、管財人報酬見込額等を除いた破産財団で負担できる限りの費用負担をして適正に処理・処分することが求められます。

　土壌汚染のある土地については、破産管財人は土地を管理する者として法令に基づいた対応をしなければなりません。すなわち、破産財団の中に破産手続開始により使用が廃止された有害物質使用特定施設に係る工場または事業場の敷地があるときは、当該土地の土壌の特定有害物質による汚染の状況について法令の定める方法により調査し、その結果を都道府県知事に報告しなければならず（土壌汚染対策法3条1項）、土壌汚染がある場合は都道府県知事の指示により汚染の除去等の措置（同法7条1項）を取る必要がありますので留意が必要です。

　しかし、危険物や土壌汚染の処理・処分の費用を破産財団で負担できない場合には、所管官庁、地方自治体、近隣住民と協議を行い、必要な措置を取るように協力を求めた上で、破産裁判所の許可を得て、破産財団から放棄せざるを得ない場合があります[6]。そのような場合であっても、弁護士である破産管財人は、廃棄物処理法や土壌汚染対策法等の趣旨を理解して、可能な限り危険物の適正な処理のために関係機関の調整を図り、解決のための説得をするなど、誠実に努力をすることが求められると考えられます。　　　　　　　（上野　保）

---

6 『破産管財の手引』160頁〔古谷慎吾〕。危険物や土壌汚染のある土地の処理の事例が紹介されています。

Q11 担保権者との関係

Q 破産管財人は、担保権者との関係において、善管注意義務の観点から、どのような点に留意すべきですか。

敷金返還請求権に質権を設定した賃借人について、破産手続が開始された場合、破産管財人は、賃料の支払を免れるため、開始決定後の賃料に敷金を充当する旨の合意をしてもいいですか。

担保権者のある借地上建物について、売却の見込みが薄い（あるいは不明）とき、地代を払わず放置してもいいですか。財団に地代を支払うだけの資金がない場合はどうですか。

また、土地の賃貸人から、土地賃貸借契約につき、双方未履行双務契約の履行を選択するか否かの催告を受けたとき、借地上建物の担保権者に対して何の連絡もなしに解除を選択してもいいですか。

回答 破産管財人は、担保権者や取引先等の利害関係人との関係で善管注意義務を負っている一方、破産財団を維持・増殖するという責務を負っているため、これらが衝突する場面が多々あり、破産法その他民法等の実体法規や裁判例を入念に精査した上で、具体的に判断を行う必要があります。

しかし、弁護士倫理や損害賠償請求訴訟等で問題となった事案は、いずれも、具体的事案を前提に判断がなされており、処理方針について一義的に明らかとはいえない場合も少なくありません。

破産管財人が、一方的に処理を進めた場合には、事後に、担保権者、契約の相手方等の利害関係人から、善管注意義務違反を主張されることが想定されます。そのため、設問の各事案においては、破産管財人は、担保権者と十分協議を行い、相互理解を深めながら管財業務を遂行する必要があります。

解説

1 はじめに

　破産管財人は、破産財団に所属する財産の管理処分権（破78条1項）を有していますが、他方で、利害関係人に対して善管注意義務を負っています（破85条1項）。また、破産管財人が職務を遂行するにあたって、破産財団の増殖とともにその減少を防ぐという職務上の義務と、別除権者や契約の相手方等の利害関係人の実体法上の権利を侵害してはならないという義務が衝突し、困難な判断を迫られることがあります。

　善管注意義務に違反して損害を生じさせた場合には、破産管財人は個人として損害賠償義務を負担する等の重大な結果が招来することとなるため（破85条2項）、破産管財人には、善管注意義務を十分に意識した業務遂行が求められています。

2 未払賃料の敷金充当と担保価値維持義務

　破産開始後の賃料未払いによる敷金への充当が、敷金に担保権を設定していた担保権の価値を毀損するものとして、担保権者から破産管財人に損害賠償請求がなされた事案があります（最一小判平18.12.21民集60巻10号3964頁）。

　「破産者を賃借人とする建物賃貸借契約に係る敷金返還請求権に質権が設定されており、破産管財人が当該賃貸借契約につき合意解除をするに際して、破産宣告後の未払賃料等を敷金に充当する旨の合意をしたことについて、「正当な理由」に基づかず未払賃料債務を生じさせて敷金返還請求権の発生を阻害してはならないという担保権設定者の義務を破産管財人が承継しており、当該未払賃料等を支払うのに十分な破産財団があり、これを現実に支払うことにつき支障がなかったという事情の下では、破産管財人の行為は質権設定者の質権者に対する担保価値維持義務に違反する。」との判断が示されました。

　本判決は、「正当な理由」がない場合として、未払賃料等を現実に支払う資力が破産財団にある場合がこれに当たるとの判断を示していることから、破産財団不足の場合は、担保価値維持義務違反とならないと解釈することもできそうです。

しかし、すでに閉鎖している事業所や使用していない建物など、そもそも賃貸借契約を継続する必要がないような場合には、破産管財人は、破産手続開始後に直ちに当該賃貸借契約を解除すべきであり（破53条１項）、賃貸借契約の解除を遅らせて未払賃料を発生させること自体が担保価値維持義務に違反する可能性があり得ます。

このような場合、破産管財人としては、当該賃貸借契約を存続させることが管財業務上重要であるか否かを判断し、重要でない場合には直ちにこれを解除すべきでしょう。他方、重要であると判断され賃貸借契約を当面継続する必要があり、賃料を現実に支払う資力が破産財団にある場合には、未払賃料を徒に増加させ、これを敷金に充当する処理をすべきではないということになります。

本判決では、善管注意義務違反自体は、結論として否定されていますが、今後同種の事案において善管注意義務違反が問われる可能性はあり得ます。

また、本判決は、賃貸借契約終了に伴う原状回復費用については、質権者も敷金から控除されることを予定した上で担保価値を把握していることを理由に、敷金への充当については「正当な理由」があるとしていますが、これは、原状回復費用が合理的かつ相当な金額の範囲であることが前提になっていると考えられますので、破産管財人として留意する必要があります。

いずれにせよ、本件のように敷金に担保権が設定されている場合、当該担保権者との取扱いについて十分な協議をすべきであり、十分な協議なく一方的に破産管財人が処分や手続を進めたことによって、本件のような紛争が生じたものと考えられます。また、これは敷金に限られたことではなく、破産財団の目的物に担保権が設定されている場合全てにあてはまるものと考えられ、利害関係人と十分な意思疎通を図りながら破産管財業務を進めることが重要となります。

3　借地上の建物に担保権が設定されている場合における地代の支払義務

破産管財業務において、売却の見込みが薄いあるいは売却できるか判断が難しい場合があります。特に担保権が設定されている場合には、売却見込みに加えて担保権者との合意が必要となるため、売却が困難となる場合があります。

このような場合、破産管財人としては、売却見込みが立たない物件について

地代を払い続けることは、破産財団の減少となり破産債権者に不利益となることから、地代の支払を止めるという手段を考えることとなります。

しかし、借地契約が存在し、現に建物を所有することによって借地を占有している以上、単に地代の支払を止めることは、借地契約の解除原因を自ら作出するばかりか、建物に担保権を有する担保権者の利益を著しく損なうこととなります。すなわち、地代の支払を放置することは、破産管財人の善管注意義務の問題が生じ得ることとなり、十分に留意する必要があります。

ただし、地代の支払は、破産手続上財団債権となりますので、財団が僅少である場合、あるいは、他の財団債権が多額に存在する場合等においては、地代の支払を行うことができません。

このような場合には、担保権者に財団不足の事情を十分説明した上で、担保権の維持のため、地代の代払い等の協議を行う必要があります。

4　借地契約の解除と担保権

では、借地契約を解除の上、地代の支払を止めることはできるでしょうか。担保権者との協議を経ることなく借地契約を解除した場合において、担保権者から破産管財人に損害賠償請求がなされた事案があります[1]。

担保権者は、地主からの賃料の未払残高がある借地契約について履行を選択するか否かの催告に対し、破産管財人が、賃料代払いの機会を与えず、履行の選択を行わなかったことが、担保権の目的である借地権付建物の価値を毀損するものと主張しました。

この賠償保険に関する事例について争われた事件の判決（公刊物未登載）は、破産管財人が別除権者に対し、地代の支払の機会を与えるか否かの判断は破産管財人の自由な裁量の範囲に留まるとし、本件では、破産財団に組み入れるべき資産がほとんどなく、現金はわずか300万円という状況の中で月額70万円の地代の支払を徒に継続することは破産財団の形成を阻害するものと言わざるを得ないとして、破産管財人の善管注意義務違反を否定する判断を示しました。

破産法53条1項の選択権は、破産管財人の専権であり、借地契約の履行の選択を行う場合には、これにより破産財団が増殖することが前提となるものです

1　『弁護士賠償責任保険事例集第4集』（2009年12月発行）54頁。

から、借地契約の維持が破産財団の減少をもたらす本件において、地代の代払いの機会を与えず、履行選択を行わないことが善管注意義務違反にならないとする判断は正当といえます。

　破産財団への組入れが期待できないような無剰余資産を維持するために、破産財団から地代の支払を続けることは、破産債権者全員の負担で担保価値を維持するということになるため、破産債権者との関係で善管注意義務違反が問題にされる可能性があります。

　ただし、本件は、破産財団の増殖が困難な事案であり、借地権付建物の売却によって財団増殖が期待できる場合には、判断が異なる場合もあり得ます。この点、東京地判平 9 .10.28（判時1650号96頁）は、破産管財人が、地代の支払義務を免れる意図で借地契約の解約申入れを行った事案において、破産財団にとって意味ある行為とは認められないとして、善管注意義務に違反する余地があるとの判断を示しています。

　このような紛争を未然に予防するためには、借地権付建物の処理方針について、担保権者と協議の機会を設け、破産財団の状況と今後の増殖の見込等を示して、十分な協議を行うことが必要ではないかと考えられます[2]。

（小畑英一）

---

[2] 中井康之「破産管財人の善管注意義務」金法1811号32頁以下参照。

Q12 動産売買先取特権者との関係

Q 破産管財人は、動産売買先取特権の主張を受けた場合、どのような点に留意すべきですか。差押えは未了だが、裁判所から民事執行法190条2項の競売の許可を得た債権者が、在庫品の売却をしないよう内容証明郵便を送付してきたときは、どのように対応すべきですか。

回答 動産売買先取特権は、別除権として破産手続によらないで行使することが認められていますが、追及効を欠き、目的動産が第三者に引き渡されたときはこれに及ばず、かつ、破産管財人に対し目的動産の引渡を請求する権利や第三者への譲渡等を阻止する権利を有しないという意味において弱い担保権といえます。また、公示の方法が十分でないため、その実現にあたっては一般債権者等の権利を不当に害するおそれもあります。

このため、破産財団に属する財産を確保し、これを適正に換価処分して、平等な配当を行うべき職責を有する破産管財人としては、動産売買先取特権の主張を受けた場合であっても、競売手続が開始されるまでは、原則として、速やかに動産を売却して換価し、転売代金債権に対する物上代位に基づく差押えを受けないように、代金を現金で回収すべきと考えます。

これは、設問のように、民事執行法190条2項の競売許可決定が出されている場合も同様であり、原則として、決定の送達を受けるまでは換価回収に努めるべきと考えます。

もっとも、ここは見解の分かれるところであり、大変悩ましい問題です。破産者が取込み詐欺に近い不適切な時期、態様で商品の引渡しを受けていた場合など特段の考慮を要する事案では、裁判所と協議の上、和解的な処理も含め、慎重に対応すべきでしょう。

解　説

1　動産売買先取特権

(1)　内　容

　動産売買先取特権とは、動産の売主が売買代金と利息について、その動産から他の債権者に優先して弁済を受けることができる担保権です（民303条、311条5号、321条）。

　動産の売主は、売買代金債権を被担保債権として、動産競売の申立てを行い、競売代金から回収することができますし、既にその動産が売却等により金銭等に変形している場合には、その払渡し等の前であれば、動産売買先取特権に基づく物上代位として、転売代金を差し押さえることもできます（民304条1項）。

　動産売買先取特権は、個々の売買商品の高額化に伴い、約定担保権を有しない売主にとっては極めて重要な債権保全手段となりますが、追及効を欠き、目的動産が第三者に引き渡された後はその動産について行使することができず（民333条）、かつ、債務者に対し目的動産の引渡を請求する権利や第三者への譲渡等を阻止する権利を有しないという意味において、抵当権や質権等の約定担保権に比べると、脆弱な担保権と言わざるを得ない側面があります。

　また、公示の方法が十分でないため他の債権者や取引関係者の利益を不当に害するおそれもあります。

(2)　権利行使方法

　従来、動産売買先取特権者による競売の手続としては、①担保権者が目的動産を自ら占有していれば執行官にこれを提出し、②自ら占有していなければ目的動産の占有者が差押えを承諾することを証する文書を提出したときに限り（民執190条1項1号、2号）、執行機関である執行官が目的動産を占有する方法で差し押さえることによって競売手続が開始されることになっていました（民執192条、123条1項）。

　しかし、平成15年の民事執行法の改正によって、新たに、執行裁判所は担保権の存在を証する文書を提出した債務者の申立てがあったときは、当該担保

権についての動産競売の開始を許可することができるようになり（民執190条2項）、③債権者が執行官に対しては当該決定書の謄本を提出し、かつ執行官による捜索に先立って、またはこれと同時に当該許可決定が債務者に送達された場合にも動産競売が認められるようになりました（民執190条1項3号）。

また、この許可に基づく動産競売に限り、執行官は債務者の住居等において目的動産を捜索することができることとなり（民執192条、190条1項3号、123条2項）、動産売買先取特権の行使は容易になっています。

(3) 破産手続における地位

動産売買先取特権は、破産法においては別除権の対象とされ、破産手続によらないで権利行使できるとされています（破2条9号、65条1項）。

このため、破産手続開始決定が出た後も、前記動産競売の方法等によって権利を行使することができます。

2 破産管財人の対応

(1) 問題となる場面

破産管財人が、破産財団に属する商品や原材料等の動産を第三者に売却処分しようとする際、当該動産を納入した業者から、動産売買先取特権の主張を受けることがあります。

単に、「動産売買先取特権の対象物であるから売却しないでくれ」と求められる場合もあれば、売買契約書等の担保権証明文書を提出し、商品や所在場所を特定した上で先取特権を主張される場合もあります。もちろん、設問のように競売許可決定を取得しているような場合も考えられます。

いずれの場合でも、破産管財人が目的物を第三者に処分した場合は、動産売買先取特権の追及効は失われることになりますが、当該納入業者から、善管注意義務違反等の主張を受ける可能性がありますので注意が必要です。

(2) 裁判例

この点、裁判例では、破産管財人が動産売買先取特権の目的動産を処分して先取特権を消滅させても善管注意義務に違反しないとされています。

a　東京地判平３.２.13（金法1294号22頁）

　動産売買先取特権者が、破産会社に納入した封筒の転売代金について、保全処分として仮差押命令を得ていましたが、差押命令が発せられる前に、破産手続開始決定が出され、破産管財人が転売代金を回収した（具体的には債権者不確知として供託された転売代金の払戻しを受けた）という事案で、善管注意義務違反が追及されましたが、裁判所はこれを否定しました。

　裁判所は、①破産財団に属する財産を確保し、これを適正に換価処分して、平等な配当を行うべき破産管財人としては、速やかに供託金の払戻しを受けて配当財産を確保することは職責上当然のことである、②動産売買先取特権は目的動産に対する追及力を欠き、目的動産が第三取得者に引き渡されたときはもはやこれに及ばないものであり、先取特権者は第三取得者への譲渡・引渡しを阻止する権利を有しないという意味において弱い担保権である、③動産売買先取特権は、公示の方法が十分でないため他の債権者や取引関係者の利益を害するおそれが強く、また、目的動産が転売されているか、転売代金が既に回収されているかという偶然の事情により優先権の存否が左右され、かえって不公平な結果を招くおそれがあると述べ、動産売買先取特権者から先取特権を有する旨の申入れがあったとしても、破産管財人が先取特権を保存すべき法律上の義務があるということはできず、破産管財人が転売代金を回収したことは善管注意義務に違反しないと判示しました。

b　名古屋地判昭61.11.17（判タ627号210頁）

　破産管財人が、機械装置等の商品について、動産売買先取特権者から別除権の行使を認めるよう求められましたが、これを拒否して、当該商品を第三者に任意売却し、動産売買先取特権を消滅させたという事案で、破産管財人の不当利得、不法行為の成否が問題となりましたが、裁判所はいずれも否定しました。

　裁判所は、①破産管財人は動産売買先取特権の目的動産を所有者として当該先取特権者の同意の有無にかかわらず任意売却処分できる、②動産売買先取特権は目的物に対する直接の支配力を有せず、追及効もなく、担保権として弱い効力しか認められていないことからすると、破産管財人が差押承諾義務を負うとは解し難いと述べ、不当利得及び不法行為責任をいずれも否定しました。

　この裁判例は、事案によっては不法行為が成立する場合があるとして、破産者が支払停止直前の取込み的取引により商品の引渡しを受けていた場合など

は、債権者の利益保護のため当該債権者の先取特権を認めこれを引き渡したり、低価格で売り戻したりして公平を図るべき場合も考えられるため、そのような場合に格別の必要性もないのにことさら先取特権者を害する意図をもって当該動産を処分した場合などは不法行為の成立の余地があると述べています。

　c　大阪地判昭61.5.16（判タ596号92頁）

　破産管財人が、腕時計等の商品について、動産売買先取特権者から別除権の行使を認めるよう求められましたが、これを拒否して、当該商品を第三者に任意売却し、動産売買先取特権を消滅させたという事案で、破産管財人の不法行為、不当利得の成否が問題となりましたが、裁判所はいずれも否定しました。

　裁判所は、①動産売買先取特権者は、買主に対して目的物の引渡しを求めたり、買主に対して任意処分を禁止したりする権利を有しない、②破産管財人は動産売買先取特権の主張の段階で目的物に対する差押えを承諾すべき義務もないと述べ、破産管財人の売却処分を通常の業務執行の範囲内の適法行為と認めて、善管注意義務違反はないと判示しました。

　また、不当利得についても、動産売買先取特権が、破産法上別除権として扱われるといっても、そのことは目的物の交換価値を何らの手続も要せず当然に保有し、その交換価値が当然に破産財団から控除されていることを意味しないから、破産管財人の売却処分によって動産売買先取特権者に損失が生じたとはいえないと判示しました。

　これらの裁判例は、いずれも平成15年の民事執行法の改正により動産競売の手続の見直しがされる前のものですが、管財業務を遂行する上では十分参考になります。また、これらの裁判例をもとに、破産管財人が動産売買先取特権の目的動産を処分しても不法行為や不当利得が成立することは稀であるとするのが実務的な感覚ではないかとの指摘もあります[1]。

(3)　学説の状況

　動産売買先取特権の目的動産については、①動産差押えがなされるまでは、任意売却ができる（むしろ破産管財人として早期に任意売却すべき）との見解、②競売許可決定が破産管財人に送達されるまでは任意売却ができるとの見解、

1　『破産管財の手引』174頁〔下田敦史〕。

③担保権者から目的物を特定して具体的に先取特権が主張立証されるまでは任意売却ができるとの見解、④動産売買先取特権者は、その存在を立証できれば破産管財人が任意売却した後でも、破産管財人に対し配当要求類似の優先弁済請求をすることができるとの見解が存在します[2]。

(4) 設問について

　破産管財人には、破産財団に属する財産を確保し、これを適正に換価処分して、平等な配当を行うべき職責があります。

　前記のとおり動産売買先取特権が担保権として弱い効力しか認められていないことや、それを踏まえた前記裁判例からすれば、破産管財人は、民事執行法の規律に従って処理するのが相当と考えます。

　すなわち、動産売買先取特権の主張を受けた場合であっても、競売手続が開始されるまでは、原則として、破産管財人は任意売却に努めるべきであり、速やかに動産を売却して換価し、転売代金債権に対する物上代位に基づく差押えを受けないように、代金を現金で回収すべきと考えます。

　これは、設問のように、民事執行法190条2項の競売許可決定が出されている場合も同様であり、同条1項3号に従い、原則として、決定の送達を受けるまでは換価回収に努めるべきと考えます。なぜなら、仮に、内容証明郵便によって任意売却を停止しなければならないとすると、動産売買先取特権者を民事執行法の規律を超えて有利に扱うこととなり、一般破産債権者を不当に害する結果となってしまうからです。

　もっとも、前記学説の状況のとおり、ここは見解の分かれるところであり、大変悩ましい問題です。

　前記裁判例bが指摘するように、破産者が取込み詐欺に近い不適切な時期、態様で商品の引渡しを受けていた場合など特段の考慮を要する事案では、裁判所と協議の上、和解的な処理も含め、慎重に対応すべきでしょう。この場合、協議の結果によっては、処分代金の一部を動産売買先取特権者に優先弁済し、残額を破産財団に組み入れるといった処理も考えられます。

（平岩みゆき）

---

[2] 『条解破産』624頁。

Q13 債権調査手続における過誤防止

Q 破産管財人は、債権調査（認否）を行うにあたり、過誤を起こさないようにするために、どのような点に留意すべきですか。債権届出書等の管理、別除権者との対応などの上で、工夫している点はありますか。

回答 債権調査（認否）は、破産債権者が配当を受けるための前提となる破産債権の確定のために行われる手続です。債権調査手続における過誤は配当ミスに直結することとなりますので、厳重に注意する必要があります。適正に債権認否をするためには、届出債権を正確に把握するとともに、債権届出期間後の届出や届出後の債権者の変更に的確に対応する必要があります。その上で、破産債権届出書に添付された資料や、破産者などから得た情報に基づいて、債権の存否及び額を判断する責任を負います。

解　説

1　破産債権届出書等の管理

　債権調査は、破産債権者からの債権届出に基づいて行われますが、破産管財人は、破産債権者から提出された破産債権届出書及びその添付資料を適正に管理しなければなりません。破産債権届出書等は、破産事件における事件記録の一部であり、届出破産債権者の破産手続上の権利を実現させるための根拠となるべき書面ですので、これを紛失したり汚損したりすることは決してあってはならないことです。事件記録を保管している責任を十分に自覚し、破産手続が終了するまでの間、継続的に注意を払うことが求められます。

　また、債権認否は、届出破産債権者の届出内容を債権認否表に記載した上で行いますが、その記載を誤ると重大な過誤に繋がりかねません。債権認否表への記載に際しては、破産債権者名や届出金額を誤記したり脱落させたりすることのないよう十分に注意しなければなりません。

2　届出債権の把握

　債権調査を適正に行うためには、個々の債権届出の内容を正しく把握することが前提となります。破産債権届出書の記載内容が不明確であったり、不正確であったりした場合には、届出の内容を当該届出債権者に確認した上で、適宜、破産債権届出書の補充や訂正を求め、その内容を記録上明確にしておくべきです。また、破産債権届出書の記載内容が疎明資料の内容と齟齬するような場合には、破産債権者にその旨指摘して適宜補正を求め、破産債権者の有する債権の内容を破産債権届出書に適正に反映させるよう促す必要があります。軽微な点についての明らかな誤記や違算など、届出の合理的意思解釈によって強いて補正を求めなくてもよいと解される場合を除き、破産管財人の判断において訂正されたものとして扱うことは適当ではありません。

　なお、破産管財人は、労働債権を有する者に対し、破産手続参加に必要な情報提供をなすべき努力義務（破86条）を負っていることにも留意すべきです。破産会社の従業員から破産債権届出書に記載すべき内容等に関する問い合わせがあった場合に、必要な情報提供や記載方法の教示をなすことはもとより、問い合わせがなくとも破産管財人の方から積極的に情報提供等をなすことが期待される場合もあり得ます。破産法上、労働債権が財団債権ないし優先的破産債権とされ、労働債権者の利益の保護が図られていることに鑑み、破産管財人としても、かかる法の趣旨を実現する見地から、必要な情報提供を通じて助力することが相当と考えられます。

3　債権届出期間経過後の債権届出の取扱い

　債権届出は、破産手続開始決定と同時に定められる債権届出期間（破31条1項1号）内になされるべきものですが、債権届出期間経過後に債権届出がなされた場合であっても、債権調査期間の経過または債権調査期日の終了までに届け出られたときには、破産管財人及び破産債権者に異議がなければ、債権届出期間内に届け出られた債権と同様に債権認否がなされるのが通例です（破121条7項参照）。

　これに対し、債権調査期間の経過後または債権調査期日の終了後になされた債権届出については、破産債権者に「その責めに帰することができない事由」

がある場合でなければ、債権届出自体が許されません（破112条1項）。そのため、破産管財人は、届出債権者に対し、届出が遅延した理由を確認する必要があり、「その責めに帰することができない事由」が認められない場合には、債権届出の撤回ないし取下げを促すのが相当です。

4 債権届出後の債権者の変更や取下げ

　債権届出後に、相続、合併、債権譲渡、代位弁済などにより当該債権の債権者が変更される場合がありますが、そのような場合、実体法上の債権者の変動を破産手続上に反映させる必要があります。届出債権者から、届出債権についての債権者の変動に基づいて届出名義の変更の届出がなされた場合には、その変更の届出の内容に従い、届出債権者の名義変更を行うことになります（破113条1項）。届出名義の変更の届出書には、届出名義の変更を受けようとする者の氏名または名称及び住所並びに代理人の氏名及び住所を記載するものとされており（破規35条2項）、実務上は、新旧債権者の連名（連署）による届出書を証拠書類とともに提出するものとされています。

　なお、保証人等による代位弁済が届出債権の一部の弁済にとどまる場合には、いわゆる開始時現存額主義により、一部弁済者は破産手続において届出債権者の債権を代位行使することができませんので（破104条2項）、注意が必要です。もっとも、届出債権者と一部弁済者の連署による名義変更届出書が提出された場合には、実務上、届出債権者が優先権を主張しない旨の合意に基づく届出と解し、債権の一部につき届出債権者から一部弁済者への名義変更を認める扱いもなされています。

　以上のような債権届出名義の変更や債権届出の取下げは、債権調査前はもとより、債権調査後であっても除斥期間経過前であれば許されると解されますが、名義変更届出書や債権届出取下書の提出を見落としたり失念したりすることがないよう十分に注意する必要があります。名義変更届出書や債権届出取下書が提出されたときには、債権届出書と一体的に綴るとともに、債権届出書にその旨付記したり、債権認否一覧表の備考欄に注記するなどの工夫をするべきです。

　代位弁済による名義変更届出書が提出された場合に、届け出られていた債権の全部についての名義変更なのか一部についての名義変更なのか、債権の一部についての名義変更である場合には、どの債権部分についての名義変更である

のかを慎重に確認し、新債権者の届出債権となる部分と旧債権者の届出債権として残る部分を正確に把握しなければなりません。代位弁済額の一部が「額未定」として届け出られていた劣後的破産債権への弁済であったり、届け出られていない債権への弁済であったりすることもあるので、注意が必要です。

5 債権調査（債権認否）における注意点

　債権認否に際しては、届出債権の存否を破産管財人の責任において判断することになります。破産債権届出書に添付された疎明資料を吟味し、疎明が不十分であると認められるときには、届出債権者に追加提出を求めます。他方、破産者やその従業員・申立代理人（以下「破産者等」といいます）に対し、届出債権の存否や金額を把握するために必要な資料を求め、必要に応じ事情聴取を行うことになります。

　破産管財人は、説明義務を負う破産者等に対して調査権限が与えられていますので（破83条）、この調査権限を適正に行使すべきです。届出債権者に疎明資料の追加提出を求めたり、破産者等に説明を求めたりせずに、安易に「認めない」との債権認否（破産管財人の「認めない」との認否を実務上「異議」と称することがありますので、以下では「異議」と表現します）をすべきではないといえます。破産債権者の適正な手続参加を確保する見地からも、届出債権者には、十分な主張・立証の機会を与えることが肝要です。

　他方、破産者が異議を述べた債権について漫然と「認める」との認否をしたことが、破産管財人の善管注意義務違反に当たるとされた裁判例もあり（名古屋地判昭29.4.13下民集5巻4号491頁）、債権認否の重要性を十分に認識しなければなりません。破産債権者は、配当手続を通じて債権額に応じた割合的な満足を受けるにとどまるため、債権認否は全破産債権者の配当額に影響を及ぼすことに留意する必要があります。

　債権調査において破産管財人が異議を述べた破産債権は、債権確定手続が執られることとなりますが、破産管財人の異議は、債権確定手続において債権が確定するまでの間、破産管財人において撤回し得るものと解されています。他方、債権調査において破産管財人が認めた破産債権は、他の届出債権者から異議が述べられなければ確定し、「認める」との認否を撤回することはできません。したがって、認めるべきではない届出債権を誤って認めてしまうと、その修正

はきわめて困難です（届出債権者において任意に取下げてもらうなどの方法しかありません）ので、十分に注意する必要があります。

なお、債権調査においては、財団債権と破産債権の区別や優先的破産債権と一般破産債権と劣後的破産債権の区別や優先的破産債権相互の優劣関係の判断を誤ることのないよう十分に注意しなければなりません。公租公課や労働債権は、同一の債権が財団債権と優先的破産債権（ないし劣後的破産債権）に区分されることがありますので、特に注意が必要です。

6　別除権付破産債権の債権調査

別除権付破産債権とは、破産法2条9項所定の担保権（別除権）が破産財団に属する財産に設定されている破産債権のことであり、破産者が債務者兼担保権設定者となっている場合には、その債権者は別除権者となります。これに対し、破産者以外の者が物上保証人となっている場合には、その債権者は別除権者とはなりません。また、破産者が連帯保証人兼物上保証人となっている場合には、通常は、破産者は主債務者の債務について物上保証しているものであって、保証履行請求権を被担保債権とするものではないとみられますので、当該保証履行請求権は別除権付破産債権ではないと考えられます。別除権付破産債権の取扱いは、以下に述べるように、一般破産債権とは異なる点がありますので、注意を要します。

別除権付破産債権者は、別除権の行使によって弁済を受けることのできない債権額（不足額）についてのみ、破産債権者として権利を行使することができますが（破108条1項本文）、別除権付破産債権についても、届け出られた債権の存否及び額について認否を行います。ただし、除斥期間の満了前に不足額が疎明（中間配当の場合）ないし証明（最後配当及び簡易配当の場合）されなければ配当から除斥され、配当の対象となりませんので、配当手続に先立って、不足額の疎明ないし証明がなされているか否かについて十分注意を払わなければなりません（**第2章Q15参照**）。例えば、担保不動産の競売手続が売却の見込みのないことを理由に取り消された場合（民執188条、68条の3第3項）に、そのことをもって不動産の価値がない（0円）という別除権不足額の疎明ないし証明がなされたと誤解した事例も報告されており、注意しなければなりません。

別除権付破産債権者が、「別除権の目的である財産」等（破111条2項）を破

産債権届出書に記載せずに破産債権を届け出た場合でも、破産管財人において別除権の存在を認識したときには、別除権を放棄したものと認められない限り、別除権付破産債権の届出として処理すべきであるといえます。別除権者の意思が不明であるときは、その意思を確認し、適宜、届出を補正させるべきでしょう。

(深山雅也)

Q14 未払賃金立替払制度に関する留意事項

> **Q** 未払賃金立替払制度に関して、破産管財人が未払賃金の額等の証明をする際に、留意すべき事項はありますか。法人の役員や代表者の親族など、労働者性の認定にあたり留意すべき点はありますか。破産者に、賃金台帳、労働者名簿、出勤簿等の客観的な資料が存在しない場合、証明欄をどのように作成すればいいですか。迅速な支払のためには、どのような点に留意すべきですか。立替払請求に時的制限はありますか。

回答 独立行政法人労働者健康福祉機構(以下「機構」といいます)による未払賃金立替払制度(以下「立替払制度」といいます)において、破産管財人の証明は、裁判所の証明や労働基準監督署長の確認と制度上同様の効力を有することとされています(賃金の支払の確保等に関する法律7条、賃金の支払の確保等に関する法律施行規則12条、15条、17条2項、機構業務方法書52条)。

そのため、破産管財人は、労働者から立替払制度を利用するために未払賃金の額等の証明を求められた場合には、適切に調査をした上で証明を行う職責を有しています。破産管財人が証明する際には、立替払いを受けるための各要件を全て満たすことを確認するとともに、未払賃金の額等の正確性や申請書類の不備がないかについても確認することが必要です。

また、破産管財人は、客観的な資料を確認して機構に提出するとともに、客観的資料だけで十分な裏付けができない場合には、事情聴取等の結果に基づいて報告書を作成して添付すべきですが、不正請求が疑われる場合には、使用者や労働者の主張を鵜呑みにすることなく、証明できるかを慎重に判断することも必要です。

特に、退職金制度の運用については、退職金規程を確認するだけでなく、退職金規程の労働基準監督署への届出の状況や過去の退職者への支給実績な

どを確認し、それらを裏付ける資料を確保することが必要です。

　破産管財人が労働者に対して証明書を交付した場合には、労働者には証明された額どおりに立替払いが受けられるものとの理解が生じることになりますので、①客観的な資料が存在しない場合、②証明を行うに際して疑義がある場合、③労働者性の判断が困難な場合（役員、親族、建設請負従事者等）、④多数の立替払請求が見込まれる場合などには、破産管財人の証明を行う前に事前に機構に相談するべきでしょう[1]。

　また、立替払制度には、労働者の退職日による制限のほか、賃金の支払期日による制限、請求書の提出期限もありますので、留意が必要です。

解　説

1　立替払制度を利用する場合

(1)　破産財団からの弁済可能性の検討

　破産管財人は、労働債権の未払いがある場合でも、早期に労働債権の全額を弁済できるだけの破産財団を形成することができる事案であれば、財団債権部分の弁済（破149条、151条）、優先的破産債権部分の労働債権の弁済許可（破101条1項）などの方法[2]により、破産財団から直接労働者に支払うことが望ましく、立替払制度を利用する必要はありません。

　他方、労働債権の全額を弁済または配当できない事案や財団形成に一定の期間を要するために立替払制度を利用したほうが労働者の保護に資すると判断できる場合には、立替払制度の手続を進めることになります。機構が請求書を受け付けてから支払までの期間は、平均で1か月半程度、疑義照会や補正を要しない事案では1か月以内の支払がなされています[3]。

　破産管財人としては、破産手続開始決定後速やかに、破産手続開始決定から

---

[1]　吉田清弘＝野村剛司『未払賃金立替払制度実務ハンドブック』（金融財政事情研究会、2013年）23頁。
[2]　裁判所によっては、和解契約による労働債権の弁済許可（破78条2項11号）による支払を認める運用を行っているところもあり、その場合にはかかる運用を活用することも考えられます。『運用と書式』232頁、『破産200問』356頁〔野村剛司〕参照。
[3]　吉田＝野村前掲注1・108頁。

２、３か月程度の間に立替払制度の対象となる労働債権の全額を弁済または配当できるかを判断し、弁済等の見込みがない場合には速やかに立替払制度の利用に向けた準備を進めるべきであると考えられます[4]。

(2) 立替払制度の対象となる事業主であることの確認

賃金の支払の確保等に関する法律７条は、立替払制度の対象となる事業主を１年以上の期間（賃金の支払の確保等に関する法律施行規則７条）にわたって当該事業を行っていた労働者災害補償保険の適用事業に該当する事業の事業主としています。また、労働者災害補償保険の適用事業は、労働者を使用する事業（労働者災害補償保険法３条）とされており、労働基準法116条２項は、同居の親族[5]のみを使用する事業及び家事使用人には同法を適用しない旨を定めています。なお、賃金の支払の確保等に関する法律２条２項は、同法における労働者を「労働基準法第９条に規定する労働者（同居の親族のみを使用する事業又は事務所に使用される者及び家事使用人を除く）」と定めています。

したがって、立替払制度の対象となる事業主となるためには、同居の親族以外の労働者を使用して、１年以上の期間にわたって事業を行っていたことが確認できる必要があります[6]。

この点、法人の設立等が１年以上前になされていたとしても、労働者を使用していた期間が１年未満である場合には立替払制度の対象とならないこと、他方、法人の設立から１年未満であっても、個人事業主がいわゆる「法人成り」をして労働関係が継続していると認められる場合には、１年以上の期間にわたって事業を行っていたものと取り扱われることには留意が必要です[7]。

破産管財人が労働者に立替払制度の利用を促すことにより、労働者が立替払いを受けられるとの期待を持つことになり、破産者が立替払制度の対象となる事業主でないことが後で判明した場合には、労働者との間で紛争を生じる懸念もあります。そのため、破産管財人としては、労働者に立替払制度の利用を促

---

[4] 吉田＝野村前掲注１・25頁。
[5] 昭和54.4.2労働省労働基準局通達基発153号「同居の親族のうちの労働者の範囲について」（吉田＝野村前掲注１・44頁参照）。
[6] 吉田＝野村前掲注１・32頁、33頁。
[7] 吉田＝野村前掲注１・33頁。

す前に破産者が立替払制度の対象となる事業主であるかを判断する必要があり、労働者名簿や賃金台帳、社会保険等の加入記録などから労働者を使用した事業活動が行われていたかを確認するとともに、破産者が立替払制度の対象となる事業主であるか疑義がある場合には、機構に問い合わせて協議するなどの対応が必要です。

2　労働者性の認定にあたっての留意点

　立替払制度の対象は、労働基準法上の労働者に限られます。そのため、取締役などの役員や個人事業主または法人代表者の親族などが、労働者に該当するかが問題となりますが、労働者に該当しない者に対して、破産管財人が労働者であるといったん証明すると、立替払いを受けられるとの期待を持たせることになり、紛争を生じる懸念もあるので、労働者として証明する際には慎重な判断が必要です。

(1)　取締役などの役員

　法人の代表取締役または業務執行権を有する取締役は、労働基準法上の労働者には該当せず、立替払制度の対象にはならないと考えられます。

　他方、法人の従業員が代表権または業務執行権のない取締役などの役員に就任した場合において、引き続き労働者性を有する場合には、立替払制度の対象となりますが、取締役としての職務に対する報酬は、労働の対価である賃金には該当せず、労働者としての給与部分のみが立替払いの対象となります。

　そのため、破産管財人としては、労働者の賃金に該当する部分を認定した上で、その範囲で証明を行うこととなります。役員としての報酬と労働者の賃金が明確に区分されている場合には、原則としてその区分によればよいと考えられますが、そうでない場合には、役員に就任する前の給与との比較、役員としての職務内容などにより、労働者の賃金に該当する範囲を判断することになります。

　なお、破産管財人が役員を兼務する労働者の賃金について証明を行う場合には、機構が破産管財人の判断根拠を確認できるように、破産管財人が労働基準法上の労働者であると判断した理由についての報告書を提出することが必要となります[8]。

(2) 個人事業主（法人代表者）の親族

　事業主の同居の親族については、原則的には労働基準法上の労働者には該当しないものとされていますが、常時同居の親族以外の労働者を使用する事業において一般事務または現場作業に従事していること、業務を行うに付き、事業主の指揮命令に従っていることが明確であること、就労の実態が当該事業場における他の労働者と同様であり、賃金もこれに応じて支払われていること、特に、①始業及び終業の時刻、休憩時間、休日、休暇等及び②賃金の決定、計算及び支払の方法、賃金の締切り及び支払の時期等について、就業規則その他これに準ずるものに定めるところにより、その管理が他の労働者と同様になされていること、という要件を満たす場合には、労働基準法上の労働者として取り扱うものと通達されており[9]、この場合には、賃金の支払の確保等に関する法律2条2項の労働者に該当することになります。

　個人事業主（法人代表者）の親族については、労働の実態がないにも関わらず、税金対策などの目的で賃金台帳に記載して給与名目での支払を行っている場合もあるので、破産管財人の証明に際しては、労働基準法上の労働者といえるかについて、慎重な判断が必要と考えられます。

　なお、個人事業主（法人代表者）の親族である労働者の賃金について証明を行う場合にも、上記の基準に照らして、労働基準法上の労働者であると判断した理由についての報告書の提出が必要となります[10]。

3　賃金台帳等の客観的な資料が存在しない場合の留意点

　破産管財人による証明は、賃金台帳、労働者名簿、出勤簿等の客観的な資料に基づいて行うのが基本です。そのため、賃金台帳等の客観的資料が存在しない場合には、それらに代わる資料やパソコン内の電子データなどを確保するとともに、代表者や経理担当者から事情を聴取し、資料が存在しない理由を確認

8　吉田＝野村前掲注1・39頁。
9　前掲注5。
10　吉田＝野村前掲注1・43頁。

する必要があります。

　また、賃金台帳がない場合には、給与明細書や賃金振込を裏付ける資料を検討する必要があるほか、事業の実態を確認するために営業日報や電話料金等の記録を確認したり、賃金額の確認のために前年度の課税証明の提出等を求めたりするなどの確認が必要となります。

　なお、賃金台帳・出勤簿等の書類がなく賃金の口座振込もなされていない、全員が社会保険や雇用保険に加入していないなどの客観的な資料が乏しい場合で、未払期間が長期または賃金が高額の場合には、未払額を本来よりも水増ししているなどの不正請求の疑義も生じるところです。立替払制度を悪用した不正請求については、刑事事件になった実例もあり、破産管財人の証明にあたっては、非常に慎重な判断が必要となります[11]。

4　迅速な支払を受けるための留意点

　機構は、立替払いの各要件について、破産管財人から提出された資料を基に「未払賃金の立替払請求書、証明書、退職所得の受給に関する申告書・退職所得申告書」の審査を行った上で、立替払いを行っています。

　そのため、破産管財人の証明に際しても、機構における審査上のチェック事項が満たされているか、提出依頼資料が不足していないか、書類の記載漏れがないか[12]を確認しておくことが重要です[13]。特に、客観的資料が不十分な事項、客観的資料のみでは審査が難しい事項については報告書を添付することにより、機構の審査がスムーズに進むものと考えられます[14]。

5　立替払請求の時的制限

11　吉田＝野村前掲注1・64頁、144頁。
12　「未払賃金の立替払請求書」の「退職所得の受給に関する申告書・退職所得申告書」欄に記入及び押印がないと税金がかかり支払も遅れることになります。また、中小企業退職金共済（中退共）制度などで支払を受けている人は、税務署備付けの「退職所得の受給に関する申告書・退職所得申告書」とその支払についての源泉徴収票（写しも可）の添付が必要となる点にも留意が必要です（吉田＝野村前掲注1・136頁）。
13　吉田＝野村前掲注1・【資料1】未払賃金立替払いの要件等に関するチェックリスト（182～189頁）を活用するとともに、【資料2】未払賃金立替払いに係る提出依頼資料（190～192頁）が揃っているかを確認することが適切です。
14　吉田＝野村前掲注1・99頁。

立替払請求の対象となる労働者は、破産申立て（ただし、民事再生等の申立てが先行する場合にはそれらの申立てから起算される場合があるので注意が必要です[15]）から6か月前の日から2年間の退職者となります（賃金の支払の確保等に関する法律施行令3条1号）。そのため、破産申立て等の6か月よりも前に退職している労働者は、立替払請求の対象外となるため、破産管財人としては、かかる労働者に対する証明を行うことで、労働者が立替払いを受けられるとの誤解を生じないように注意が必要です。

　立替払請求の対象は、退職日の6か月前の日から立替払請求の日の前日までに支払期日が到来した定期賃金及び退職手当ですが、総額が2万円未満の場合には対象になりません（賃金の支払の確保等に関する法律施行令4条2項）。

　立替払請求は、破産手続開始決定の翌日から2年以内に機構に請求書を提出して行わなければなりません（賃金の支払の確保等に関する法律施行規則17条3項）。そのため、破産管財人が証明を遅延することにより、労働者の機構への請求書の提出が遅れて、立替払いが受けられなくなる事態を生じないよう留意が必要です。

（八木　宏）

15　吉田＝野村前掲注1・58頁、60頁。

Q15 配当に際しての過誤防止

Q 配当手続の過誤を防止するためにはどのような点に留意すべきですか。配当表の作成にあたり工夫している点はありますか。配当に際して、別除権者の扱いはどうすべきですか。

回答 まずは、配当の前提となる諸作業について過誤・作業漏れがないか点検を行うことが肝要です。その上で、配当表を正確に作成し、配当手続に遺漏がないようスケジュール管理にも注意しましょう。

配当表の作成にあたっては、代位弁済・別除権受戻し等の場合の充当関係や優先的破産債権内の配当の順序といった、誤りやすい点に留意しましょう。配当表をミスのしにくい書式で作成するといった工夫も有効です。

別除権者の扱いについては、別除権付債権の不足額の証明の取扱いに特に注意しましょう。

配当や財団債権の支払・納付については、弁護士賠償責任保険事例が多く報告され、また、裁判所からもいわゆる「ヒヤリ・ハット事例」が多いと案内されていますので、ご注意下さい。

解　説

1　配当手続における過誤の防止

(1)　基本的留意点

配当は、全ての管財業務が集約される業務です。まずは、配当の前提となる諸作業（破産財団の換価業務、破産債権の債権調査、財団債権の審査等）について過誤・作業漏れがないか慎重に点検を行うことが肝要です。その上で、配当表を正確に作成し、かつ、配当手続に遺漏がないようスケジュール管理にも注意しましょう。

配当や財団債権の支払・納付については、弁護士賠償責任保険事例が多く報告され、また、裁判所からもいわゆる「ヒヤリ・ハット事例」が多いと案内されていますので、細心の注意を払って下さい。

(2) 破産財団の換価回収について

配当に先立ち、破産手続開始決定申立書に添付された財産目録や債権者集会の際に作成した財産目録等の資料を点検し、換価回収未了の財産がないか確認します。また、破産財団に属しないものを破産財団に含めたまま配当手続を進めてはなりません（後記(3)「財団債権の審査・支払について」参照）。

弁護士賠償責任保険に関する事例集には以下の事例が紹介されていますので、参考にして下さい。

a 破産財団に属する賃貸物件が第三者に競落された後の期間に対応する賃料が破産財団に入金されたにも拘わらず、これを賃借人に返還せずに最後配当を終え、破産手続を終結してしまった事例。被害者の請求金額は2,022,580円で、同額の保険金額が支払われた[1]。

b 返金処理により破産財団に属さなくなった財産を計算上財団に組み入れたまま配当を実施してしまった事例。被害者の請求金額は14万円で、支払保険金額は7万円であった[2]。

(3) 財団債権の審査・支払について

配当に先立ち、財団債権を漏れなく審査・把握し、破産財団の残高から控除しておくなど支払の遺漏がないようにすることが重要です。財団債権の審査・支払に関する留意事項については、後記**第2章Q16**をご参照下さい。

(4) 破産債権の債権調査について

債権認否のミスは誤った配当につながります。そこで、債権認否においては、関連事件を含め、債権届出書や証拠資料の点検を適切かつ慎重に行う必要があ

---

1 『弁護士賠償責任保険事例集』（1996年2月再版発行）109頁。
2 『弁護士賠償責任保険最新事例集』（2000年3月発行）27頁。なお、破産財団に属しない返還金を控除して配当をし直すと、被害者に対する配当率は当初の誤った配当率に比して低くなったようである。

ります。

　東京地裁では、債権認否において一般的に注意すべき事項として、①届出金額や認否額の誤記、一部の債権届出の見落とし、②債権届出書の編綴に際しての誤り（関連事件の記録に編綴するとか、取下書の看過等）、③代位弁済に伴う名義変更等処理のミス（債権者の変更漏れとか原債権者に残る債権の計上ミス等）、④その他、同一の債権届出書の二重計上や金額が同じ異なる債権届出書の脱落等を挙げています[3]。また、東京地裁から、⑤手形小切手債権の債権調査において、手形小切手原本の確認漏れ（実際は手形割引がされていた）のケースがあった旨の報告がされています。実務上、債権調査の段階では、原本確認まではせず、手形小切手の表裏のコピーを提出させることで最終の被裏書人欄の表示と届出人が一致することを確認するとともに、重複届出が無いか注意することで対処することが一般と思われますが[4]、ご留意下さい。

　弁護士賠償責任保険に関する事例集には、債権届出に対する異議を撤回すべきところ、これを失念して配当を終えた事例（被害者の請求金額は45万円で、支払保険金額は25万円であった）[5]が紹介されていますので、参考にして下さい。

2　配当表の作成に当たっての工夫

(1)　基本的留意点

　東京地裁では、配当表の作成に当たり誤りやすい点として、以下の５つのポイントを指摘しています[6]。

　　a　代位弁済・別除権受戻し等の場合の充当関係

　代位弁済による名義変更届については、全部弁済か一部弁済か（原債権者が債権者として残るか否か）、一部弁済として代位弁済金はどの債権に充当されたのか正確に確認する必要があります。また、別除権の受戻しの場合にも、受戻金がどの債権に充当されたのか確認する必要があります。

3　『破産管財の手引』250頁〔片山健＝原雅基〕。
4　『管財実践マニュアル』348頁。
5　『弁護士賠償責任保険最新事例集』（2000年３月発行）28頁。
6　『破産管財の手引』320頁〔寺田聡〕。

b　破産者が物上保証人兼連帯保証人である場合

　当該物上保証は保証債権を被担保債権とするものではないので、保証債権は別除権付破産債権ではなく、別除権予定不足額の証明なく届出債権の全額が配当対象となります。また、物上保証物件を任意売却して別除権を受け戻した場合でも、連帯保証債権は受戻し金額を控除しない全額で手続参加が可能です（開始時現存額主義・破104条2項）。

　　c　優先的破産債権内の配当の順序

　優先的破産債権への一部配当の場合、優先的破産債権間の優先順位に従い配当を実施する必要があります。優先順位は、民法、商法その他の法律の定めるところによるとされており（破98条2項）、おおよそ、公租（国税、地方税等）、公課（社会保険料等）、私債権（労働債権等。なお、競合する場合は、民法306条、企業担保法7条1項、保険業法117条の2第2項等に定められた順序による。）の順になります（国税徴収法8条、地方税法14条及びこれらの準用規定）。同順位間では按分配当となります（破194条2項）。なお、交付要求先着手主義は破産手続では適用除外となっています（国税徴収法13条、地方税法14条の7）。破産法152条2項の財団債権を除き、法令に定める優先順位にかかわらず按分弁済となる財団債権（破152条1項）と取扱いが異なりますので、ご注意下さい。

　　d　別除権付債権の不足額の証明

　別除権付債権は、配当の除斥期間内に不足額を証明しない限り配当に参加できません（破198条3項、205条）。後記3を参照下さい。

　　e　配当表の記載ミス

　配当表の「配当額」欄に「認める債権額」などの誤った金額を記載するといった単純ですが重大な過誤もあったようです。東京では、裁判所から、「認める債権額」欄と「配当額」欄との間に備考欄を設けるといったミス防止の工夫が紹介されています。

(2)　債権確定手続が係属した場合

　上記5つのポイントの外にも、配当表の更正事由が生じたときには注意が必要です（破199条1項1号〜3号）[7]。特に、破産管財人が異議を述べた破産債権について債権確定手続が係属した場合（破産債権査定手続、査定に係る異議訴訟手続、破産手続開始により中断した破産債権に関する訴訟の受継）には、必要な対

応を遺漏しないように注意が必要です。

　東京地裁の運用の場合、配当許可前であれば、「債権調査後の債権額等の変更一覧表」を提出して、正しい配当表を作成すれば足りますが、配当許可後（除斥期間満了前）のときは、破産管財人は直ちに配当表を更正して（破199条1項2号、205条【簡易配当に準用】、209条3項【中間配当に準用】）[8]、当該債権者に対する配当額を供託・寄託する必要があります（破202条1号、205条【簡易配当に準用】、214条1項【中間配当における配当額の寄託】）[9]。

(3) 弁護士賠償責任保険に関する事例

　弁護士賠償責任保険に関する事例集には、債権届出がなされ異議無く破産債権として確定した債権を失念して配当表を作成し、最後配当を実施してしまった事例（被害者の請求金額は55,924円で、同額の保険金額が支払われた事例）[10]が紹介されていますので、参考にして下さい。

3　別除権者の扱い

(1) 不足額の証明について

　別除権付債権は、配当の除斥期間内に不足額を証明しない限り配当に参加できません（破198条3項、205条【簡易配当に準用】。なお、中間配当については、破210条参照。）。もっとも、不足額の証明があったのに、当該不足額に対する配当を勘案せずに配当を実施した場合には破産管財人の損害賠償責任が生じ得ますので、注意が必要です[11]。

---

[7] 前記(1)dの別除権付債権の不足額の証明の外、認めない旨の認否・異議の撤回、債権消滅等の届出、届出名義の変更、債権確定手続の係属証明等。
[8] 東京地裁の運用では、「債権調査後の債権額等の変更一覧表」と「更正配当表」を裁判所に提出します。なお、更正配当表は、債務名義となるため、債権者の住所（都道府県名から）の記載が必要です。
[9] なお、破産債権者が受け取らない配当額についても、同様に供託が必要です（破202条3号、205条）。
[10] 『弁護士賠償責任保険事例集』（1996年2月再版発行）106頁。
[11] 東京地裁においては、配当表の作成について、「認める債権額」欄と「配当額」欄の間に「配当に加えるべき債権の額」欄を設ける書式例を紹介するなど、不足額が確定していない別除権付破産債権の取扱いに留意を促しています。

東京地裁では、①別除権の目的物が実際に換価され、債権者の受領金額が確定したことを示す書面（任意売却の際の領収書や、競売手続における確定した配当表等）が提出されたとき[12]や、②別除権者が別除権を放棄した場合（破108条1項ただし書）、③担保権消滅許可に基づき金銭が納付された場合（破190条4項）、④根抵当権の極度額を超える部分（破196条3項、198条4項）等の場合[13]に、この証明があったものと取り扱われているようです。
　この点について、札幌高判平24.2.17（金判1395号28頁）は、別除権者（原告、被控訴人）が、破産管財人（被告、控訴人）に対し、誤った配当表に基づいて配当を行った等の善管注意義務違反があったとして、破産法85条2項に基づき損害賠償の一部請求を行った事案において、
　「破産法198条3項は、いわゆる不足額責任主義（同法108条1項）を前提とすると最後配当に当たり別除権不足額が確定している必要があるため、その証明責任を別除権者に負わせる趣旨であり、当該別除権者が既に破産債権者としての地位を有していることにかんがみると、その配当に参加するに当たって届出その他の積極的行為を要求する趣旨であるとは解されない。また、その証明に当たっては、破産管財人がその職務上知り得た事実及び入手した資料について、更に証明することを要しないと解される。このような取扱いは、別除権者が有している破産債権者としての地位に基づくもので、実体的な権利関係にも合致するのであるから、当該別除権者を優遇することにはならず、むしろ、破産者の財産等の適正かつ公平な清算を図るという観点からすれば、職務上知り得た事実及び入手した資料に基づいて認定できる事実に合致しない配当を行うことは、破産管財人の善管注意義務に違反するというべきである。」等、判示した釧路地判平23.7.13（金判1395号34頁）の判断を是認した上で、
　「破産管財人が別除権の対象となる不動産の任意売却に関与し、別除権者に一定の金員を支払って別除権を消滅させたときにおいて、不足額確定報告書が提出されない場合、破産管財人としては、直ちに別除権不足額の証明がなかったものと扱うことはできないところ、自ら充当計算を行うときは、当該別除権

---

[12] 『破産・民再の実務（中）』201頁〔杉本正則〕。なお、競売による売却の場合には、売却許可決定や代金納付があっただけでは、証明として不十分とされています（『破産管財の手引』253頁〔片山健＝原雅基〕）。
[13] 『破産管財の手引』253頁〔片山健＝原雅基〕。

者との間で充当方法に関して意見が食い違ったり、違算をしたりするおそれもあるから、別除権者に対し不足額確定報告書の提出を求め、不明点があれば更に問い合わせるなどして、別除権不足額を認定するのが相当であり、被告としては、このような措置をとることでも足りたと考えられる」等判示して、本件の別除権不足額について配当手続に参加できる債権として扱わずに配当表を作成し、これに基づいて配当を行ったことは誤りであり、破産管財人としての善管注意義務に違反するとして、800万円余りの損害賠償責任を認めています。別除権者について4割の過失相殺がなされており、また、破産管財人が別除権の対象となる不動産の任意売却に関与し、別除権者に一定の金員を支払って別除権を消滅させたケースを前提にする判断ではありますが、破産管財人の対応について警鐘を鳴らすものであり、注意が必要です。

(2) 弁護士賠償責任保険に関する事例

弁護士賠償責任保険に関する事例集には以下の事例が紹介されています。

a　別除権者との間の別除権に係る優先弁済の合意を失念し、一般債権者としての配当のみを実施したため、当該別除権者が被った損害の賠償請求を受けた事例。被害者の請求金額は1,462,015円で、支払保険金額は1,169,612円[14]。

b　別除権対象不動産が任意売却され、当該受戻しに伴う弁済額が届出債権から取り下げられたにも拘わらず、破産管財人が別除権付破産債権に対する異議を撤回することなく最後配当を終了した事例。別除権者の請求金額は、13,227,771円であったが、破産管財人に対する損害賠償請求訴訟において破産管財人の責任が認められなかったため、支払保険金額は0円であった[15]。

（三森　仁）

---

[14] 『弁護士賠償責任保険事例集』（1996年2月再版発行）108頁。『弁護士賠償責任保険事例集〔簡易版〕』33頁、64頁。なお、別除権者が配当について異議を述べたのが除斥期間後であったことから、別除権者の過失を勘案し、損害額が減額されたようです。

[15] 『弁護士賠償責任保険重要事例集』（2004年11月発行）38頁、『弁護士賠償責任保険事例集〔簡易版〕』32頁、112頁。控訴審判決（裁判所・判決年月日不明）は、別除権者において破産管財人に対し別除権回収不足額の証明を明示的にすべきであるとして、破産管財人の責任を否定しました。この点、前記札幌高判平24.2.17の判断との関係に留意する必要があります。

Q16 財団債権の支払、納付

Q 財団債権を漏れなく把握し、遺漏なく適切に支払うためにはどのような点に留意すべきですか。交付要求の管理に際して工夫している点はありますか。交付要求未了の租税債権がある場合はどうしたらよいですか。破産財団不足のため財団債権の全額を支払えない場合は、どうすべきですか。

回答 財団債権は、破産手続によらずに随時弁済されて、破産事件の結末を左右する重要な要素ですから、破産管財人としては、単に交付要求を待つだけでなく、積極的に、財団債権の存在・内容・残高の把握に努める姿勢が必要です。そして、財団債権のデータは一覧表化して、交付要求書等と対応させて管理するのが適当です。

交付要求未了の租税債権があっても、その存在が確認される以上、納付する必要があります。また、財団不足の場合には、一定の優先関係を前提とする按分弁済となります。

解 説

1 財団債権の位置付けと破産管財人としての基本姿勢

財団債権は、破産財団から、破産債権に優先して、債権の届出・調査・確定、配当という破産手続によらずに随時弁済される債権であり（破151条、2条7号）、破産財団が財団債権総額を弁済するのに不足する場合には、結局は破産手続の費用が支払えないものとなったとみて[1]、破産手続は異時廃止となります（破217条1項：実際に異時廃止となる多くは、破産手続費用というより租税等の債権が多額で財団形成できない場合です）。

---

1 『条解破産』1376頁。

そこで、破産管財人としては、第１に、当該事件が配当事案か異時廃止事案かの出口を見定めるために、また、このうち後者の場合には破産法152条に基づく按分弁済を適正に実施するために（例えば、同条２項により後れる財団債権を先払いしないように）、初期の段階から財団債権の内容・残高の把握に務めて、財団債権総額と破産財団形成の見込額との兼ね合いを意識しながら業務遂行する姿勢が必要です。

　そして、第２に、当然のことですが、財団債権として弁済すべきものは遺漏なく弁済することが必要なのであって、これを怠った場合には、破産管財人の善管注意義務違反による損害賠償責任（破85条）を問われることになります（最二小判昭45.10.30民集24巻11号1667頁―交付要求に係る租税債権を弁済から除外して破産終結した事案）。残念ながら、交付要求の存在を失念して、租税債権等を納付せずに配当を実施したという過誤事例は、破産管財業務における弁護士賠償責任保険事故の典型例（労働保険料、固定資産税等の納付漏れ事例[2]）とされています。

２　財団債権の種類・把握・データ管理

(1)　財団債権の種類

　財団債権は、①破産法148条１項１号ないし８号に基づく一般の財団債権、②それ以外の規定に基づく特別の財団債権に整理されています。

　前記①の財団債権に関して留意すべき点は、前記条項３号の租税等の請求権とは、国税徴収法（国税が該当）または国税徴収の例（地方税、各種社会保険料等が該当）によって徴収できる請求権（公租公課）をいうこと（破97条４号）、破産財団所属財産につき手続開始後に発生した固定資産税（賦課期日１月１日）、自動車税（同４月１日）、消費税等は、前記条項２号の破産財団の管理・換価費用に該当して、前記条項３号の租税等に優先すること（破152条２項）[3]、債権者申立てや第三者予納（例えば、法テラス援助事案）の場合の予納金は、前記条項

---

[2]　『弁護士賠償責任保険最新事例集』（2000年３月発行）24頁、26頁、『弁護士賠償責任保険重要事例集』（2004年11月発行）37頁、『弁護士賠償責任保険事例集〔簡易版〕』32頁、65頁、75頁、111頁。

[3]　『破産管財の手引』242頁の「公租公課フローチャート」参照。

1号に該当して、配当財団を構成しないこと（これを配当した過誤事例[4]）などです。

前記②の財団債権の代表例は、使用人の給料・退職手当の一部[5]（破149条）、双方未履行双務契約を解除した場合の反対給付価額償還請求権（破54条2項後段）です。

(2) 財団債権の把握

財団債権には、破産債権と違って届出制度がないので、破産管財人として、発生原因に直接関与していない財団債権については、以下のように、関係資料を確認しつつ課税庁から交付要求を受けることによって、その内容・残高を確定していくことになります（他方、破産規則50条は、財団債権者の立場において、破産手続の開始を知ったときは、速やかに財団債権を破産管財人に申し出るべき旨を定めています。）。

a 破産申立書・同添付書類

財団債権そのものを掲げた公租公課一覧表や労働債権一覧表（解雇予告手当の取扱いに注意）だけでなく、従業員一覧表（住民税の特別徴収の存在）、不動産一覧表（固定資産税・都市計画税の存在）、車両一覧表（自動車税の存在）、賃貸借契約書（賃借人破産の場合の破産手続開始後の賃料、原状回復費用の存在）、請負契約書（前渡金受領の有無）、過年度の税務申告書（破産手続開始に伴う解散事業年度の消費税の推計、法人住民税均等割の計算、その他事業所税の有無など）等も確認する必要があります。

b 破産者宛の納税通知書、公租公課の納付書、督促状等

これらについて、破産手続開始後は破産管財人に転送されますが、破産者が保管している既往のものも確保しておく必要があります。

c 交付要求

交付要求とは、租税滞納者の財産に対して既に強制換価手続（国税徴収法2条12号）が開始されている場合に、その執行機関に対し、換価代金のうちから

---

[4] 『倒産法の実務』204頁〔中山孝雄〕。
[5] これを代位弁済した第三者も財団債権を行使できる（最三小判平23.11.22民集65巻8号3165頁）。同判決を含め『破産管財の手引』229頁参照〔島岡大雄〕。

滞納税額に相当する金額の配当を求める行為であって[6]、破産手続の場合には、課税庁から執行機関である破産管財人（同法2条13号）に対し、交付要求書により交付要求がなされます（同法82条1項、地方税法68条4項等）。

交付要求書には、交付要求に係る租税の年度、税目、納期限及び金額等が記載されます（国税徴収法施行令36条1項、地方税法68条6項等）。前記ａ、ｂと、この記載内容との間に齟齬や欠落がないかどうかを一応確認しておくことが必要です。

また、財団債権・優先的破産債権（破98条1項）・劣後的破産債権（破97条4号）の区分（後二者の場合、交付要求は破産裁判所に対してなされます。破114条1号、国税徴収法82条1項等。）について、国税の場合には、交付要求書の滞納税金目録自体で区別されていますが、地方税の場合には、交付要求書に財団債権と明記されているものや、そうでないものもあります。いずれにせよ、課税庁の理解が正しいとは限りませんので、破148条1項3号の具体的納期限との関係等において、財団債権性の確認を要します[7]。

　ｄ　課税庁への照会

交付要求に係る税目、金額、財団債権性等について不明な点が生じた場合には、放置しないで、課税庁に直接照会することが肝要です。

また、前記ａ、ｂからすると公租公課の滞納があるはずなのに、交付要求がなされていないという場合にも、同様に直接照会して、滞納があれば交付要求を促すことが必要です。交付要求を受けて納付するのが本則の手続形態であって（国税徴収法82条1項等）、これにより管財業務の過誤防止にもつながるからです。

(3) 財団債権のデータ管理

財団債権のデータ管理については、破産債権と同様に一覧表化するのが適当です。

例えば、公租公課一覧表であれば、当初、前記(2)ａ、ｂに基づくデータを入力しておいて、その後交付要求がなされる都度、同ｃ、ｄに基づくデータに修

---

[6] 金子宏『租税法〔第18版〕』（弘文堂、2013年）825頁。
[7] 『破産管財の手引』242頁の「公租公課フローチャート」参照。

正して、他方、交付要求書その他帳票は一覧表に対応させてファイルします。一覧表の項目としては、①債権者（課税庁）、②税目・年度／期／決算期、③交付要求の有無、④本税額・延滞税額／延滞金額、⑤財団債権・優先債権・劣後債権の区分、⑥納付額・還付金充当額、⑦残額などを設定します。このうち⑥の還付金充当額というのは、交付要求額の一部に対して還付金が充当された場合に、これを反映させて残高の過誤を防止するためです（納付前には、課税庁に再度この残高を確認します。）。

3　財団債権の弁済

(1)　裁判所の許可

　破産財団の現在額ないし見込額との兼ね合いから、財団不足（破152条１項）にならないと判断できる場合には、裁判所の財団債権承認の許可（破78条２項13号）を得て[8]、財団債権を弁済します。

　許可申請書には、許可の対象債権を示すため、別紙として、公租公課であれば上記公租公課一覧表を付けます。その中に、個別には100万円以下の価額で本来許可対象でないもの（破78条２項13号、３項１号、破規25条）が含まれていても、過誤防止の観点からは、あえてそれを許可申請から除外する必要はありません。

　また、許可申請書には、交付要求書の写しを添付します[9]。念のため付言しますと、財団債権たる公租公課の交付要求書は、執行機関である破産管財人に送達されるものであって、破産裁判所には送達されません（優先債権、劣後債権たる公租公課であれば、破産裁判所に送達されます。）。

(2)　延滞税等の処理

　公租公課の延滞税・延滞金については、①国税及び社会保険料では、交付要求額に足りる残高が記帳された破産管財人口座の通帳の写しを提出して（国税

---

[8]　開始決定時に許可不要行為（破78条３項２号）としている庁もあります。『運用と書式』124頁、193頁。
[9]　添付を要しないとする扱いの庁もあります。

通則法63条6項4号、同法施行令26条の2の1項）、②地方税では[10]、やむを得ない事由を申告して（地方税法64条3項、第369条2項等）、減免申請をします[11]。

(3) 交付要求の欠落

公租公課の交付要求の欠落については、前記のとおり、課税庁に交付要求を促して、交付要求を受けて納付するのが本則です。

しかし、破産管財人には、最後配当の配当額の通知時（破201条7項）、簡易配当の配当表に対する異議期間満了時（破205条、200条1項）、同意配当の許可時（破208条3項）までに、財団債権の存在を知ったときは、その支払義務がありますので、たとえ公租公課の交付要求が未了であっても、課税庁に具体的金額を確認した上、これを納付する必要があります[12]。

4 財団不足の場合の財団債権の按分弁済

(1) 弁済の順序

破産財団が財団債権総額に不足する場合、前記のとおり破産手続は異時廃止となり、財団債権の弁済については、債権額に応じた按分弁済となりますが（破152条1項）、その際に優先する財団債権が定められていて（同条2項）、また、判例等で認められていることから、その弁済の順序は次のとおりとなります[13]。

① 管財人報酬（前記最二小判昭45.10.30）・管財人立替事務費等
② 債権者申立てまたは第三者予納の場合の予納金補填分

これらが財団債権であることは上記のとおりであり、手続費用の立替的性格から、前記①に次ぐものと解されています。

③ 破産法148条1項1号、2号（共同利益のための裁判上の費用、破産財団

---

[10] 地方税法にも、①と同様の規定（地方税法20条の9の5第2項3号、同法施行令6条の20の3）がありますが、実務としては、②の事由の申告によって減免に応じてくれます。『破産200問』303頁、304頁〔畑知成〕。
[11] 減免申請の対象となる延滞税・延滞金は、①では、本税の全額が納付可能なまでに財団形成できた日の翌日以降の分であり、②では、こうした限定がなく、破産手続開始前の分も含まれます。
[12] 『破産管財の手引』240頁、232頁〔島岡大雄〕。
[13] 『運用と書式』222頁。

の管理・換価・配当費用)のうち、前記①、②を除いたもの

　この2号に、破産財団所属財産につき手続開始後に発生した固定資産税、自動車税、消費税等が含まれることは、上記のとおりです[14]。

　　④　その他の財団債権

　破産手続開始前の原因に基づく公租公課(破148条1項3号)、労働債権の一部(破149条)などです。

(2) 按分弁済の実施

　按分弁済の実施については、基準日を定めて、財団債権者に対し、延滞税・延滞金を含む基準日現在の財団債権額の届出(公租公課の場合、「債権現在額申立書」等)を求めた上、その届出額を基準として按分弁済表を作成して、これによる弁済額を提示して振込先や納付書を折り返してもらうといった手順で行います。

(3) 延滞税等の減免申請について

　公租公課の延滞税・延滞金の減免申請については、按分対象が公租公課のみであれば必要がなく、按分対象が公租公課と労働債権であるようなときには意味がありますが、本税の一部弁済にすぎないことから困難を伴います。

　　　　　　　　　　　　　　　　　　　　　　　　　　(吉川　武)

---

[14] 『破産管財の手引』242頁の「公租公課フローチャート」参照。

Q17 租税関係の処理

Q 破産管財人は、税務申告をする必要がありますか。また、源泉徴収や特別徴収していた住民税の処理等に関しては、どのようなことに留意すべきですか。

回答 破産管財人は、就任後任務終了に至るまでの間に、様々な租税について税務申告を行う必要があります。とりわけ法人破産事件において的確な税務申告に基づいて納税や還付の手続を行うことは、破産管財人の重要な責務の1つであるといえます。破産管財人は、必要とされる税務申告を怠ることのないよう十分に注意する必要があります。

また、破産手続において破産管財人が所得税法所定の一定の支払をする際には、所得税の源泉徴収義務を負う場合がありますので、源泉徴収を怠ることのないよう、この点にも留意が必要です。なお、破産法人の従業員の住民税が特別徴収されていた場合の対処についても、円滑な実務処理が期待されるところです。

解 説

1 法人破産事件における法人税の申告

従来は、清算法人の事業年度の所得に対しては法人税が課されず、残余財産が確定した時点、すなわち清算確定事業年度において、残余財産の価額から解散時の資本金等の額と利益積立金額等との合計額を控除して計算される清算所得が生じた場合に限って課税されていました。そのため、債務超過である破産法人に対して最終的に法人税が課税されることはありませんでしたが、平成22年度の税制改正により、破産法人についても通常の事業年度と同様に、所得に応じた課税がなされることとなりました。

したがって、破産管財人は、破産法人の解散事業年度、清算事業年度及び清算確定事業年度において、それぞれ税務申告を怠ることのないよう十分に注意

しなければなりません。なお、破産法人に所得が生じる場合としては、資産を簿価以上の価額で処分したときや、特定の債務について債務免除を受けたときなどが考えられますが、所得の有無にかかわらず申告義務が生じることに留意する必要があります。

　もっとも、清算所得課税制度の廃止とともに、いわゆる期限切れ欠損金の損金算入の制度が導入され、解散時に残余財産がないと見込まれるときは、清算中に終了する事業年度以前の各事業年度において生じた欠損金額のうち期限切れ欠損金について、青色欠損金及び災害損失欠損金の控除後であって最終事業年度の事業税の損金算入前の所得金額を限度として、損金に算入することができるようになりました（法人税法59条3項）。それゆえ、実際に課税されることは稀でしょうが、期限切れ欠損金の損金算入のためにも法人税の申告が必要となりますので、その点誤解のないようにしなければなりません。

2　法人破産事件における消費税の申告

(1)　解散事業年度における申告

　破産法人が消費税の免税事業者とされる場合（各事業年度の前々事業年度の課税売上高が1000万円以下の事業者は免税事業者とされます。消費税法9条1項、2条1項14号）を除き、解散事業年度に課税資産の譲渡等があった場合には、納付すべき消費税が見込まれますので、破産管財人は、法人税の申告とともに消費税の申告をする必要があります。

　また、解散事業年度の売上げに係る消費税額から仕入れ等に係る消費税額を控除した結果、控除不足が生じる場合には、消費税の確定申告又は還付を受けるための申告をすることにより消費税の還付を受けることができますので、破産管財人は、破産財団増殖のために、これらの税務申告をする必要があります。

(2)　清算事業年度及び清算確定事業年度における申告

　破産管財人が消費税法6条所定の非課税資産以外の資産を売却した場合には、破産管財人は、消費税の申告・納付義務があると解されていますので、税務申告を怠ることのないよう注意しなければなりません。通常の管財業務の中で課税対象となる資産の譲渡としては、建物の売却や在庫商品の売却が典型的

なものといえます。

3　個人破産事件における所得税等の申告

　個人が破産手続開始決定を受けた場合、法人破産の場合とは異なり、課税期間が変更されることはありませんし、所得税に関しては、破産財団に属する財産と自由財産とを区別することなく、1年を通じた所得に対して確定申告を行うこととなるため、その申告義務は破産者個人が負い、破産管財人は申告義務を負いません。

　もっとも、源泉所得税額や予納税額の還付請求や純損失の繰戻しによる所得税の還付請求が可能である場合には、それらの還付請求権は破産財団を構成しますので、破産管財人の管理処分権が及び、破産管財人には申告権限があるものと解されます。したがって、還付が見込まれるような場合には、破産管財人において破産者の所得税の還付の申告をすることが適当である場合も考えられます（もっとも、実務上は破産管財人による申告が受け付けられないこともありますので、そのような場合には、破産者本人による申告をさせ、還付金を財団に組入れさせるなどの処理が必要となります[1]。）。ただし、還付を受けることのできる額の全額が破産財団を構成するものと見るべきか否かについては、慎重に検討する必要があります。還付税額は1年を通じた所得を前提に計算されるため、破産財団に属すると見るべき部分と自由財産に属すると見るべき部分がある場合には、破産手続開始決定日を基準日とする日割り計算をするなどの適宜の方法により区分し、破産財団帰属部分を破産財団に組み入れ、その余を自由財産として破産者個人に返還すべき場合も考えられます。

　なお、個人破産の場合には、破産手続開始後に破産管財人が破産財団に属する財産を処分し、それによって譲渡所得が生じても、破産者個人が資力喪失状態にある限り、所得税は課税されません（所得税法9条1項10号）。

　他方、消費税に関しては、破産者が個人事業者であって消費税の免税事業者とされていない場合には、破産管財人は、法人破産の場合と同様の申告義務を負うことになりますので、注意を要します。

1　『破産200問』370頁〔髙木裕康〕参照。

4 破産管財人の源泉徴収義務

(1) 破産管財人が源泉徴収義務を負う場合

　所得税の源泉徴収義務は、所得税法所定の一定の所得又は報酬等の「支払をする者」に課されている義務ですが（所得税法183条、199条、204条等）、破産手続において破産管財人が所得税法所定の一定の支払をする際には、所得税の源泉徴収義務を負う場合があります。破産管財人が源泉徴収義務を負う場合としては、以下のとおり、管財事務遂行上の業務の対価を支払う場合や破産管財人報酬を支払う場合があり、他方、未払給与や退職金の支払ないし配当をする際には源泉徴収義務を負いません。

　なお、平成25年1月1日から平成49年12月31日までの間に生ずる所得について源泉所得税を徴収するときは、復興特別所得税も併せて源泉徴収しなければなりません（復興財源確保法28条）。

(2) 管財事務遂行上の業務の対価の支払における源泉徴収義務

　管財業務を遂行するために、破産者の従業員その他の者を雇用した場合の賃金等の支払や、税務申告業務を税理士に委任した場合の報酬の支払や、破産管財人が訴訟当事者となる訴訟等の遂行を弁護士に委任した場合の報酬の支払などについては、破産管財人に源泉徴収義務がありますので（所得税法183条、204条）、破産管財人は、支払に際して源泉徴収を忘れないよう十分に注意する必要があります。

(3) 破産管財人報酬の支払における源泉徴収義務

　破産管財人報酬は、裁判所の決定に基づいて生じるものですが、「破産財団の管理、換価及び配当に関する費用」（破148条1項2号）に当たり、破産財団を責任財産として、破産管財人が自ら行った管財業務の対価として破産管財人自身に対して支払うことになりますので、弁護士である破産管財人は、その報酬につき、所得税法204条1項の「支払をする者」に当たり、自らの報酬の支払いの際にその報酬について所得税を徴収し、これを納付する義務を負います（最二小判平23.1.14民集65巻1号1頁）。

この点については、従来様々な議論がありましたが、前記最高裁判決は、所得税法204条1項2号所定の報酬の支払をする者に源泉徴収義務を課している趣旨について、最大判昭37.2.28（刑集16巻2号212頁）を参照して「当該報酬の支払をする者がこれを受ける者と特別に密接な関係にあって、徴税上特別の便宜を有し、能率を挙げ得る点を考慮したことによるものである」との指摘をした上で、前記のような判断を下しました。

(4) 未払給与や退職金の支払及び配当における源泉徴収義務

　破産者の従業員に対する未払給与や退職金については、財団債権とされる部分（破149条1項、同条2項）については配当手続に先立って支払われ、破産債権（優先的破産債権）とされる部分については配当されることになりますが、破産管財人がこれらの支払や配当をする際に源泉徴収義務を負うか否かについても、従来様々な議論がありました。

　前記最二小判平23.1.14は、退職金の配当について、「破産管財人は、破産手続を適正かつ公平に遂行するために、破産者から独立した地位を与えられて、法令上定められた職務の遂行に当たる者であり、破産者が雇用していた労働者との間において、破産宣告前の雇用関係に関し直接の債権債務関係に立つものではなく、破産債権である上記雇用関係に基づく退職手当等の債権に対して配当をする場合も、これを破産手続上の職務の遂行として行うのであるから、このような破産管財人と上記労働者との間に、使用者と労働者との関係に準ずるような特に密接な関係があるということはできない。また、破産管財人は、破産財団の管理処分権を破産者から承継するが（旧破7条）、破産宣告前の雇用関係に基づく退職手当等の支払に関し、その支払の際に所得税の源泉徴収をすべき者としての地位を破産者から当然に承継すると解すべき法令上の根拠は存しない。」とし、破産管財人の源泉徴収義務を否定しました。

　そして、以上のような判旨に照らすならば、退職金が財団債権として支払われる場合や未払給与の支払や配当がなされる場合についても、同様の解釈となるものと考えられます。

5　特別徴収されていた住民税の処理

　破産法人の従業員の住民税が破産法人において支給する給与額から控除され

て特別徴収されていた場合には、破産管財人において適切に対処することが求められます。

　給与等にかかる所得税の源泉徴収義務を負う事業者は、当該給与等を支給する従業員の住民税を特別徴収すべき義務を負っていますが（地方税法321条の4、328条の5第1項）、前記のとおり、破産管財人は、破産法人の従業員の給与等にかかる所得税の源泉徴収義務を負いませんので、従業員の住民税の特別徴収義務者ではありません。

　もっとも、従前、特別徴収されていた各従業員については、破産法人からの退職に伴い、特別徴収から普通徴収に切り替えるなどの必要を生じるため、破産管財人は、事業者であった破産法人に代わって、従業員の住民税を徴収している各自治体に対し、異動届出書を提出する必要があります。管財業務に付随する業務として、円滑な実務処理が期待されるところです。

（深山雅也）

第3章

通常再生

Q1 申立ての受任①

Q 民事再生申立ての受任時における以下の事情につき、弁護士倫理上、どのような問題があるでしょうか。
① インターネット上で、企業再建コンサルタントとして大々的に広告を行っている者の法律専門家アドバイザーとして紹介されている弁護士が、当該コンサルタントの紹介で民事再生事件を受任した。
② 民事再生申立ての依頼を受けたが、債権者からの差押え等を免れるために申立会社の売掛金等につき申立代理人が譲渡を受け、自らの預金口座に入金させた。

回答 ①のケースは、弁護士職務基本規程11条に該当せず、弁護士倫理上、特に問題ありません。
②のケースは、同規程17条に該当しませんが、客観的には詐害行為に該当しますので（権利濫用の法理が適用された判例はありますが）、債権譲渡は避ける方が賢明です。

解説

1 ①のケース

弁護士職務基本規程11条に違反するか否かです。同規程11条は、「弁護士は、弁護士法72条から74条までの規定に違反する者又はこれらの規定に違反すると疑うに足りる相当な理由のある者から依頼者の紹介を受け、これらの者を利用し、又はこれらの者に自己の名義を利用させてはならない。」と規定しています。

①のケースは、その中でも弁護士法72条に違反するかどうかが問題です。

弁護士法72条は、「弁護士又は弁護士法人でない者は、報酬を得る目的で訴訟事件、非訟事件及び審査請求、異議申立て、再審査請求等行政庁に対する不服申立事件その他一般の法律事件に関して鑑定、代理、仲裁若しくは和解その

他の法律事務を取り扱い、又はこれらの周旋をすることを業とすることができない」と規定しています。

企業再建コンサルタントが、企業再生についてアドバイスするだけで、「鑑定、代理、仲裁若しくは和解その他の法律事務を取り扱い、又はこれらの周旋すること」をしていないのであれば、企業再建コンサルタントの紹介で民事再生事件を受任しても、同規程11条に違反しないといえます。

しかし、巷間、弁護士に業務を斡旋したり、自ら濫用的な組織再編行為を指南したり、あるいは、企業再生のために債権者と交渉したりする企業再建コンサルタントを称する者も少なくありません。そのような者からの紹介の場合、同規程11条に該当する可能性もありえます。名目にかかわらず金銭等のキックバックをすれば、同規程11条に違反します。コンサルタントによる企業再生アドバイスの内容が違法性を帯びていたり、実現可能性に乏しかったりする場合には、そのスキームに安易に乗った案件処理をすることによって依頼者に回復できない損害を及ぼすことがあり、引いては代理人としての責任問題に発生するおそれがありますので、注意を要します。

2　②のケース

(1)　民事再生における債権譲渡

民事再生の申立てを予定している場合、運転資金を確保することが重要です。売掛金等の差押え等を防ぐ対策としては、申立て直前まで、債務不履行、期限の利益喪失事由、支払停止等の差押え等の原因となる事由を生じさせないことです。

申立てをすると、差押え等を誘発することになりかねませんが、申立てをした場合、すでになされた差押え等の中止命令（民再26条1項2号）や差押え等の包括的禁止命令（同法27条1項）の申立ても可能ですし、開始決定があると差押え等の禁止やすでになされた差押え等の中止の効力があり（同法39条1項）、中止した差押え等の取消しも可能です（同条2項）。

したがって、民事再生の申立てを依頼された場合に、差押え等回避の目的で、売掛金等の債権譲渡をする必要は少ないと思います。もっとも、依頼を受けた時点で、すでに支払停止となっている場合には、申立てまでに時間がかかるこ

とから、申立代理人となる弁護士が債権譲渡を受ける必要性を感ずることはあるかと思います。②のケースは、差押え等を免れるため申立代理人が債権譲渡を受け、自らの預金口座に入金させたケースです。

まず、問題になるのが同規程17条（「弁護士は、係争の目的物を譲り受けてはならない。」）です。同条は、係争中の事件に介入して自己の利益を得ようとする行為を禁止し、弁護士の職務の公正と品位を維持しようとする趣旨の規定です。弁護士が、倒産処理（特に私的整理）の過程において、財産の散逸を防止し、倒産処理を円滑に遂行する目的で、倒産会社の財産（不動産や売掛債権等）を信託的に譲り受けることがあります。これは、弁護士の計算における譲り受けではないですから、同条に抵触するものではありません[1]。

次の問題は、詐害行為取消権が成立するか否かです。しかし、民事再生において、弁護士への債権譲渡に関して、その点が争われた裁判例がないようです。

(2) 私的整理における債権譲渡

私的整理においては、差押え等がなされた場合、法的整理と異なり、差押え等を失効させる方法がありません。そのため、差押え等を免れるため、私的整理受任弁護士に対し債権譲渡することがあります。

このような債権譲渡について、詐害行為取消権が成立するか否か争われた裁判例があります。

1つは、東京地判昭61.11.18（判タ650号185頁）です。この事例は、国が租税債権に基づいて詐害行為取消請求をしたものです。

この判決は、「たとえ債務者が任意整理の配当原資確保の目的でその受任者に対してなす財産の信託的譲渡であつても、これによって右財産は債務者の一般財産から流出し、その債権者は右財産に対する強制執行等右財産から弁済を受ける法的手段を剥奪され、受任者の自発的な支払を期待する他なくなるのであるから、右譲渡は債権者を害する法律行為であるというべきであるし、債務者に詐害意思があるというためには、当該法律行為によつて債務者の財産が減少し、そのために残余の財産をもつてしては債権者が債務の弁済を受け得なくなることを認識しておれば足り、所論の目的の故に詐害意思の存在が否定され

---

1 『解説基本規程〔第2版〕』31頁、32頁。

るものではないというべきである。また、任意整理の受任者がたとえ右目的で債務者から財産の譲渡を受けたとしても、そのことをもつて受任者に詐害の意思がないということはできないことは同断である。」と判示し、詐害行為の成立を認めました。

　もう1つは、東京地判平10.10.29（判時1686号59頁）です。

　この判決は、「1　原告に本件詐害行為取消権の行使を許すと、原告は被告から原告の債権額に相当する1176万円の支払を総債権者のために受けることができ、右1176万円をZ社に支払う義務を負うが、原告は右支払義務と原告のZ社に対する請負代金債権とを相殺することができ、結局、一般債権者にすぎない原告に実質的に債権全額の回収を許すことになる。

　2　被告は、自己の債権回収のために債権譲渡を受けたものではなく、Z社の総債権者の利益のために債権の信託的譲渡を受けたものにすぎず、他の弁護士と共同して、弁済を受けた債権を財源として、裁判所における破産管財実務を実施した場合と同様の配当を実現するために、同社の任意整理を遂行中の弁護士である。

　3　原告は、優先債権者ではなく、一般債権者としての原告の権利が本件任意整理において無視されたというような事情は存在しない。また、本件任意整理においては、そもそも関係者の一部に殊更に有利或いは不利になるような取扱いがされたことはないと認められる。他方、被告は弁護士として総債権者のために本件債権譲渡を受けたにすぎず、本件任意整理が裁判所における破産管財事件と同様の結果を実現するものであれば、いわば裁判所に代わる準公的業務の遂行のために本件債権譲渡を受けたものということができる。まして、被告はすでに譲受債権の弁済を受けており、しかも弁済金を原資として従業員の賃金債権などの優先債権が既に弁済されているなどの事情もあるのであるから、詐害行為取消権の行使を許すと、単に債権譲渡契約を締結したのみで未だ譲受債権の弁済を受けていないという場合と異なり、弁済を受けた金銭の返還義務を弁護士個人として負うこととなり、このことは、被告に不当に過酷な負担を課するものというべきである。

　4　以上の事情を総合勘案すると、仮に本件債権譲渡契約が詐害行為取消権行使のための形式的要件をすべて満たすものであったとしても、原告による本件詐害行為取消権の行使は権利の濫用として許されないものと解するべきであ

る。」と判示しました。

　前記昭和61年判決は、単に債権譲渡契約を締結したのみで、譲受債権の弁済を受けていないケースであり、その点が異なっています。

(3) 結　論

　倒産事件受任弁護士への債権譲渡は、通常無償で行われるので、債務者の総財産の減少をもたらすことになり、客観的には詐害行為に該当します。

　譲受債権の弁済を受けた後に、詐害行為取消権が認められると、弁済を受けた金銭の返還義務を弁護士個人として負うことになります。権利濫用が認められるか否かは、裁判所の判断によることになり、弁護士にとってリスキーです。信託的に債権譲渡を受けること自体は、弁護士倫理に反するものではありませんが、避けることは賢明です。

　民事再生・申立ての依頼を受けた弁護士は、迅速に申立てを行い、売掛金等の差押えを受けた場合は、前述の中止命令ないし包括的禁止命令を申立て、開始決定後にすでになされた差押え等の取消しを命ずる申立てをすることがよいと思います。

（多比羅誠）

Q2 申立ての受任②

Q 弁護士に以下のような事情がある場合に、民事再生手続開始の申立て（以下「民事再生申立て」という）を受任することは可能でしょうか。
① 親会社と子会社の民事再生申立てを同時に受任する。
② 会社と代表者の民事再生申立てを同時に受任する。
③ 共同事務所の他の弁護士から、その依頼者であるスポンサー候補者の紹介を受けつつ、民事再生申立てを受任する。
④ 共同事務所の他の弁護士の顧問先が主要債権者である債務者につき、民事再生申立てを受任する。
⑤ 共同事務所の他の弁護士が担保権の競売手続を行った相手方につき、民事再生申立てを受任する。
⑥ 中小企業再生支援協議会で専門家委員として、再建計画作成に関与した債務者につき、計画履行が困難になったため民事再生申立てを受任する。

回答 民事再生手続においては、スポンサー候補者、債権者、担保権者など多くの関係者が登場することから、それらの者と再生債務者の代理人との間における利益相反性が問題になり得ます。

この利益相反性を検討するにあたっては、①再生債務者の地位が、民事再生の申立てによって、債権者の利益を代表する管理機関としての地位に変容していることに伴い、かかる機関たる再生債務者の代理人であるという位置付けから考察すべきこと、②利益相反性を形式的に判断しすぎると、却って適切な民事再生手続の進行の妨げになるおそれがあること、③弁護士職務基本規程27条3号等における依頼者（再生債務者）等の「同意」の有無の判断にあたっては、前記機関である再生債務者の立場からみて正当なものである必要があり、守秘義務の判断にあたっても同様の配慮を要すること、④利益

相反が形式的・潜在的であったり、共同事務所における情報遮断措置によって、弁護士が職務を行いうる場合であっても、依頼者等に状況を説明し、同意を得る努力をすることが好ましい対応であること、などに注意する必要があります。

解説

1 申立代理人の地位

　民事再生手続においては、原則として、再生債務者が手続開始後も引き続き業務遂行権・財産管理処分権を保有し、手続の中心的な役割を担います（民再38条1項）。したがって、申立代理人は、再生債務者代理人として、申立手続に限らず、開始決定後の、スポンサー選定、財産調査・評定、債権調査、再生計画案の提出とその遂行など広汎にその職務を行うことが予定されています。それらの職務遂行においては、スポンサー候補（小問③参照）、債権者（小問④参照）、担保権者（小問⑤参照）など多くの関係者が登場し、それらの者と申立代理人との利益相反性が問題となります。

　この申立代理人の利益相反性を検討するにあたっては、次の事項に留意する必要があります。すなわち、①再生債務者は、債権者に対し公平誠実義務を負い（民再38条2項）、自己の利益を追求する立場から、債権者の利益を代表する機関としての地位（第三者的地位）に変容したものと理解されますから、申立代理人は、その変容した債権者の代表機関たる再生債務者の代理人と位置付けられます。したがって、申立代理人の利益相反性は、申立代理人のこの位置付けの観点から考察すべきことになります。②利益相反性を形式的かつ硬直的に判断すると、適切な知見と経験を有する弁護士が申立代理人となることができなくなり、却って適切に民事再生手続が進行できず、利害関係人の不利益となるおそれがあります。③弁護士法25条ただし書、弁護士職務基本規程27条3号、28条2号・3号等においては、依頼者等の同意があれば、これらの弁護士の職務禁止規定に該当しないとされています。しかし、民事再生事件の再生債務者からの同意は、債権者の利益代表機関としての立場からみて正当なものである場合にのみ、「同意」としての意味があると解されます。また、この同意を取得する場合には秘密保持義務違反とならないように注意する必要もありま

す。④利益相反が形式的・潜在的であったり、共同事務所における情報遮断措置によって、弁護士が職務を行い得る場合であっても、依頼者等に状況を説明し、同意を得る努力をすることは好ましい対応であると思われます。

以上を踏まえて、順次小問を検討します。

2 小問①（親子会社の同時申立受任）

(1) 利益相反にかかる規律

弁護士職務基本規程27条3号は、「受任している事件の相手方からの依頼による他の事件」（①）、同規程28条2号は「受任している他の事件の依頼者……を相手方とする事件」（②）、同条3号は「依頼者の利益と他の依頼者の利益が相反する事件」（③）、について職務を行ってはならないと定めています。また、弁護士法25条にも同趣旨の定めがあります。①、②は、既に事件を受任していることを前提とする定めですから、本小問のように同時受任の場合には該当せず、本小問においては③が問題となります。③は複数の依頼者相互間に利益が相反する状況があるものの、①②やその他の規定に該当しない場合を規律する包括条項です。この規定は、利益が相反する事件においては、(ⅰ)弁護士が一方の依頼者の利益や権利を擁護して、他方の依頼者の利益を害するおそれがあること、(ⅱ)弁護士の職務執行の公正性に疑惑を招来し、弁護士の品位と信用を傷つけるおそれがあること、から職務を行い得ないとしたものです。ここに言う依頼者の利益とは、法律上保護に値する利益を指し、「利益が相反する」には法律上問題とする必要がない感情的な利害対立等は含まれません。また、形式的に利益が相反すると見えるものの実質的に利益が相反しない場合や、潜在的な利益相反関係はあるもののそれが顕在化していない場合はこれにあたらないと解されています。

(2) 小問①の検討

親子会社間では、取引関係が存在していることも多く、その場合、両社間には債権・債務関係があることが通常です。そのため、両社の民事再生手続においては、取引関係（契約）の処理や債権・債務の処理をすることが必要となりますから、両社間には利益相反性があるといえますが、それはあくまでも形式

的・潜在的なものである場合が多いと思われます。

　他方、親子会社については、事業の再生を果たすためには、両社につき統一的に再生手続を進行させる必要があることが多く、そのためには、同一の弁護士が両社の申立代理人になることが有益です。

　このように考えると、前記のような形式的・潜在的な利益相反性があることのみを理由として、親子会社の同時申立受任をできないとすることは現実的ではなく、却って両社はもとより、それぞれの債権者共通の利益にならないと思われます。

　したがって、原則として、親子会社の民事再生申立てについては、弁護士職務基本規程28条3号に該当せず、弁護士は親子会社の同時申立受任をすることができると解されます。ただし、例外的に、親子会社間で債権・債務関係等について争いがあり、その帰趨がそれぞれの債権者の利益に重大な影響を与える場合には、利益相反性が形式的・潜在的とはいえず、一方の依頼者の利益や権利を擁護することにより、他方の依頼者の利益を害するとともに、弁護士の職務執行の公正性に疑惑を招来し、弁護士の品位と信用を傷つけるおそれがあるといえるため、どちらかの申立ての受任を控えるべきです。また、受任後に上記のように利益相反性が顕在化した場合には、弁護士としては、速やかに、依頼者にその事情を告げて、どちらかの代理人を辞任すべきことになります（基本規程42条）。

3　小問②（会社と代表者の同時申立受任）

　会社と代表者の間でも、親子会社の場合と同じく、債権・債務関係が存することがあり、また、表面的にはそれらが存しなくとも、代表者が会社に損害賠償義務を負担することもあり得ます。その意味で、会社と代表者との間には利益相反性があるといえますが、それはあくまでも形式的・潜在的なものである場合が多いと思われます。

　他方、会社の債務について代表者が個人保証をしていることも多く、その場合には当該債権者から、会社とともに代表者個人についても法的整理をするよう要請されることがあります。そして、会社の民事再生と代表者個人の民事再生を統一的に進めることは、会社、代表者のいずれにとっても有益であるといえることが多いのです。したがって、本小問の回答は、小問①の検討結果と基

本的には共通であると解されます。すなわち、原則として、弁護士は、会社と代表者の同時申立受任をすることができます。ただし、例外的に、損害賠償義務等で争いがあり、その帰趨がそれぞれの債権者の利益に重大な影響を与える場合には、それは利益相反性が形式的・潜在的とはいえませんから、どちらかの申立代理人の受任を控えるべきです。

4　小問③（共同事務所の他の弁護士の依頼者であるスポンサー候補の紹介）

(1)　共同事務所における規律

　弁護士職務基本規程57条は、共同事務所の所属弁護士の一人が利益相反事件として職務を行うことができない場合、同じ共同事務所の他の所属弁護士がこれを取り扱うことをも原則として禁止しています。利益相反ルールを、いわば共同事務所の範囲で敷衍したものです。これは、事務所依頼者に疑惑と不安を生ぜしめ、弁護士の職務執行の公正性に疑惑を招来することを防ぐためです。もっとも、一律に職務執行を禁止することは共同事務所の現実を無視し、不必要な規制を加える結果となりかねないため、同条は、ただし書で、「職務の公正を保ち得る事由」がある場合にはこの限りではないとして、例外的に職務を行い得るものとしています。

　「職務の公正を保ち得る事由」とは、客観的・実質的に考えたときに、本条の趣旨に照らして、共同事務所の所属弁護士が、他の所属弁護士が弁護士職務基本規程27条または28条の規定により職務を行い得ない事件について職務を行ったとしても、なお弁護士の職務に対する公正さを疑われるおそれがないと判断される特別の事由をいうとされています[1]。「職務の公正を保ち得る事由」の具体的な判断の最も重要な要素の1つは、当該共同事務所における情報遮断措置（いわゆるチャイニーズ・ウォール）です。それは、典型的には、共同事務所において所属弁護士の業務が厳格に分離され、記録の分別管理、所属弁護士・弁護士補助職の専門セクションの確立、電話・ファックス等の情報通信機器の個別使用、電子メール送受信を含めたOAシステムの個別管理等が実践され、

1　『解説基本規程〔第2版〕』142頁以下。

職務上の秘密が内部的にも開示されず、秘密の共有または漏洩を阻止する体制が確立し、その履行を担保する措置が執られていることをいいます。「職務の公正を保ち得る事由」の有無は、このような情報遮断措置に加えて、当該事案における利害対立の程度、相手方との関係の依頼者への告知の有無、弁護士職務基本規程27条3号または28条2号に該当する場合にあっては事件相互の共通の争点や関連性の有無・程度などを踏まえて個別具体的に判断することになります。なお、共同事務所において、当該利害対立と関係のない所属弁護士を含めた合議体で、「職務の公正を保ち得る事由」があるかどうかを判断する体制が採用されている例もありますが、それは利益相反性について慎重に検討しているものと評価されるでしょう。

(2) 小問③の検討

民事再生手続において、スポンサーの選定や契約の交渉は、再生債権者の弁済額に関わるものですから、債権者の利益代表機関としての再生債務者とスポンサー候補との利益相反性は重大なものといえます。したがって、申立代理人が同時にそのスポンサー候補の代理人となることは重大な利益相反行為であり、弁護士職務基本規程28条3号に違反することになるでしょう。

他方、共同事務所において厳格な情報遮断措置が設けられている場合には、当該共同事務所に所属する弁護士と同じ共同事務所の他の所属弁護士が、一方は民事再生申立代理人、他方はスポンサー候補代理人になって、スポンサー選定または契約交渉を行うことは、弁護士職務基本規程57条ただし書によって禁止されないとの見解もあり得るところです。しかし、前記の利益相反性の重大性を考慮すれば、原則として、どちらかの代理人になることを差し控えることが望ましいのではないかと思料します。

しかし、本小問のようにスポンサー候補として紹介をするだけで、スポンサー選定やその契約の交渉に関与しないのであれば、そこには実質的な利益相反性はない（または少なくとも重大性はない）ので、共同事務所の他の所属弁護士が民事再生申立てを受任することに問題はありません。

なお、民事再生申立代理人と同じ共同事務所の他の所属弁護士が、例えばスポンサー候補の資金調達など、スポンサー選定や契約の交渉に直接関係のない法的サービスを提供することは、実質的利益相反性はない（または少なくとも

重大性はない）ため、許されると思われます。

5 小問④（共同事務所の他の弁護士の顧問先が主要債権者である場合）

(1) 同一の弁護士の場合

　顧問先であるということは、「継続的な法律事務の提供を約している者」にあたりますから、その者を相手方とする事件を受任することは、形式的には弁護士職務規程28条2号に該当するように見えます。しかし、同号に違反するとして職務を行うことが禁止されるかどうかは、個別実質的に判断されるべきです。民事再生事件においては債権者の権利行使は集団的制約のもとで行われ、計画案に対する議決権行使や他の債権者にかかる債権調査の異議権が認められるに過ぎません。したがって、その利益相反性は希薄であり、単に顧問先が債権者であることだけを理由として（その債権の存否に争いがある場合には別途の考慮が必要です）、同号に違反するとはいえないと解されます。そうでなければ、適切な民事再生申立代理人を選任できないおそれがあります。もっとも、実務的には、顧問先が主要債権者である場合には、民事再生申立ての受任を差し控えることも行われているようです。

(2) 共同事務所の場合

　共同事務所の他の所属弁護士が債権者と顧問契約を締結している場合、前記のように再生債務者と債権者の利益相反性が希薄ですし、申立代理人と、共同事務所の他の所属弁護士との間で、情報遮断措置が実施されていることを前提とすれば、一方の依頼者の利益や権利を擁護することによって他方の利益を害するおそれがなく、また弁護士の職務の公正性を疑われるおそれがないといえます。したがって、共同事務所の他の所属弁護士の顧問先が主要な債権者だとしても、民事再生申立てを受任することは許容されると解されます。

　以上のことは、共同事務所の他の所属弁護士が、債権者の他の事件を受任している場合でも同様であると解されます。

　ただし、顧問先や他の事件の依頼者である債権者が債権の存否や担保権の評価などで再生債務者との間で紛争になる場合には、その紛争事件について申立

代理人と同じ共同事務所の他の所属弁護士が債権者の代理人となることについては、たとえ情報遮断措置が実施されている場合であっても差し控えることが望ましい場合もあるでしょう。

6　小問⑤（共同事務所の他の弁護士が、担保権実行を行った相手方の場合）

　共同事務所の他の所属弁護士が債権者から依頼を受け、担保権実行を行ったということは、当該債権者が既に権利行使に着手しており、利益相反性が顕在化しているといえます。したがって、原則として、弁護士は、民事再生申立てを受任すべきではありません。

　もっとも、その担保物件が遊休資産であり、かつその評価額も全体としてみれば大きな影響がない場合などには、実質的にはその影響は限定的ですから、民事再生申立てを受任することが相当ではないとはいえない場合もあるでしょう。

7　小問③ないし⑤について弁護士法人の場合

　弁護士法人の社員や使用人としての弁護士（以下「社員等」という）は、弁護士法人の事件を行う場合のほかに、他の社員の承諾を得て弁護士個人としての職務を行う場合があります。

　弁護士法人において、その社員等の一人が利益相反性の観点から、弁護士個人としての職務を行うことができない場合に、他の社員等がこれを取り扱うことは、弁護士の職務執行の公正性について疑惑を招来させることとなります。そこで、弁護士職務基本規程64条1項は、利益相反ルールを同一弁護士法人の範囲内で敷衍して規定し、弁護士職務基本規程27条・28条・63条1号又は2号により、他の社員等が行いえない事件について、原則として、社員等が職務を行うことを禁止しつつ、「職務の公正を保ち得る事由」がある場合には、例外的に職務を行い得るとしました。これらの取り扱いは、共同事務所の場合と基本的に同じです。したがって、小問③ないし⑤について、弁護士法人としてではなく、社員等が個人として受任する場合は、基本的に共同事務所の場合と同じとなります。

　他方、弁護士法人は、受任している他の事件の依頼者又は顧問先を相手方と

する事件や、依頼者と他の依頼者の利益が相反する事件について、弁護士法人として業務を行ってはなりません（基本規程66条1号2号）。この場合、「職務の公正を保ち得る事由」の例外規定はありません。

8 小問⑥（中小企業再生支援協議会で専門家委員として、再建計画作成に関与していた場合）

　弁護士は、仲裁、調停、和解斡旋その他の裁判外紛争解決手続機関の手続実施者として取り扱った事件を受任してはなりません（基本規程27条5号）。これは、その地位にある時に知った情報を利用して事件処理をすることが弁護士の品位、信用を害するからです。中小企業再生支援協議会における手続は、再建計画を立案することによって、債権者と債務者の間の紛争につき裁判外で解決を図るものですから、裁判外紛争解決手続といえ、そして、その専門家委員は、解決を促す役割を担いますから、その紛争解決手続機関の手続実施者ということができると思われます。したがって、その地位にあった者が民事再生申立てを受任すべきではないでしょう。

　　　　　　　　　　　　　　　　　　　　　　　　　　　（小林信明）

Q3 申立ての受任③

Q 会社経営者が以下のことを行っていた場合に、その経営者の依頼を受けて、同人の経営権を維持することなどを主な目的として、民事再生手続を受任することは可能でしょうか。

① 会社の決算につき多額の粉飾があり、その事実を秘して民事再生申立てをする。

② 主要な会社資産である貸付債権を関連会社に譲渡した後、譲渡非適格の債権の回収のみを目的とする会社として、民事再生申立てをする。

③ 申立直前期に特別損失を計上したことから債務超過となったとして、再生計画によらない事業譲渡を行うことを前提として、民事再生申立てをする。

④ 破産による債権回収を強く望む債権者が多数いるので、予め回収可能性のない債権を内部者に譲渡し、再生計画の頭数要件を満たせるようにした上で申立てをする。

回答 弁護士は、良心に従って、依頼者の権利および正当な利益を実現するよう努めなければならず（基本規程21条）、依頼の目的または事務処理の方法が明らかに不当な事件は、受任してはなりません（同31条）。

このように、依頼者の正当な利益の実現の要請に合致し、不当な事件の受任の禁止に抵触しないかを慎重に見極めながら、事案ごとに、民事再生手続を受任することの可否を判断する必要があります。

解　説

1　不当な事件の受任の禁止と民事再生申立て

(1)　不当な事件の受任の禁止

　弁護士は、依頼の目的または事務処理の方法が明らかに不当な事件は、受任してはなりません（基本規程31条）。このことは、弁護士の果たすべき社会的使命や、良心に従って依頼者の権利および正当な利益を実現するよう努めなければならないとする弁護士職務基本規程21条から当然に導かれるものです。弁護士が不当な事件に関与すれば、単に弁護士倫理上の問題に止まらず、被害者たる第三者から不法行為責任を問われる場合もあります[1]。

　民事再生申立ての受任にあたっては、正当な利益の実現の要請に合致し、不当な事件の受任の禁止に抵触しないかを慎重に見極めながら、事案ごとにその可否を判断する必要があります。

(2)　民事再生申立ての場合

　民事再生手続は、再生債務者自身が業務の遂行と財産の管理処分の権限を有する、いわゆるDIP型の手続であるのが原則です（民再38条1項）。したがって、再生手続においては、その円滑な遂行に努める再生債務者の活動は、できる限り尊重されなければなりません（民再規1条3項）。

　しかし他方、開始決定後、再生債務者は、債権者に対し、公平かつ誠実に、業務の遂行権や財産の管理処分権を行使しなければならないとされています（民再38条2項。公平誠実義務）。そして、再生手続は、財産評定、債権調査、再生計画案の策定、債権者の決議、再生計画の履行など、当事者たる再生債務者のなすべきことが広範囲で複雑かつ専門的であることから、代理人弁護士が関与して手続の主導的な役割を果たすことが当然の前提とされています。

　申立代理人と再生債務者との間は委任（民法643条）の関係に立つことから、

---

[1]　加藤新太郎『弁護士役割論〔新版〕』193頁（弘文堂、2000年）。東京地判平7.10.9（判時1575号81頁）。

申立代理人は、再生債務者に対して善管注意義務を負います（同644条）。そして申立代理人は再生債務者の代理人ですから、再生債務者が開始決定後に公平誠実義務を負うのに従って、申立代理人も再生債務者に対する善管注意義務の内容として、債権者に対して公平誠実に義務を履行することが必要となります。

民事再生申立てを受任することが「不当」か否かは、このような観点から検討していく必要があります。

2　設問①（多額の粉飾決算）

(1)　公平誠実義務、説明義務、不正行為助長禁止

再生債務者に決算上の多額の粉飾があるとすれば、申立代理人は財産評定等を通じて実態を明らかにし、役員責任査定裁判等を通じて役員責任を明らかにして、債権者に対する再生債務者の誠実義務、ひいては申立代理人の誠実義務を果たさなければなりません（民再38条2項）。

また、弁護士は、事件の受任にあたり、依頼者に対して事件の見通し等を説明しなければなりませんが（基本規程29条1項）、受任の前に経営者から過年度における多額の粉飾決算の事実を明かされたのであれば、経営者に対し、民事再生手続において再生債務者が役員の責任を問わなければならなくなることを真摯に説明する必要があります。

さらに弁護士は、依頼者の違法または不正な行為を助長することは許されませんし（基本規程14条）、そのような行為を知った場合には、法的に抑止すべき義務があるという見解が有力です[2]。

(2)　公平誠実義務と秘密保持義務との相克

公平誠実義務を負う申立代理人は、同時に、依頼者たる債務者に対して依頼者の秘密を保持する義務を負っているので（弁23条・基本規程23条）、ここに相克の立場に立たされます。この問題については、公平誠実義務を優先させるべきであるとする考え方もありますが[3]、弁護士の秘密保持義務の方が優先する

2　東京地判昭62.10.15（判タ658号149頁）。『解説基本規程〔第2版〕』29頁参照。
3　伊藤眞「再生債務者の地位と責務（下）」金法1687号39頁。

という見解が有力です[4]。

しかし、上記有力説に立ったとしても、だから依頼者の秘密を保持しつつ受任すればよいという結論には、必ずしもなりません。民事再生の申立てを受任し、依頼者の秘密を保持しつつ申立てをして開始決定に至れば、債権者に対する公平誠実義務を負って板挟みになるのは自明です。したがって、①過年度における多額の粉飾の事実を民事再生手続の中で明らかにし、役員責任も追及することを前提として受任するか、②そのことを依頼者に説明した上で、受任しないとの結論に至るかのいずれかです。

再生債務者の有する優良事業部門を事業譲渡または会社分割によって外に切り出し、それに関連する労働者の雇用を守ることを目的として民事再生申立てをするような場合には、その案件の受任が不当だとはいえません。しかし、多額の粉飾の事実を秘匿し続けることを前提として民事再生申立てを受任するのは、依頼の目的が不当な事件の受任に該当する虞があります。

3　設問②（主要な会社資産を先行して譲渡）

主要な会社資産である貸付債権を関連会社に譲渡した後、譲渡非適格の債権の回収のみを目的とする会社として民事再生申立てをするのは、関連会社に譲渡した債権が適正価格で評価され、その対価としての金員が再生債務者に適切に保持されているのであればともかく、そうでない場合は、再生債務者の清算価値を不当に引き下げて債権者を害することは必至であり、再生債務者はもちろん申立代理人も、債権者に対して公平誠実義務を果たすことは困難です。よって、かような民事再生申立てを受任するのは、依頼の目的が不当な事件の受任に該当するおそれがあります。

近時、会社（A社）の有力資産・事業のみを新設分割等の手続を利用して外に切り出し、新設会社B社（非公開会社）の株式（譲渡制限株式）をA社に交付し、同株式をその後A社の経営者またはその関係者に譲渡するなどしてA社をもぬけの殻にするといった事案が多数発生し、このことが債権者を害するとして、債権者が上記新設分割等につきB社を相手として詐害行為取消訴訟を提起したり、A社法的整理後に否認訴訟が提起されたりし、裁判所もこれらの主張を認

---

[4]　飯村佳夫ほか『弁護士倫理』（慈学社、2006年）79頁。

めています（破産の事案ですが、福岡地判平21.11.27金法1911号84頁）。かように債権者を害する目的を有した民事再生申立てを受任することは、同様の理由で許されません。

4　設問③（再生計画によらない事業譲渡を行うことを前提とする）

　申立直前期に特別損失を計上したことから債務超過となったことなどにより窮境に陥った債務者が、民事再生の申立てをして初期の事業の混乱を防ぐと共に、早期に（あるいはプレパッケージで）買主を探して、優良事業部門の価値の毀損が生じる前に再生計画によらない事業譲渡（計画外事業譲渡。民再42条、43条）を完了させ、同事業に関係する労働者の雇用や取引先を守ろうとするのは、不当な目的ではないと認められます。このような事案につき民事再生申立てを受任することは可能です。

　もっとも、計画外事業譲渡の場合には、債権者等の意見を聴取する機会（民再42条2項、3項）が設けられているとはいえ、事業譲渡を含む再生計画に対して債権者の議決権行使を求める場合とは異なり、債権者の意見の反映は限定的になりますから、債権者に対する公平誠実義務を果たすという観点から、計画外事業譲渡スキームの概要、事業の評価額の適正、再生弁済率の見込み、清算配当率との比較などについて十分な説明をし、多数の債権者の理解を得られるように努めることが肝要です。

5　設問④（再生計画の頭数要件を満たせるようにした上で申立て）

　破産による債権回収を強く望む債権者が多数いるので、予め回収可能性のない債権を内部者に譲渡し、再生計画案の可決のための頭数要件（民再172条の3第1項1号）を満たせるようにした上で申立てをするといった事案については、最高裁は、同種の事案につき次のように判示しています（最一小決平20.3.13民集62巻3号860頁）。

　「法174条2項3号所定の「再生計画の決議が不正の方法によって成立するに至ったとき」には、議決権を行使した再生債権者が詐欺、強迫又は不正な利益の供与等を受けたことにより再生計画案が可決された場合はもとより、再生計画案の可決が信義則に反する行為に基づいてされた場合も含まれるものと解するのが相当である（法38条2項参照）。」

「本件再生計画案は、議決権者の過半数の同意が見込まれない状況にあったにもかかわらず、抗告人（註：再生債務者たる株式会社）の取締役であるDから同じく抗告人の取締役であるEへ回収可能性のない債権の一部が譲渡され、抗告人の関係者4名が抗告人に対する債権者となり議決権者の過半数を占めることによって可決されたものであって、本件再生計画の決議は、法172条の3第1項1号の少額債権者保護の趣旨を潜脱し、再生債務者である抗告人らの信義則に反する行為によって成立するに至ったものといわざるを得ない。本件再生計画の決議は不正の方法によって成立したものというべきであ」る。
　したがって、「予め回収可能性のない債権を内部者に譲渡し、再生計画の頭数要件を満たせるようにした上で申立てをする」という前提の下に、弁護士が民事再生申立てを受任することは、不当な事件の受任であり、許されません。

（進士　肇）

Q4 民事再生申立ての報酬の定めに関する留意事項

Q 民事再生手続の申立てを受任する場合、申立代理人（再生債務者代理人）の弁護士報酬を定めるにあたり、どのような点に注意する必要がありますか。

回答 申立代理人は、受任に際し、弁護士の報酬その他の費用について説明し、その報酬に関する事項を含む委任契約書を作成しなければなりません。また、その報酬額を決めるにあたっては、申立代理人あるいは再生債務者代理人としての広範な役割と権限に見合う適正かつ妥当な金額や条件を明確に定める必要があります。

その報酬額の決定の基準としては、再生債務者の規模等を基準として、予測される代理人としての作業量を合理的に判断して適正妥当な額を決めることになります。特に、再生手続開始後の報酬については共益債権になりますので、債権者に対し、公平誠実に職務を行い、その信頼を得て手続を遂行するためにも合理的な基準に基づく適正妥当な報酬額を決める必要があります。

解 説

1 はじめに（申立代理人の立場）

民事再生手続は、手続開始後も、原則として再生債務者が引き続き財産管理処分権を保有し、業務遂行権を行使して手続の中心を担う手続です（民再38条1項）。いわゆるDIP型の手続です。再生手続は、財産調査・評定、債権調査、再生計画案の作成・提出とその履行等広範かつ複雑な法的手続であり、法的知識の乏しい再生債務者のみでは手続の遂行を図ることは不可能であり、弁護士への依頼は不可欠です。そのため再生手続の依頼を受けた弁護士は、単に再生手続の申立てをすれば終わりということはなく、手続開始後は再生債務者の代理人としての立場で前記のとおり広範な業務処理に関与し、手続遂行について

の主導的な役割を果たさなければなりません。民事再生手続が成功するか否かは、まさに弁護士の手腕技量にかかっていると言っても過言ではありません。したがって、その依頼を受けた弁護士は、その仕事に見合った適正かつ妥当な相当額の報酬を受領することができます。

　そして、申立代理人は、委任ないし準委任契約の相手方である再生債務者に対して、善管注意義務を負う一方で、公平誠実義務（民再38条2項）を負う再生債務者の代理人として、債権者に対して公平誠実に職務を果たすべき義務も負うこととなります。

2　委任契約書の作成義務

　弁護士は、法律事務を受任するに際し、弁護士の報酬その他の費用について説明しなければなりません（弁護士の報酬に関する規程5条1項）し、更に「弁護士は事件を受任したときは、弁護士報酬に関する事項を含む委任契約書を作成しなければならない。ただし委任契約書を作成することに困難な事由があるときは、その事由が止んだ後、これを作成する」ことになっています（同規程5条2項、基本規程30条1項）。これは事件を受任した弁護士としての最低限の義務です。実務では、後記のとおり中小企業の再生手続においては、第1回目の不渡りを出した後に、あわてて弁護士に依頼することも少なくなく、この場合には債務者代理人は着手金も受領できないまま、取りあえず申立てをするということもあり得ます。しかし、このような場合であっても、受任弁護士として速やかに前記の委任契約書は作成しておかなければなりません。

3　報酬決定の基準及び報酬の受領方法（時期）

　弁護士が受領することのできる報酬については、受任に際し、申立代理人、あるいは再生債務者代理人として広範な役割と権限に見合う適正かつ妥当な金額や条件を明確に定める必要があります。そして、着手金、報酬等、弁護士に支払う費用を決定する基準としては、経済的利益、事案の難易、時間および労力その他の事情に照らして適正・妥当な報酬が決められます（弁護士の報酬に関する規程2条、基本規程24条）。民事再生手続においては、申立代理人（債務者代理人）の報酬額等は、基本的には再生企業の規模に比例して決まることになります。一般的には、企業あるいは事業所の規模が大きければ、債権者数も

増え物理的作業量も当然増えるのが通常だからです。すなわち、負債総額、債権者数、従業員数、営業継続の有無、稼働中の事業所や支店数等を基準として、予測される作業量を合理的に判断し（補助者として複数の弁護士に依頼する場合には、その作業量も含めて）、更に当該事業の財務内容等を加味して、適正・妥当な報酬額を合意すべきです。

また、企業の規模や業態の他、自力の再生を目指すのか、営業譲渡等によって事実上会社の整理をするのか、スポンサーの支援による再生を目指すのか等の再生方針によっても報酬額の違いが生じます。再生方針の違いによって申立代理人（債務者代理人）の作業量が異なってくるからです。

その受領時期については、事件受任時の着手金、業務遂行過程での月額報酬、再生計画認可による報酬、という再生手続の進行に応じ、段階に分けた支払方法を決めるのも合理的方法です（なお、旧報酬規程29条の2では、①事件に着手する際に着手金として100万円以上の一定額を支払い、②その後、手続が進んでいる間、月額の一定の報酬を支払い、③最後に再生計画が認可された場合に、免除を受けた額やその他の企業が存続する利益を基準として、着手金や月額払い額等を考慮して決められた報酬をそれぞれ支払うこと、とされていました）。

弁護士が事件受任後受領できる報酬のうち、特に、再生手続開始後の報酬については、再生債務者の業務に関する費用（民再119条2号）として共益債権となる債権ですから、申立代理人としては、債権者らに対し、公平誠実に職務を行うという義務を尽くし（民再38条2項）、その信頼を得るためにも、合理的な基準に基づく適正妥当な月額報酬や成功報酬でなければなりません。

4 報酬内容の開示の必要性

(1) 監督委員の同意を得ることは必要か

前記のとおり、再生手続開始後の再生債務者代理人の報酬は共益債権（民再119条2項）になります。共益債権は、再生手続によらず随時弁済することができます（同121条1項）ので、原則として、その支払について監督委員の同意は不要です。ただ、裁判所は、必要があると認めるときは共益債権の承認を許可事項とすることや監督委員の同意事項とすることができます（民再41条1項8号、同54条2項）ので、それが定められたときは、当然監督委員の同意を得

て支払うことが必要になります。あまりにも過大な報酬の支払は、否認権行使の対象になることがあり得ますし（民再127条）、さらには弁護士法に基づく懲戒請求を受ける可能性も否定できません。

(2) 再生計画への記載の要否

再生計画には、共益債権の弁済に関する条項を定めなければなりません（民再154条1項2号）。共益債権は再生債権に優先して弁済されるものであるため、共益債権の額や弁済時期が再生計画の履行可能性に重要な影響を及ぼすからです。再生債権者等の利害関係人や裁判所が再生計画の当否、履行可能性を判断するための材料となるためでもあります。ただ、そこへの記載は、過去において弁済したものまで記載する必要はなく、将来弁済すべきもののみ記載すれば足ります（民再規83条）。

5 預り金と報酬との相殺処理について

再生手続開始決定後も、租税債権者からの差押えがなされることが多いので、当面必要な最低限の金額のみ銀行に預け入れ、その他の資金について再生債務者代理人において預かることがあります。その際は、預り証を作成し、再生債務者において必要な時にはすぐ返す旨の念書（合意書）を取り交わすことが適切です。その際の念書中には、当該預り金と再生債務者代理人の報酬等との相殺はしないことを明記するのが望ましいでしょう。一般的には、弁護士の作成する委任契約書には、委任者が報酬等を支払わない時は、受任者である弁護士は、委任者に対する金銭債務と相殺することができる旨の規定を置くことが多いのですが（弁護士の報酬に関する規程5条4項）、この場合は、その例外にあたります。勿論、最終的に報酬の支払いが受けられない場合には、相殺処理もやむを得ない処理であることは言うまでもありませんが、再生債務者としては、資金繰りに苦しんでいる際に、信頼して預けた金員を再生債務者代理人である弁護士から報酬金等請求権とで相殺処理されてしまうと、さらに苦境に陥ってしまい著しく信頼関係を損なうことになるからです。再生手続を遂行する上で、何よりも再生債務者との信頼関係の確立・維持が大切であることは言うまでもありません。

6 その他報酬に関する事項

(1) 申立て前の換価回収行為による報酬増大化の当否および限度

　資金繰りの苦しい中小企業では、弁護士への着手金の支払まで手が回らないことも多く、その際には、経営者から資金繰り表等を渡されて、その中から売掛金等の回収をして、回収金の中から着手金等の支払に充ててもらいたいと申し入れされることもあります。民事再生手続は、いわゆるDIP型の再生手続として、申立代理人による換価回収行為により再生債務者のその後の資金繰りが楽になり、結果として再生手続がスムーズに遂行されるのであれば、当該換価回収行為は委任事務として、その回収額から申立てまでに適正な着手金を受領することもあります。

(2) 手続開始後も着手金が未払いの場合の処理

　前記のとおり、中小企業等の再生手続では、資金繰りに窮して弁護士に相談依頼することが多く、極端な場合には、第1回目の不渡りを出した後、あわてて弁護士に相談するということも、あり得ます。この場合の処理としては、申立後開始決定までに着手金の合意をし、民事再生法120条により、着手金の支払を共益債権化することにより、その支払を受けることが考えられます（ただし、申立後開始決定までという時期的な制約があります）。さらには、再生手続開始申立てには弁護士への依頼は不可欠であり、着手金は民事再生法119条1項1号の申立費用に準ずる費用に当たるとして、これを共益債権として認めることも可能と解する説もあります。このように解釈することが、当面の手持資金のない再生債務者に広く再生の機会を与えることにつながると考えられるからです[1]。もちろん、このように解するとしても、着手金と申立代理人としての作業量との合理的均衡は必要ですし、それが適正か否かについて、監督委員の監督に服することは言うまでもありません。

（小倉純夫）

---

[1] 『条解民再』〔第2版〕536頁〔清水建夫〕。ただし、平成25年4月発行の第3版『条解民再』618頁以下〔清水建夫・増田智美〕では、この部分の記載はなくなっています。

Q5 申立ての準備段階

Q
① 再生申立時に、申立代理人が経営者・オーナーらに対して説明しておくべき不利益事実にはどのようなものがあるでしょうか。
② その他、申立ての準備段階で申立代理人が注意すべき諸点について、検討して下さい。

回答　①については、再生債務者は、公平かつ誠実に手続を追行する義務を負うとともに、裁判所の許可や監督委員の同意を要する行為などの各種行為制限を受け、これらの義務に違反すると、管理型民事再生や破産に移行する可能性があること、否認権を行使される可能性があること、予納金や弁護士・公認会計士の報酬として相応の費用が必要となることを説明しておく必要があります。

また、経営者に対しては、再生債務者との利益相反の問題や、保証債務の履行請求、役員に対する損害賠償請求の可能性、経営者交替の可能性について十分に説明し、納得してもらう必要があります。

②については、再生事件では初動対応が重要なのは言うまでもありません。取引継続に向けた対応、資金の確保、申立直前の取引の回避、債務免除益課税の検討など、各方面に見落としがないよう注意すべきです。

解　説

1　説明責任

弁護士は、事件を受任するにあたり、依頼者から得た情報に基づき、事件の見通し、処理の方法ならびに弁護士報酬および費用について、適切な説明をしなければならないとされています（基本規程29条1項）。

再生事件において、申立代理人は、再生債務者と共にまさに二人三脚となって、不利益を被る債権者等の理解や取引先等の協力を得ながら、申立ての準備、

申立て、債権者説明会の開催、手続開始決定、財産評定、報告書作成、債権調査、再生計画案作成、債権者集会、再生計画認可・確定という一連の手続を遂行していかなければなりません。

そのために欠かせないのが、依頼者との信頼関係であり、信頼関係構築のためには、初期の申立段階において、依頼者に対し、不利益事実も含めた十分な説明を行っておくことが重要となります。

2 説明しておくべき不利益事実

(1) 破産移行の可能性

そもそも、再生手続を選択するにあたっては、経営者の再生意欲があるだけでは不十分で、従業員の協力や、顧客や仕入先等の取引先の協力はもちろん、対象事業について事業収益が見込めること、手続開始後の資金繰りが可能であること等が重要な要素となります。

これらの条件をクリアしたうえで再生手続を選択した場合でも、例えば、支援を見込んでいたスポンサー企業の対応如何によっては、協力が得られず、再生計画案を策定できない事態も想定されます。

また、再生計画案を策定・提出できた場合にも、債権者の意向によっては否決され、認可決定を得られない場合もあります。

依頼者には、これらの事情如何によっては、必ずしも認可決定に至らず、また、認可決定を得たとしても、再生計画をやり遂げるまでは破産手続に移行する可能性があることを十分に説明し、覚悟してもらう必要があります。

(2) 否認権行使の可能性

再生債務者の行為のうち、詐害行為や偏頗行為とみられる行為（民再127条以下）がある場合は、監督委員により否認されることがあります（民再56条）。

特に、否認対象行為の相手方が主要取引先である場合などは、これによって取引が停止され、事業継続が困難となる事態も想定されますので、事前に十分に説明しておく必要があります。

⑶ 再生債務者の義務

　再生債務者は、再生手続開始後も、業務執行権および財産管理処分権を失うことはありませんが（民再38条1項）、開始決定により法的地位は一変し、第三者性を付与された再生手続の機関としての再生債務者となり、債権者に対して、公平かつ誠実に、これらの権利を行使し、再生手続を追行する義務を負います（民再38条2項）。

　一般に、公平義務とは、同等の地位にある債権者を公平に扱う義務をいい、誠実義務とは、自己又は第三者の利益と債権者の利益が相反する場合に、自己または第三者の利益を図って債権者の利益を害してはならない義務をいうと解されています。

　この点、再生債務者の業務執行権および財産管理処分権行使の場面において、どこまで債権者の利益が保護されるのかは難しい問題ですが、誠実義務に関する「他人（とりわけ再生債権者）の利益を（も）適切に考慮し、とりわけ再生債務者の財産を管理処分し、業務を遂行するに際して、財産の最有効活用を図る責務と理解するとともに、債権者などの犠牲において自己の利益の追求を図ることを許さないという義務」[1]との説明が参考になります。

　また、再生債務者は、業務執行権及び財産管理処分権を有するとはいうものの、その行為は自由ではなく、財産の処分や財産の譲受け、借財など一定の行為については、裁判所の許可（民再41条）や監督委員の同意（民再54条）を必要とします。

　再生債務者が前記義務に違反すると、管理命令により管財人が選任され（民再64条1項）、再生債務者の経営陣は経営権が停止され、業務遂行権および財産管理処分権が管財人に専属することとなったり（民再66条）、場合によっては、再生手続開始決定が取り消されたり（民再37条）、再生手続廃止（民再193条）、再生計画の取消し（民再189条）の理由になることもあります。

　また、詐害行為や偏頗行為とみられる一定の行為（民再127条以下）については、監督委員により否認される（民再56条）ことがあります。

1　四宮章夫ほか『詳解民事再生法－理論と実務の交錯〔第2版〕』（民事法研究会、2009年）32頁。

実際に、監督委員の同意を得ることなく借入れし、また、一部の債権者に対して偏頗弁済を行ったため、再生手続が廃止された事例もあります（大阪地決平13.6.20金法1641号40頁）。

倒産手続においては、弁護士の受任後に、再生債務者や役員、従業員などが財産の隠匿や特定債権者への弁済などをして、債権者の利益を害することが往々にしてありますが、これを原因として管理型民事再生や破産に移行してしまう可能性がありますので、再生債務者には、有利・不利を問わず十分に説明し、特に不利益事実については納得してもらう必要があります。

この点、申立代理人も、「機関たる再生債務者の代理人となったときには、公平誠実義務等が履行されるよう、再生債務者に助言し、自ら代理人としての行為をなし、場合によっては、再生債務者に対する裁判所の監督権発動を促す必要もある」[2]とされています。

すなわち、再生債務者は、債務免除を受け、自己の利益を追求する立場にあるため、適切な権限行使が必ずしも期待できず、ともすれば、債権者の犠牲において自己の利益を図りかねません。そこで、申立代理人自身にも、債権者に対して公平誠実義務を尽くすことが期待されており、それだけでなく、再生債務者において前記職務および義務を適切に履行できるよう、申立代理人が再生債務者に説得を含めた働きかけをすることが求められるのです。

申立代理人は、再生債務者の財産隠匿、偏頗弁済等の行為を助長、容認しないよう注意しなければなりません。

前記大阪地決平13.6.20では、「本件における再生債務者代理人は、再生手続における代理人の職責を十分理解していたとはいい難く、提出された財産目録、報告書、再生計画案等の内容からして、手続の追行を再生債務者に任せきりにしていた感が否めない」との指摘がありますが、申立代理人は期待される役割を適切に果たすべきです。

(4) 弁護士報酬および費用

再生手続においては、裁判所に対する予納金のほか、手続遂行にあたり、弁護士・公認会計士等の態勢を整える必要があるため、相応の費用が必要になり

---

[2] 『伊藤・破産民再二版』611頁。

ます。また、再生手続の進行には連絡文書の発送や債権者説明会開催など裁判外にも多くの業務が必要となりますので、実費の説明および預かりも忘れないようにします。

(5) 経営者に対する説明

中小企業が依頼者の場合、企業イコール経営者の場合が多いため、あとで「話が違う」などとしてトラブルにならないよう、経営者に対し、以下の点を説明することが必要です。

a 再生債務者との利益相反

再生手続は、再生債務者である法人の事業または経済生活の再生を図ることを目的とするもの（民再1条）であり、必ずしも経営者を救うものではありません。申立代理人は、再生債務者と経営者との間で利益相反問題が発生した場合には、経営者の利益を守ることはできません。

b 保証債務の履行請求

再生手続は、再生債務者の債務の免除を得るための手続ですので、再生債務者の保証人となっている経営者は、債権者から保証債務の請求を受け、場合によっては破産を余儀なくされる事態も想定されます。

c 役員に対する損害賠償請求

役員が法人である再生債務者に対して損害賠償責任を負っていると考えられるときは、再生債務者は役員に対する損害賠償請求権の査定の申立て（民再143条）をしなければならない場合があります。

d 経営者交替の可能性

役員が法的責任を負わない場合であっても、経営破綻の原因を追及され、債権者等の協力を得るため、役員辞任等の経営責任を取らざるを得ない場合も考えられます。特に、スポンサー型では、従来の経営陣は残れない場合が多くなりますので、十分に説明し、納得してもらう必要があります。

3 その他注意すべき点

その他、弁護士は、弁護士法2条「法令及び法律事務に精通しなければならない」との規定を受けて、必要な法令の調査を怠ることなく（基本規程37条1項）、事実関係の調査に努めながら（基本規程37条2項）、依頼者の正当な利益を実現

すべく（基本規程21条）、受任事務を行うことが求められます。このような観点から、申立段階で注意すべき事項としては、以下のものがあります。

(1) 取引継続に向けた対応

一般に、再生手続を申し立てたとの情報が広がれば、「倒産会社」として取引を停止されるおそれがあります。その上、実際の稼働がストップすれば、まさに「破産会社」として扱われ、再生債務者の営業継続は困難な事態に陥ります。そのような事態を避けるべく、当面の原材料等を確保したり、仕入先への支払えたりできるよう、申立後開始決定前までの取引について共益債権化（民再120条）の準備を進める必要があります。

(2) 資金の確保

弁済禁止の保全処分により再生債権の弁済が止まるので、その分資金繰りに余裕が出ますが、反対に申立直後の取引は現金決済を要求され、資金繰りの圧迫要因となることに注意が必要です。

売掛金の入金時期にも注意が必要です。せっかくの売掛先からの入金が借入先金融機関になされれば、払出停止措置が取られ、相殺される危険性があります。このような場合、入金先を変更するか、再生申立後の入金として金融機関が相殺できないように工夫する必要があります。

(3) 申立直前の取引の回避

申立直前の発注・原材料購入はできるだけ避け、申立後に現金支払等により購入するようにする必要があります。再生債権故に弁済できない買掛金については、取引先から詐欺であるとの主張を受ける可能性もありますし、連鎖倒産を誘発してしまうおそれもあります。

(4) 債務免除益課税の検討

債務免除益については、再生債務者の資産の評価減や欠損金等を考慮して損益通算できる場合は問題ありませんが、それができない場合、課税への対応を検討しておく必要があります。

（平岩みゆき）

Q6 申立てと情報管理

Q 民事再生申立てを受任した後、申立て前に行う以下の行為につき、弁護士倫理上、どのような問題があるでしょうか。
① メインバンク・主要取引先等の債権者に対し、申立予定である旨の事前連絡をした。
② 取締役会招集通知に、議題として「民事再生申立ての件」と記載した。
③ 債権者説明会の会場予約のために、集会目的を施設管理者に伝えた。

回答 弁護士における秘密保持義務（弁23条、基本規程23条）は、民事再生申立ての前において特に重要です。いったん申立予定の情報が漏れ出ると、いわゆる取付け騒ぎが起こり、混乱の渦中で準備が不十分なまま民事再生の申立てを行う事態に陥り、一部の債権者の偏頗な回収行為によって手続の公平が損なわれるおそれもあります。

再生申立代理人は、債権者に対し、民事再生申立てを正式に行うまでは、原則としていかなる情報も漏らしてはならず、また、依頼者の同意を得てまで第三者に開示すべき情報は基本的にありません。その分、申立て直後は速やかに主要関係者に説明に回る必要がありますし、債権者説明会も情報開示の一環として行うことになります。

再生債務者及び申立代理人は、民事再生申立ての準備を行っていることを外部から推察できるような言動を控え、情報の漏洩を未然に防ぐべきです。

解説

1 情報管理の重要性

(1) 弁護士の守秘義務

　弁護士は、依頼者から受任した業務に関する情報を、有利不利を問わず包み隠さず伝えられてこそ、十分な弁護活動をすることができます。ところが、他人に知られたくない情報を弁護士が依頼者の同意なしに第三者に明らかにするようであれば、依頼者は安心して弁護士に伝えることができません。このようなことから、秘密保持は弁護士の職務にとって最も基本的な原則であり、広狭の差はあれども各国共通のものです（弁23条、基本規程23条）[1]。

　債務者が民事再生申立てを検討していることが、「秘密」に該当することは言うまでもありません。したがって、原則として申立ての予定を第三者に開示することは不可ですし、仮に特別な事情があって例外的に開示するとしても、守秘義務に反しないよう十分に注意する必要があります。

(2) 民事再生手続における情報管理の重要性と、外部に知られた場合の影響

　民事再生申立ての準備は、申立て前の混乱、資産の散逸、一部債権者による偏頗的な債権回収、インサイダー取引等を防止するためにも、極秘にかつ迅速に行わなければなりません。特に、申立て後の資金確保のために金融機関の預金が拘束されないようにすること、申立て後に売掛金等の回収が円滑に進むようにすることが必要です。

　依頼者たる債務者の承諾が得られたとしても、民事再生申立てを検討しているという事実が外部に漏れると、これを知った債権者等が、債務者の元へ押しかけ、取立てや商品の引上げなどを始めるおそれがあり、結果として、債務者財産を大きく毀損し、非常に深刻な問題に発展してしまいます。したがって、同意に基づく情報開示を例外的に行うとしても、それによる影響を慎重に見極

---

[1]　飯村佳夫ほか『弁護士倫理』（慈学社、2006年）76頁。

めた上で、情報を開示する対象者・内容・時期について十分に配慮しなければなりません。

2 民事再生申立てと関係者の協力

民事再生手続は、経営権および財産処分権を再生債務者の下に留めながら、再生債務者が自ら再生計画案を作成して事業の再生を図る手続です。民事再生手続による事業の再生には、次のような条件が必要です。

① 経営者に対する債権者の信頼

② 申立て後の資金繰りの確保

再生債権の弁済は禁止されますが、労働債権・公租公課・取引債権は支払う必要があります。この資金を営業活動から調達するのか、DIPファイナンスを受けるのか、スポンサーの援助を受けるのか、検討しておく必要があります。

③ 事業継続に必要な資産の確保

販売会社における営業店舗、メーカーにおける工場、ゴルフ場経営会社におけるゴルフ場等、事業継続のために必要な資産がなくては、再生はできません。従って、担保権者の協力・取引先の取引継続を要請することになります。

3 民事再生申立ての予定を関係者に事前に説明すべき場合（設問①）

前述のような再生手続の成功の条件となるような関係者に対しては、例外的に、事前説明が必要な場合も考えられます。

(1) メインバンク

民事再生法施行直後は、メインバンクへの事前通告のない民事再生申立てを原因とする再生債務者・メインバンク間のトラブル、再生計画案への反対も見られたようです[2]。たしかに、民事再生手続は担保権を拘束しないので、再生計画案の可決を得るという観点からも主要金融機関の協力は不可欠です。しかし、申立直後における預金の確保・相殺の回避はさらに大事です。メインバン

---

2 友田信男「申立ラッシュの民事再生法だが、銀行の神経を逆なでする「抜き打ち」申立て相次ぐ」銀行法務21・591号32頁。

ク等の主要金融機関に対しても、原則として事前の情報提供はせず、その代わり申立て後早い時期に報告を行うべきです。

例外的に、メインバンク等特定の金融機関との間で申立て後の資金融資等が相談されていたような場合には、依頼者たる再生債務者の同意の下に、申立て前に（直前に）相談または通知する必要がある場合も考えられますが、あくまでも例外的です。

(2) 主要取引先

再生債務者が営業活動を支障なく継続するためには、主要取引先の取引継続が必要です。しかし、事前に情報を開示すれば、商品の引上げなど債権回収が開始される危険が大きく、また一部の取引先だけに事前に情報を開示すれば他の取引先の不信感を招きます。よって、事前の通知は行うべきでありません。

(3) スポンサー候補

スポンサー候補の存在は、再生債務者の債権者・従業員にとって重要です。かつ、スポンサー候補にとっても民事再生申立てのタイミングは、自社の社内手続等の上で極めて重要です。したがって、プレパッケージの場合はもちろん、原則としてスポンサー候補とは、事前に相談のうえ申立てをします。

(4) 金融商品取引所

再生債務者の株式が上場されている場合、取引時間帯に申立ての報道がなされれば市場の混乱を招きます。金融商品取引所には、事前に申立ての予定時刻を通告して、対応可能な状況にしておかなければなりません。

他方、特定の株主に事前に申立ての事実を通知することは、当該株主のインサイダー取引を誘引することになるので、事前の通知は行ってはいけません。

4　事前説明の際の注意点

(1) 相殺禁止（民再93）・否認権（民再127）対象行為の防止

再生債務者から民事再生申立ての相談を受けたり、代理人から再生申立ての受任通知がなされたりした場合、当該債権者は、再生債務者の支払停止につき

悪意となります。

　再生債権者が支払停止後にその事実を知って再生債務者に対する債務を負担したときは、相殺することはできません（民再93条1項3号）。また再生債務者が支払停止後に行った再生債権者を害する行為は、相手方が支払停止の事実を知っていた場合には否認権行使の対象となります（民再127条1項2号）。

　再生債務者は、債権者に民事再生申立てに関する事前相談を行う場合には、一部債権者への偏頗行為の防止・相殺の可否についての注意が必要です。

(2)　インサイダー取引防止

　上場企業の場合、自社役員・債権者・取引先等の関係者によるインサイダー取引が起きないように、厳重に情報管理をすることが必要です。

5　情報漏洩の防止（設問②③）

　事業継続のためには、現場・従業員の混乱を防止するため秘密保持が必要です。スポンサー等に事前相談をする場合には、相手方にも秘密保持を求め、その前提で相談を行うことが不可欠です。

　この点、設問②であれば、民事再生の申立ては、取締役会設置会社（会2条7号）においては取締役会決議事項です（会362条2項1号）。その招集は、招集権者（原則として個々の取締役。同366条1項本文）が取締役・監査役への通知（口頭・書面いずれも可）によって行い（同368条1項）、招集通知は取締役会の日の1週間前に発することを要しますが（同368条1項。定款で短縮可能）、議題等を示す必要はなく、全員が同意すれば招集通知なしで開催できます（同368条2項）。したがって、民事再生の申立てにあたっては、情報漏洩を未然に防ぐべく、代表取締役その他一部の取締役の間でのみ申立ての準備を進め、取締役会は開催日時を申立予定日の朝方に設定した上で、全員の同意によって招集通知なしで同日時に開催し、同開催日時に初めて全取締役に議題を説明するのが通常です。招集通知に議題を「民事再生申立ての件」と記載して事前に通知するのは極めて危険であり、やってはいけません。

　また設問③であれば、申立て後速やかに債権者説明会を開催できるようにするために、会場の予約は申立て前に済ませる必要がありますが[3]、そこで会場の施設管理者に対し、使用目的について「××株式会社の債権者説明会の開催」

と伝えれば、××社が何らかの法的整理手続を採るであろうことが容易に漏れてしまうので御法度です。申立代理人名で予約をし、××社の名を明かさないようにするなど、情報漏れを防ぐ配慮が必要です。

（進士　肇）

3　東京地方裁判所破産再生部では、民事再生申立ての前に申立代理人が裁判所宛てにFAXする「再生事件連絡メモ（法人・個人兼用）」において、債務者主催の債権者説明会の予定（日時および場所）を記載する欄を設けています。『民事再生の手引』23頁。

Q7 申立て直後にするべきこと

Q 民事再生申立て直後の時期における申立代理人の以下の行為は、弁護士倫理上、問題がないでしょうか。
① 弁済禁止の保全処分に違反する再生債務者の弁済を放置した。
② 開始決定前の仕入れ等につき、共益債権化の承認申請を行なわなかった。
③ 申立て後速やかな時期に、申立人主催の債権者説明会の開催をしなかった。

回答 弁済禁止の保全処分に違反することは再生手続の廃止事由です。申立代理人はそのようなことがないように再生債務者をコントロールする職責がありますから、知りながら放置することは弁護士倫理上も許容されません。

開始決定前の仕入れ等は、事前に許可を得ることによって共益債権となります。事業の継続に欠くことのできないものが要件ですので、それについて承認申請をしないことは、当該債権者に不利益を与えるだけでなく、事業の継続にも支障を生じかねません。申立代理人の行為として問題のあるところです。

申立人主催の債権者説明会の開催は、再生手続について債権者の理解を得るために必要・有益なものであり、申立て後速やかに開催するのが通例です。申立代理人がなぜ債権者説明会を開催しないと判断したのかを検討する必要があります。

解　説

1　申立て直後にするべきこと

通常再生は申立てまでは密行的に準備を行い、申立てをして直ちに債権者等

にその旨の連絡を行うのが通常ですので、申立て直後には各種の問い合わせが殺到します。それに対する対応をはじめ、申立代理人が、自ら、あるいは、再生債務者に指示をして行わせることが必要なことは多数あります。本問では、その中でも特に重要なものを取り上げました。

2 保全命令違反（問題①）

　申立てをすると、通常、直ちに、弁済禁止の保全命令と監督命令が発令されます。申立てまでの段階で、申立代理人は再生債務者に対し、申立てと同時に一切の弁済をストップしなければならないことを十分に申し渡しているはずですが、うっかり、または申立代理人に隠して申立て後に弁済がされることがあります。

　保全命令違反は、手続廃止事由（民再193条1項1号）、計画不認可事由（民再174条2項1号）とされていますし、不誠実な申立てとして開始決定もされず申立てが棄却される（民再25条4号）可能性もありますから、絶対にしてはならないことです。

　申立代理人が保全命令違反の弁済を知りつつ放置することは、違法行為への加担であり、弁護士倫理上許されないことは明らかです。知りつつ放置するようなことはありえないと思われますので、実際上、申立代理人が留意すべきことは、申立て後には一切の弁済を止めるという指示を再生債務者の代表者だけでなく、支払担当部署にも徹底しておくこと、自動引落しなどのうっかり弁済がないように手配すること、もし、弁済されたことが判明すれば直ちに申立代理人に連絡することの周知です。

3 共益債権化の承認許可申請（問題②）

　申立て後開始決定までの間に発生した再生債権は開始決定前に許可が得られると共益債権となる（民再120条）ことを知らない申立代理人はいないと思われます。そのことを知らずに承認許可申請を行なわなかったというのであれば、論外です。この許可が得られず、再生債権とされてしまうことは、その債権者にとっての不利益に留まらず、事業継続に不可欠な債権者との取引継続が不可能となって、再生の頓挫につながることになります。

　もちろん、許可が得られるためには再生債務者の事業の継続に欠くことがで

きないという要件の充足が必要ですし、申立て前の債務発生原因行為による再生債権は対象外です（仕入れであれば申立て前の発注のものは対象外です）。また、許可申請の対象となる債権を特定することも、開始決定までという限られた期間内では容易ではありません。

　しかし、申立て後の仕入れや資金借入の実現のためには、最低限、共益債権化されることが必要ですし、共益債権となることを債権者に説明しているはずです。共益債権化の許可要件を充たすことへの障害を解決する工夫は、実務上、様々に行われています。申立代理人としては、そのような工夫を参考として許可申請を行うべきです。申立代理人が申立て後の行為による再生債権の発生を知りながら許可申請をしないまま開始決定に至ったとすれば、申立代理人としては、許可申請をしても許可を得ることができないという理由を説明する必要があると思われます。

4　債権者説明会の開催（問題③）

　民事再生法には、再生債務者が開催する債権者説明会は登場しませんが、民事再生規則61条は、再生債務者の業務および財産の状況または再生手続の進行について説明する債権者説明会を再生債務者が開催することができること、開催すればその結果を裁判所に報告すべきことを定めています。

　事前に準備して再生債務者の従業員に指示をしておいたとしても、申立ての直後に殺到する債権者からの問い合わせに個々に対応することは困難ですので、申立て後の1週間前後の頃に債権者説明会を開催し、それによって一応の落ち着きが得られるというのが多くの事案です。

　しかし、再生事件は、規模、債権者の数、債権の性質もさまざまです。ほとんどが担保付金融債権者という事案、消費者的な債権者が極めて多数存在する事案、少数で多額の債権者がほとんどを占めており個別の説明が不可欠であるがそれで足りるという事案などでは、債権者説明会の開催が適切ではないことがありうると思われます。

　そのような場合、申立て後のまもない時期に再生債務者主催の債権者説明会が開催されなかったということだけをもって、そうすることを指導した申立代理人に問題があるということはできません。

　むしろ、債権者説明会の開催という方式を取るか否かを問題とするのではな

く、債権者に対する説明を申立て後できるだけ速やかに行なうことが必要であることはどの事案でも同じですので、申立代理人がなすべきことをしているのか否かは、このような観点で評されるべきです。

　ただ、裁判所は、通常、申立てまもない時期に債権者説明会が開催され、そこに監督委員が同席して、そこでの債権者の反応がどうであったということの報告を受けることを想定していますので、債権者説明会を早期に開催しないことを選択した場合には、その事情と（債権者説明会によらずに把握した）債権者の意向について、申立代理人から監督委員および裁判所に報告することが望まれます。

（木内道祥）

Q8 再生手続開始決定後に生じた問題

Q 再生手続中に以下の問題が生じた場合、再生債務者代理人・監督委員はいかなる対応をすべきでしょうか。
① スポンサーとして選定した会社と再生債務者との取引につき、再生債務者が監督委員に同意申請をしたが、その取引条件がスポンサーに過度に有利であった。
② 財産評定において、再生債務者と監督委員との間で評価に著しい相違があった。
③ 再生手続中の経営状態の悪化により、再生計画案で提示できる弁済率は、開始決定時の清算価値を著しく下回ることとなった。

回答

1 設問①について

当該条件での取引を行うことが再生債務者の公平誠実義務（民再38条2項）に反し、債権者の一般の利益を害すると判断される場合は、監督委員としては直ちには同意せず取引条件の見直しを指導・助言すべきであり、債権者のために公平誠実に手続を遂行すべき再生債務者代理人（以下「代理人」といいます。）も、再生債務者に対し同様のアドバイスを行うべきです。

2 設問②について

財産評定の評価に合理性が認められないときは、監督委員は代理人を通じて再検討を指導・助言し、再生債務者側がこれに応じない場合は、再生計画案に対する意見書においてその旨の指摘を行うことになります。また、代理人も財産評定の意義・機能、公平誠実義務の観点から、恣意的な評価にならないよう再生債務者を指導・助言すべきものと解されます。

3 設問③について

清算価値の劣化が再生債務者による管理処分の失当など違法な原因によるものでない限り、再生債務者としては、劣化後の清算価値を前提とする再生計画案を作成するほかなく、その場合でも再生計画案の不認可事由（民再

174条2項4号）には該当しないものと解されます。また、監督委員としては、清算価値劣化の原因を調査した上、再生計画案に対する意見書においてその結果を記載し債権者に情報提供することになるでしょう。

解　説

1　はじめに

(1)　再生債務者の地位[1]

　再生手続は、経済的窮境に陥った債務者に対し、清算による即時換価を猶予して事業を再建するチャンスを与えるものであり、再生債務者が手続開始前と同様にその業務を遂行し、財産を管理処分する権能を有するのも（民再38条1項）、あくまでこうした再生手続を担う管理機関としてであって、再生債務者は、債権者に対して公平誠実にこれらの権能を行使し、再生手続を追行する義務を負っています（同条2項）。

(2)　代理人の役割等

　再生債務者がこのような地位にある以上、その代理人たる弁護士も、再生債務者にこのことを十分に説明して理解させた上、再生債務者を適時かつ適切に指導・監督し、再生手続を公平かつ誠実に遂行していかなければならないものと解されます[2]。この点、代理人と直接の委任関係にあるのは再生債務者であり、依頼者である再生債務者の利益実現に努めるべき受任弁護士としての立場[3]との関係が問題になりえますが、代理人は、前記のような公平誠実義務を負う再生債務者を代理して、債権者に対し公平かつ誠実に代理人としての職務を遂行すべきであるとするのが通説です[4]。

　とはいえ、実際の個別ケースにおいては、依頼者たる再生債務者固有の利益

1　『伊藤・破産民再二版』609頁以下、『新注釈民再（上）』181頁以下〔三森仁〕等。
2　『伊藤・破産民再二版』610頁。なお、かかる再生債務者代理人の責務の重要性を指摘する裁判例として、大阪地判平13.6.20（金法1641号40頁）。
3　弁護士職務基本規程21条等参照。
4　『新注釈民再（上）』195頁〔三森仁〕、『民再と弁護士Ｑ＆Ａ』1頁〔才口千晴〕等。

と、債権者に対して公平誠実義務を負う機関としての利益とが相反しうる場面も想定されるところであり、そうしたケースでは、代理人は、弁護士法および弁護士職務基本規程等の準則に照らして慎重な行動が求められます[5]。

(3) 監督委員の役割等[6]

再生手続は、再生債務者による自主再建型の手続であり、手続の円滑な進行に努める再生債務者の活動はできる限り尊重されなければならないとされていますが（民再規則1条3項）、再生債務者には債権者に対する公平誠実義務が課されていることは上述のとおりであり、監督委員は、再生債務者の自主性を尊重しつつ、手続の公正・透明性を確保して、再生手続に対する債権者の信頼を構築・維持するとともに、債権者の適切な判断に資するよう、再生計画案の適法性等に関する情報などを債権者に提供する職務を負っているといえます。この点、監督委員が再生債務者の自主的な手続遂行にどこまで関与すべきかについては、見解が分かれるところですが、事案の内容のほか、再生債務者および代理人弁護士の姿勢、経験、力量等によって関与の仕方も変わってくるものといわざるを得ず、一概に決めつけることはできないものと解されます。

なお、監督委員は裁判所の監督を受け（民再57条1項）、その職務の遂行に当たっては善管注意義務を負っています（民再60条1項）。

2 設問①について

上述のとおり、再生債務者は公平誠実に事業を遂行し、財産を管理処分する義務を負っていますから、一般の取引慣行に照らして不利な契約をし、その財産を毀損・減少等させることは許されません。取引相手がスポンサーであったとしても同様です。

監督委員としてもそのような取引については直ちに同意せず、代理人を通じ

---

5 両者の利益対立が重大で代理人の努力等によってもそれを解消できず、適正な業務遂行もできないような場合には、代理人を辞任すべきケースもあると解されます。なお、代理人と弁護士倫理の関係については、『新注釈民再（上）』196頁〔三森仁〕、『民再と弁護士Q＆A』1頁〔才口千晴〕・7頁〔成田清〕・19頁〔才口千晴〕等参照。
6 『通再120問』148頁〔出水順〕、『民事再生手続と監督委員』19頁以下・274頁以下、『民事再生の手引』55頁以下〔吉田真悟〕等参照。

て指導・助言したうえ再考を求めることになります。また、代理人も、同意申請を行う前に取引の内容等について吟味し、問題があると思われる場合は再生債務者と協議して指導を行うべきです[7]。

3 設問②について

(1) 財産評定の意義・機能

　民事再生法は、再生債務者に対し、再生債務者に属する一切の財産について再生手続開始時における価額を評定するよう求めています（民再124条1項）。この財産評定は、後述するように処分価格を基準として行われますが（民再規則56条1項）、それには、①再生債務者の財産状況の正確な把握、②再生債権者が再生計画案に同意するか否かの判断資料、③清算価値保障原則（民再174条2項4号）の充足性の判断資料、などの意義・機能があります[8]。

(2) 評価基準としての処分価格

　このように財産評定には様々な重要な機能が認められるところですが、その中でももっとも重要なものは、清算価値保障原則の充足性を判断するための資料としての機能といえます。すなわち、再生手続は、再生債務者が破産的清算に至った場合以上の弁済を再生債権者に対して行うことに1つの存在意義が認められ、民事再生法174条2項4号にいう「再生債権者の一般の利益」というのも、まさに再生債権者にこの清算価値以上の弁済を保障するという意味と解されています。

　かかる観点から、再生債務者の清算価値を算定するべく、財産評定は「財産を処分するものとして」行うものとされており（民再規則56条1項本文）、その具体的内容については、通常の市場価額に早期処分をすることによる減価を考慮したいわゆる早期処分価額とする説や、強制競売の方法による場合の価格（民

---

[7] なお、監督命令においては、同意事項から常務に属するものは除外されていることが多いと思われ（『民事再生の手引』57頁・[書式2－3－1]監督命令参照）、いかなる取引が常務に属するのかについて、監督委員と予め協議しておくことが望ましいといえます。
[8] そのほか、株主総会承認に代って裁判所が事業譲渡の許可を与える（民再43条）前提としての債務超過の判断や、担保権消滅許可の申立て（民再148条以下）における目的物の価額を定めるための1つの判断資料ともなります。

執58条2項後段参照）を基準にすべきとする説などに分かれています[9]。

(3) 代理人の対応

　財産評定は再生債務者の責任で行うことになりますが、実際の評価作業は、公認会計士や不動産鑑定士等の専門家を補助者として行うのが通常であろうと思われます。この点、再生債務者としては、清算価値保障原則をクリアし、再生計画案を策定しやすくするために、どうしても保守的な評価をする方向にインセンティブが働きがちですが、前述のとおり、財産評定は再生手続において各種の判断資料として重要な意義・機能を有しているのであり、再生債務者に課せられた公平誠実義務の観点からも、合理性を欠いた恣意的な評価は許されません。代理人としては、再生計画案の内容等も見据え一定の戦略をもって財産評定に臨む必要はありますが、恣意的な評価を行ってまで再生計画案を策定したところで、債権者の理解を得られなければ意味がありません。会計士などの専門家の協力を得ながら、合理性の認められる範囲内で、かつ債権者にきっちり説明できるか否かという視点を忘れてはならないでしょう。

(4) 監督委員の対応

　民事再生法上、再生債務者が提出した財産評定に対して、債権者や監督委員などが異議を述べることができる手続は用意されていません。裁判所は、必要と認められるときは評価人を選任して財産の評価を命じることができるということになっていますが（民再124条3項）、その結果が財産評定に反映されるという制度的な保障はありません。

　結局、監督委員としては、再生債務者が行った財産評定に合理性が認められないと判断されるときは、再生債務者に任意の訂正等を求めるしかなく、それでも再生債務者が適切な対応をしない場合は、再生計画案に対する意見書においてその点を指摘するしかないということになります。そして、適正な評価によれば清算価値保障原則が充たされていないと判断される場合は、それを前提とする再生計画案は再生債権者の一般の利益を害するものとして不認可になりうることになります（民再174条2項4号）。

---

[9]　詳細は『条解民再』644頁〔松下淳一〕、『新注釈民再（上）』688頁〔服部敬〕等参照。

3 設問③について

(1) 清算価値保障原則と清算価値の変動

既に述べたとおり、再生手続は、再生債権者に対して清算価値を保障する代わりに、経済的窮境に陥った再生債務者の破産的清算を猶予して事業再建のチャンスを与えるものであり、清算価値保障の原則が適用されます。

そして、この手続開始時の清算価値を算定するのが財産評定ということになりますが（民再124条1項）、開始後も事業を継続する再生債務者においてはその資産状況が変動するのが常であり、再生計画案の提出または認可の時までに清算価値が劣化し、あるいは高まることもありえます。特に、開始後、清算価値が劣化した場合に、再生債権者に対し、この劣化後の清算価値を保障すれば足りるのか、それとも、あくまで開始時の清算価値を保障すべきかについては諸説分かれており、①あくまで開始時の清算価値を基準として判断する、②認可決定時を基準とする、③原則として開始決定時を基準としつつも、認可決定時までに違法でない事由により清算価値が劣化した場合には、例外的に劣化した清算価値を基準とすることを許容する、④その時々の判断時における清算価値を基準とする、⑤いずれか低い方を基準とする、などの見解があります[10]。

この点、清算価値保障原則の趣旨からすると、原則として開始時における清算価値を保障する必要があると解すべきであり、また、そのように解しないと、再生債務者に清算価値を維持しようとするインセンティブが弱まり、モラルハザードを生むおそれも懸念されます。その一方で、清算価値が劣化する要因は経済環境の変動を含め様々であって、再生債務者の真摯な努力にもかかわらず、再生手続を申し立てたことでブランド力の低下や取引の中止、決済条件の変更などを余儀なくされ、結果として清算価値の劣化を招いてしまった場合にまで、常に劣化前の清算価値を上回る弁済をしないと不認可事由に該当すると考えるのも硬直に過ぎるといえます。したがって、基本的には前記③説が妥当と考えます[11]。

---

10 議論の詳細等については、中井康之「財産評定をめぐる2、3の問題－財産評定の評価基準と清算価値保障原則の基準時」事業再生と債権管理105号97頁、『新注釈民再（上）』690頁〔服部敬〕・『新注釈民再（下）』112頁〔須藤力〕等参照。

(2) 代理人の対応

ただし、清算価値評価の基準時について上記のいかなる見解をとろうとも、公平誠実に事業を遂行し、財産を管理処分すべき義務を負っている再生債務者（民再38条1・2項）としては、あくまで清算価値の維持・向上に努めるべきであり、代理人も、再生債務者の事業及び資金の状況を適切にチェックし、再生債務者の指導に努めなければなりません。そうした努力にもかかわらず、収益が悪化し資金流出が続く場合で、スポンサー支援も得られず、再生計画案の作成も困難と判断されるような場合などは、徒らに再生手続を続行するのではなく、監督委員や裁判所とも協議のうえ、事業の廃止も含めた厳しい決断を再生債務者に迫らざるを得ない場合もあると思われます[12]。

(3) 監督委員の対応

一方、監督委員としては、清算価値劣化の原因を調査することになりますが、もともと監督委員は、その職務として、再生債務者から提出される月次報告書等をもとに再生債務者の事業や資金の状況等をチェックしているはずです。その際、特に収益の下振れが続き資金も目減りしていっているような場合は、その原因について再生債務者から詳細に報告を受けるなどして把握しておくべきであり、その原因が季節的な要因や取引条件の変更などによる一時的なものなのか、あるいは構造的な要因による継続的なものなのか等を見極め、再生債務者の事業運営そのものに問題があるような場合は是正を求めるべきです。

また、いずれにしても、資金流出が続くような場合は、監督委員としても、代理人および裁判所とも協議しつつ、再生計画案作成の見込みなどを吟味して、このまま事業を継続するか廃止するかを含め、代理人を通じて厳しい決断を求めなければならない場合もあると思われます。

（中森　亘）

11　このように考えた場合、開始後、清算価値が上昇した場合にどのように考えるかが問題となりえますが、認可要件としての清算価値保障原則の充足という観点からはあくまで開始時の清算価値を基準にすることで足り、あとは再生債権者の判断に委ねるべきあると考えます。
12　『民事再生手続と監督委員』25頁参照。

Q9 申立代理人の職務と守秘義務、利益相反に関する留意事項

Q 再生債務者に否認対象行為および役員の損害賠償対象行為が存在することがわかりましたが、申立代理人として、裁判所や監督委員に報告しなければならないのでしょうか。また、申立代理人としては、役員に対する損害賠償請求について役員を代理することができるでしょうか。

回答 申立代理人としては、依頼者の意思に反して否認対象行為や役員の損害賠償対象行為の存在を裁判所や監督委員に報告すべき義務はなく、また開示すべきではないと（原則的には）考えますが、再生債務者の公平誠実義務の観点から、依頼者に対し上記事実を裁判所等に開示することを説得し、説得に応じない場合は辞任もやむを得ない場合もあるでしょう。

また、監督委員から説明を求められたときは、申立代理人としての説明義務を負っているところ、保全命令違反のような明白な違法事実については説明を拒絶できませんが、否認対象行為や損害賠償対象行為について本人の意思に反してまで説明すべき義務があるとまで解する必要はないでしょう。

申立代理人の立場にありながら、あるいはあった者が、役員に対する損害賠償請求についてその役員を代理することは弁護士法、弁護士職務基本規程から許されないと解すべきでしょう。

解　説

1　裁判所等への告知義務

(1)　125条報告書

民事再生法125条は、再生債務者は、再生手続開始後遅滞なく、再生債務者の業務および財産に関する経過および現状、法人である再生債務者の役員の財

産に対する保全処分または役員に対する損害賠償の査定の裁判を必要とする事情などを記載した報告書を裁判所に提出しなければならないと定めています。これにより、再生債務者自身は、自ら行った否認対象行為や損害賠償対象行為についても裁判所に報告する義務があることになります。このことは、手続開始前においては、自己の利益のために財産の管理処分権を行使することができる立場にあった再生債務者も、再生手続開始後は、公平誠実義務が課され、債権者のために業務遂行と財産管理等を行う手続機関として位置づけられる結果といえます（民再38条2項）。

では、申立代理人も、再生債務者と同様に、否認行為や役員の損害賠償義務について、本人の意思に反してまで裁判所に報告する義務を負うものでしょうか。この点については、申立代理人も手続開始後は手続機関としての再生債務者の代理人として申立代理人に報告義務があるとする見解があります[1]。これに対し、弁護士の秘密保持義務の観点から本人の意思に反してまでの報告義務はないとする見解もあります。しかし、弁護士が職務上知り得た秘密を保持する義務（弁23条、基本規程23条）は、弁護士として遵守すべき最も重要な原則であること、本人の意思に反して積極的に秘密を開示することは依頼者との信頼関係を破壊し、その後の再生手続の進行に支障が生ずることなどから、申立代理人としては、本人の意思に反して積極的に告知すべきではなく、開示について再生債務者を説得すべきであり、その説得ができない場合は申立代理人の辞任もやむを得ないと考えるのが相当であるとする有力な見解があります[2]。この問題は、民事再生法の重要な原則である再生債務者の公平誠実義務と弁護士の秘密保持義務のどちらにウエイトを掛けるかという極めて困難な問題でありますが、申立代理人となった弁護士としては、後者の見解を支持したいところです。

(2) 申立代理人の監督委員に対する報告義務

平成16年の民事再生法改正において、監督委員の調査に対し再生債務者の代理人にも直接の報告義務を課し（民再59条）、これに違反した場合の罰則も定

---

1 『伊藤・破産民再二版』611頁、『民事再生の手引』137頁〔古谷信吾〕。
2 『新・実務大系（21）』323頁〔小林信明〕。

められたことから（民再258条）、これをどう解するかという問題があります。

　この点については、弁護士業の存立に関する社会的信用の保護という観点から弁護士に訴訟上の証言拒絶権が認められている現行法上、弁護士である代理人には、秘密を守ることによる利益と説明によって得られる司法上の利益とを比較考慮し、前者が優越する場合は守秘義務を優先させ説明を拒絶しても正当業務行為ゆえに違法性がなく、具体的には、保全命令違反のような明白な違法行為ではない限り、説明を拒絶しても違法ではないとする見解が有力です[3]。この見解によっても、虚偽を述べることは許されませんし、保全命令違反のような明白な違法行為については説明を拒絶できないと解されます。ただ、設問の否認対象行為や役員の損害賠償対象行為などは、本人の意思に反してまでの説明義務はないと解されるでしょう。

(3)　申立てにあたっての留意点

　否認対象行為や役員の損害賠償対象行為について、申立代理人たる弁護士としては、依頼者の意思に反して裁判所に報告する義務はないとしても、依頼者である再生債務者は、民事再生法の定める公平誠実義務に反しており、そのような状態で弁護士としての職務を行うことには躊躇を覚えます。とはいえ、民事再生手続中に辞任することは、手続の迅速な進行を妨げるだけでなく、事業の再生自体を危ういものにしかねません。民事再生法は、再生債務者に対し、単に債務者としての地位だけでなく、債権者のために手続を遂行する機関としても位置付けるという他の法律には見られない構造となっています。申立代理人となる弁護士として、このような民事再生法の理念を十分理解し、申立て前に否認対象行為や損害賠償対象行為の有無について十分に調査をし、手続の途中でかかる事実が判明するような事態をできる限り防ぐとともに、依頼者に対し、民事再生法の定める再生債務者の公平誠実義務について理解させるとともに、否認対象行為や役員としての損害賠償対象行為が判明した場合には、これを裁判所に報告する義務があることを理解させる必要がありましょう。

---

[3]　山本和彦他編『Q&A民事再生法〔第2版〕』（有斐閣、2006年）119頁〔長谷川宅司〕。

2 役員に対する損害賠償請求において役員の代理人となることの是非

(1) 損害賠償請求の代理人である場合

　役員に対する損害賠償請求は、否認と異なり、管財人が選任されている場合を除き、再生債務者自身が当事者として役員に対し請求をなすことになります。したがって、申立代理人が自ら再生債務者の代理人として損害賠償の請求をする場合において、相手方たる役員の代理人になることは双方代理として許されません（民108条、弁25条1号、基本規程27条1号）。

(2) 損害賠償請求の代理人でない場合

　民事再生手続の申立代理人ではあるが、他の申立代理人が損害賠償請求事件における再生債務者の代理人となり、当該損害賠償請求事件については再生債務者の代理人となっていない場合、損害賠償の相手方たる役員の代理人になることはどうでしょうか。

　申立代理人は、役員に責任ありと考えるときは役員に対し損害賠償を請求すべき立場にあることを考えますと、申立代理人の職務には責任ある役員に対する損害賠償請求をなすことも含むと考えるべきで、したがって、役員の代理人となることは、双方代理であり許されません（民108条、弁25条1号、基本規程27条1号）。

　また、申立代理人の職務には役員に対する責任追及が含まれないと考えても、申立代理人は役員の責任を追及すべきかどうかについて再生債務者と協議をしているはずですから、弁護士法25条2号、弁護士職務基本規程27条2号の「相手方の協議を受けた事件で、その協議の程度及び方法が信頼関係に基づくと認められるもの」として、受任は許されないと考えられます。

　なお、弁護士法25条1号、2号はいずれも、依頼者が同意している場合にも例外なく受任を禁止しています。事案によっては、申立代理人がそのまま役員の代理人となることが再生手続にとって有益な場合（早期の解決が図れるなど）もありえると思いますが、このような場合にも受任は許されないと解すべきでしょう。

(3) 申立代理人を辞任した場合

　では、再生手続の申立代理人の地位を辞任した上で、役員の代理人になることは問題ないでしょうか。弁護士法25条1号、2号は、いずれも現に受任をしているか否かにかかわらない禁止規定ですから、申立代理人を辞任した後であっても結論は変りません。

(4) 弁護士としての留意点

　以上の通り、再生手続の申立代理人になった以上は、役員の損害賠償が問題となった場合、責任ある役員の代理人になることはできませんし、またこれに関して、役員からの相談を受けることもできなくなります。

　しかし、会社の顧問を務めていますと、会社だけでなく、役員の個人的な法律問題の相談を受けることも多く、そこまで至らなくても役員との個人的な関係から、責任を追及された役員から相談や損害賠償請求について代理人になってほしいとの依頼がされることは自然な成り行きともいえます。また、長年の関係から、役員の側の事情も相当程度知っている場合もあり、申立代理人となって役員の責任の調査を行うことが役員との関係で守秘義務に抵触することも考えられます。

　したがって、民事再生手続を申し立てるにあたって、役員の責任が問題となるような場合で、かつ役員の側に立って再生会社との争いまたは交渉をする可能性がある場合は、再生手続の申立代理人にはならないほうが無難と思われますが、仮に再生手続の申立代理人になる場合には、役員に対し、責任追及されても役員の側に立つことはできないことを申立前に説明し、その理解を得ておく必要がありましょう。また、役員の理解を得て申立代理人となった場合でも、役員の事情についての守秘義務には十分注意する必要があり、再生手続の公平な進行のためには、役員と利害のない申立代理人を加えておくことも検討すべきでしょう。

（長屋憲一）

Q10 申立代理人が手続に不慣れな場合

Q 申立代理人が手続に不慣れであること等の理由で、民事再生手続の円滑な遂行が阻害されている場合、他の関係者はいかなる行動をとるべきでしょうか。
① 再生債務者が、他の代理人の追加選任を希望している。
② 監督委員が申立代理人に対し、他の弁護士の追加選任を要請したい。
③ 監督委員が再生債務者に対し、申立代理人の問題点を告げたい。

回答 ① 申立代理人は、再生債務者の追加選任の希望について、正当な事由がない場合、これを妨げることはできません。
② 監督委員は、裁判所とも協議しながら、申立代理人に対し、追加選任を要請することが可能であると考えられます。
③ 監督委員が、申立代理人ではなく、直接再生債務者に、申立代理人が民事再生手続に不慣れであるため手続の円滑な遂行が阻害されていることを告げることには問題があり、原則として、これを避けるべきであろうと考えられます。

解　説

1　民事再生手続における再生債務者代理人の役割

(1)　民事再生手続における再生債務者の地位

　民事再生手続は、再生債務者が、再生手続開始決定後も、裁判所の監督の下で、業務を遂行し、財産に対する管理処分権を維持しながら再建をはかるいわゆるDIP型再建手続です（民再38条1項）。
　他方、再生債務者は、開始決定後には、債権者に対し、公平かつ誠実に業務

を遂行し、財産の管理を行う義務を負担します（民再38条2項）。つまり、再生債務者は、開始決定により、従来どおりの財産に対する管理処分権限は認められるものの、再生手続の機関として総債権者の利益を代表する性格が付与されることになります。したがって、再生債務者は、再生手続開始決定後は、手続の当事者である債務者としての地位と債権者のために公平誠実義務を負う手続機関としての地位の2つの地位を併せ持ちます[1]。

(2) 民事再生手続における再生債務者代理人の役割

再生債務者は、開始決定後に民事再生手続の機関として、債権調査（民再101条）、財産評定（民再124条）、再生計画案の策定（民再163条）、再生計画の遂行（民再186条）等の様々な義務を遂行することが必要ですが、実際には、再生債務者の代理人である弁護士が行うことが予定されています。

再生債務者の代理人として行動する弁護士と再生債務者との法律関係は、委任（民643条）、または準委任（民656条）であり、再生債務者に対して善管注意義務を負担するとともに、公平誠実義務を負う再生債務者の代理人として債権者に対して公平かつ誠実に代理人としての職務を遂行することになります[2]。

弁護士として職務に従事することになる以上、弁護士職務基本規程7条による研鑽義務があります。しかし、上述の二面性を併せ持つ再生債務者の地位を正確に理解し、かつ、法定の期限内に再生債務者の代理人として各手続を滞りなく遂行するには、代理人に経験と力量が要求されます。特に、再生債務者の事業規模が大きく、多数の利害関係人があり複雑な再生計画案を作成する必要がある案件では、再生債務者代理人に十分な力量が無いと、手続の遂行が困難です。ところが、必ずしも全ての弁護士にこれを期待できません。そのため、弁護士が民事再生手続に精通していないという申立代理人側の理由で、手続が遅延している場合がありえます[3]。

---

1 『新注釈民再（上）』188頁〔三森仁〕。
2 『新注釈民再（上）』195頁〔三森仁〕、四宮章夫ほか編『詳解民事再生法－理論と実務の交錯〔第2版〕』（民事法研究会、2009年）36頁〔高田裕成〕。
3 「パネルディスカッション　施行6年を経過した民事再生手続を振り返って」事業再生と債権管理115号22頁、23頁〔榎下義康発言・林圭介発言等〕。

2 民事再生手続における監督委員の役割

(1) 監督委員の法的地位と権限

裁判所は、再生手続の申立てがあった場合監督委員による監督を命ずる処分を行うことができます（民再54条1項）。実務上は、DIP型の手続を補完し、信頼性を高めるために、原則として申立直後から監督命令を発令し、監督委員を選任する取扱いがなされています[4]。

監督委員の職務内容は、民事再生法41条1項各号の裁判所の許可事項のうち、裁判所が同意権限を付与した事項（民再54条2項）を通じて再生債務者の行為を監督し、また調査権限（民再59条）により一般的な監督を行うというものです。

(2) 監督委員の監督権限の行使に関する見解

監督委員は、法制度上は任意機関でありかつ監督機関ですが、その権限の行使については、実務の運用上、様々な対応があるとされています。具体的には、申立代理人の再生事件への習熟度が低い事案などで、相当にパターナリステックな関与がなされています[5]。

東京地裁の裁判官の記載によると[6]「具体的には、再生債務者の粉飾決算や代表者の不正行為が認められる等事案自体に問題を抱えており、再生債権者が再生債務者に厳しい姿勢を有している場合や、再生債務者側の経験・力量が必ずしも十分ではなく、情報の開示や説明義務の履行も適切ではないといった場合には、適宜の方法で報告を求め、助言を行い、必要に応じて裁判所を交えた打合せを行なうなど、より積極的な姿勢で監督の程度を高めることが求められる」とされています。

他方、監督委員に選任されるのは弁護士であることから、弁護士職務基本規程第6章に規定する事件の相手方との関係における規律、同第9章に規定する他の弁護士との関係における規律に関する義務については、監督委員の職務履行であるだけで必ずしも全て解除されません。そのため、監督委員が、申立代

---

4 『新注釈民再（上）』310頁〔印藤弘二〕、四宮他編前掲注3・367頁〔村田典子〕。
5 『新注釈民再（上）』324頁〔石井教文〕。
6 『民事再生の手引』56頁〔吉田真悟〕。

理人の力量に疑問を感じ、いわゆる積極的監督委員[7]としてその権限を行使する場合でも、弁護士職務基本規程を考慮せざるを得ません。

3 再生債務者による他の弁護士の追加選任に対する対応

弁護士職務基本規程40条は、「弁護士は、受任している事件について、依頼者が他の弁護士又は弁護士法人に依頼をしようとするときは、正当な理由なく、これを妨げてはならない」と規定しています。これは、依頼者の事件の処理について、単独か複数の弁護士に依頼するのは自由であり、依頼者は弁護士を選任する権利を有するからであると説明されています[8]。

したがって、本問の場合のように、再生債務者自ら、申立代理人に対して、代理人の追加選任を希望する場合には原則としてこれを拒否できません。ただ、弁護士職務基本規程40条は「正当な理由なく」拒否することを禁止していますので、代理人の追加選任により、双方の代理人の見解が相違して迅速な事件処理が困難になるような場合には、そのことを再生債務者に告げることは必要です[9]。また、追加選任された弁護士との間で、意見の不一致が生じた場合はそれを再生債務者に伝えることが必要（基本規程41条）ですし、場合によっては信頼関係が喪失したとして辞任せざるをえない場合（基本規程43条）もあると考えられます。

4 監督委員が、申立代理人に対し、同人の問題点を指摘することの可否

(1) 申立代理人の善管注意義務

では、監督委員が、申立代理人に対して直接追加選任を要請することは可能でしょうか。

前述のように、申立代理人は、再生債務者に対して善管注意義務を負っています。仮に、申立代理人が民事再生手続を熟知せず、その結果、民事再生手続

---

[7] 『新注釈民再（上）』325頁〔石井教文〕、民事再生実務合同研究会編『民事再生手続と監督委員』（商事法務、2008年）45頁以下。
[8] 『解説基本規程〔第2版〕』107頁。
[9] 『解説基本規程〔第2版〕』107頁。

が円滑に進まないという事態が生じると、最終的には手続違背となって民事再生手続そのものが廃止され（民再193条1項各号）、また民事再生計画が提出されない場合も同様に廃止となります（民再191条）。このような場合、監督委員は申立代理人に対して調査することができます（民再59条1項2号)[10]。

調査の結果、申立代理人に問題があるということが判明した場合には、裁判所に報告した上で（民再57条）、申立代理人に対して追加選任を要請することが可能であると考えられます。

この場合、弁護士職務基本規程上は、71条の弁護士に対する不利益行為や、72条の不当介入が問題となる可能性があります。しかし、71条は「信義に反して不利益を陥れる」ことを禁止しているところ、この「信義」は、不利益を受けた弁護士の主観的な信義ではなく、自由、独立、品位を重んじ誠実かつ公正に職務を行うべき弁護士職として要求される客観的な信義であると解されています[11]。また、監督委員から、追加選任を要請された結果、再生債務者から依頼を受けた別の申立代理人は、その受任の経緯からして「不当に介入」（基本規程72条）に該当しないことは明らかです[12]。

(2) 管理命令の可能性

監督委員から、申立代理人に対して、追加選任を要請したにも拘わらず、申立代理人の追加選任がなされず、その結果、円滑な手続の進行が阻害され続けている場合には、どのようにすべきでしょうか。

仮に、再生債務者が法人であれば、監督委員は、民事再生法64条1項の管理命令申立ての利害関係人には含まれませんが、裁判所に対する報告を通じて、裁判所の職権発動を促すことで、実質的には管理命令の発令を申し立てることができます[13]。

管理命令を発令するためには、裁判所は再生債務者を審尋する必要がありますので（民再64条3項）、その場で、再生債務者および申立代理人に対し、申立代理人の追加選任の要請を、裁判所を通じて行うことも可能です[14]。

---

10 『新注釈民再（上）』343頁〔石井教文〕。
11 『解説基本規程〔第2版〕』169頁。
12 『解説基本規程〔第2版〕』170頁。
13 『新注釈民再（上）』360頁〔籠池信宏〕。

5 監督委員が、直接、再生債務者に対し、申立代理人の問題点を指摘することの可否

(1) 監督委員の監督にあたっての立場

　最終的に経営責任を負っているのは再生債務者であり、監督委員は、再生債務者の事業内容について、裁判所の補助機関として同意権限と調査権限によって監督しています。したがって、いわゆる積極的監督委員として行動するとしても、再生債務者の独自の判断は尊重せざるをえません。

(2) 監督委員が直接再生債務者に申立代理人の問題を告げることの問題点

　この観点から、監督委員が直接再生債務者に申立代理人の問題点を告げることが可能でしょうか。

　申立代理人は、再生債務者と協議の上で、その委任を受けて民事再生手続を申立て、その結果として監督委員が選任されるものです。したがって、監督委員が、直接、再生債務者に対して、申立代理人の民事再生手続遂行能力に問題があること伝えるということは、再生債務者の手続選択それ自体について疑問を呈することになります。このような、手続選択上の問題点を指摘せざるをえない監督委員の対応は、裁判所の補助機関としての性格を有する監督委員の公平さを疑わせることに繋がり、避けることが必要であろうと考えられます。

　これに関係すると思われる弁護士職務基本規程は、事件の相手方本人と直接交渉を行うことを禁止（基本規程52条）、他の弁護士との関係では名誉の尊重（同70条）、弁護士に対する不利益行為の禁止（同71条）などであると考えられます。対立当事者構造を前提としたと考えられるこれらの条項が直ちに監督委員と再生債務者本人や申立代理人との関係に適用されるかは疑問が残ります。しかし、監督委員は、再生債務者からも再生債権者からも一定の距離をおいた中立的な

14　日本民事訴訟法学会『民事訴訟雑誌59』（2013年）「大阪地裁第6民事部（倒産部）の民事再生事件における監督委員の積極的監督および管理命令の運用」261頁〔中本敏嗣〕では、「事案によっては、裁判所から倒産事件処理経験が豊富な弁護士との共同受任を促す」としています。

監督機関である以上、裁判所の直接的な指示があり、弁護士職務基本規程52条の「正当な理由」があると考えられる例外的な場合以外は、再生債務者本人に対して問題点を指摘することは、やはり問題があるといわざるを得ません。

(黒木和彰)

Q11 再生手続の税務

> **Q** 再生計画案の立案の際に、特に税務上注意すべき点は何でしょうか。

> **回答** 再生計画では、再生債権者の債権を一部免除することにより、再生債務者の事業を再建させていくという手続です。そのため、この再生計画を立案するためには、債務免除益に対する課税の問題を十分に検討しながら、再生計画を立案しなければなりません。

解　説

1　民事再生手続での再生計画の位置付け

　民事再生手続は、経済的に窮境にある債務者について、その債権者の多数の同意を得、かつ、裁判所の認可を受けた再生計画を定めること等により、当該債務者とその債権者との間の民事上の権利関係を適切に調整し、もって当該債務者の事業又は経済生活の再生を図るもの（民再1条）です。

　ですから、再生計画の立案とその成立は、この民事再生手続の最終目的ということになります。そのため、再生計画の立案においては、形式的に必要的記載事項（民再154条1項・2項）と任意的記載事項（民再154条2項・3項）を記載するというだけではなく、再生計画の認可後、この計画が履行されるか否かについても十分に検討して立案することが必要です。その中で、再生債権の権利変更（民再154条1項1号）の結果生じる免除益課税について検討することが必要であることは当然です。もし、この免除益に対する課税問題についての検討が不十分であったため、再生計画の履行が困難、または不可能になるということが生じると、再生債務者の代理人の責任が問題となります。弁護士職務基本規程7条では、「弁護士は、教養を深め、法令及び法律事務に精通するため、研鑽に努める」とされており、同37条1項では、「弁護士は、事件の処理に当たり、必要な法令の調査を怠ってはならない」とされています。ですから、日

常業務で、税務について精通していないとしても、再生計画立案時に当然検討すべき免除益課税について検討を怠ったことが原因で、免除益に対する課税処分がなされた場合には、弁護士職務基本規程に違反し、懲戒処分の対象となることも十分考えられます。

2 債務免除に伴う免除益課税

(1) 再生債権の権利変更（民再154条1項1号、155条・156条）

　再生計画案では、再生債権について、全部または一部の権利変更を定めることが必要であり、その具体的な方法については、民事再生法155条・156条で定められています。これは、再生債権者間の平等を定め、かつ、債務の減免等の権利の変更の一般的基準を定めることを要求するものです。

　再生債務者は、支払不能の生じるおそれ、あるいは債務超過に陥っているわけですから、再生計画においては、再生債権の権利変更として、債務免除を定めることになります。再生債務者にとっては、債務免除を受けることで、事業の再建を図ることになりますので、債務免除をどの程度受けるかということが再生計画の立案においてその中心となります。

(2) 債務免除益に対する課税

　ところが、問題は、再生債権者から債務免除を受けると、それは法人税法上の益金となり、再生債務者の益金課税を発生させることになることです。したがって、再生計画で大幅な再生債権の債務免除を受けると、それに比例して法人税等の税金のキャッシュアウトが大きくなり、資金繰り上の問題が生じ、再生計画の履行が困難となり、場合によっては履行が不可能となります。

　したがって、この債務免除益に対する課税をどのように回避していくかを、再生計画立案に際しては検討しなければなりません。

3 債務免除益の計上に関して検討すべき事項

　平成17年度税制改正における法人税法の改正により、企業再生関係税制が整備されています。さらに、平成23年度の税制改正で、法人税率引下げに対する財源確保のために、繰越欠損金控除の制限措置が手当てされています。このよ

うに、法人税法は、頻繁に改正されていますので、申立代理人だけでは十分な検討が困難な場合があります。そのため、公認会計士や税理士の協力をもとめておくことが必要です。

以下は、再生計画立案に際して想定される債務免除益を発生させないために考えられる損金として検討されるべき事項となります。その上で、損金が不足する場合には、債務免除益の効力の発生時期を後日とするに調整する、あるいは、事業譲渡や会社分割手法を利用することを検討することが必要です。

(1) 損金算入

再生手続だけではなく、通常の会社でも損金算入が可能なものは、①繰越欠損金（青色欠損金）、②当期における不要資産を除去・処分したことによる損失計上、③回収不能の金銭債権を放棄することによる貸倒損失計上があります。また、④仮装経理（粉飾決算等）の修正に伴う損金計上も検討可能な場合があります。

次に、民事再生の場合の特則として、⑤資産の評価損（法税33条）、⑥期限切れ欠損金による損金計上（法税59条）があります。ただ、⑤資産の評価損を計上する場合には、旧法扱い（法税33条2項）により、青色欠損金から先に利用するか、新法扱い（法税33条4項）により評価益も計上するかといった差違が生じます。この詳細は、公認会計士や税理士と綿密な協議が必要です[1]。

(2) 債務免除益発生の時期

債務免除益については、事業年度毎に検討する必要があります。そして、免除の時期は、原則として再生計画認可決定確定時に発生しますので、当該事業年度に免除益が発生することになります。そのため、当該年度に上記の損金により免除益による益金課税を発生させないように検討する必要があります。

仮に、再生計画認可決定時に一挙に免除益を発生させると、免除益課税が発生するという場合には、①事業年度毎に免除を複数回に分けて計上する方法や、②再生計画の履行終了時に一挙に免除益を発生させるということを検討する必

---

[1] 木内道祥監修『民事再生実践マニュアル』（青林書院、2010年）253頁、事業再生研究機構税務問題委員会編『事業再生における税務・会計Q&A〔増補改訂版〕』（商事法務、2011年）428頁。

要があります。しかし、①の方法については、再生債権者、とりわけ金融機関との間で十分な協議を行っておくことが必要です。また、②については、履行終了時に免除益課税が発生することなることや、そもそもそのような計画が課税逃れとして否認される可能性もあります。このような計画を立案する場合には、そのような問題点を十分に検討することが必要です[2]。

(3) 事業譲渡や会社分割

再生会社の事業を譲渡したり、あるいは会社分割を行ったりすることで、再生会社を清算するといういわゆる第二会社方式により、再生会社を清算しながら債務免除を受けるという方法があります。

平成22年までは、解散会社について残余財産が発生した場合だけ課税するという清算所得課税が適用されていました（平成22年9月30日以前の解散会社まで）。そこで、以前は、債務超過会社について、債務免除益による課税を回避するために、このような第二会社方式が選択されていたのです。

平成22年の税制改正により、清算所得課税が廃止され、平成22年10月以降に解散する会社についても申告所得課税が適用されることになります。その結果、債務免除を超える税務上の損金や欠損金がない場合には、債務免除益課税が発生する可能性があります[3]。

4　債務免除益課税に対する検討を怠った場合の問題

以上のように、民事再生手続において、課税問題は避けてとおれません。申立代理人は、会計専門家からのアドバイスを受けながら、再生債務者の税務について十分に検討した再生計画を立案する必要があります。

もし、再生申立代理人が、この検討を怠り、課税当局と深刻な紛争を惹起して、最終的に再生計画の履行ができなくなった場合、その申立代理人について、再生債務者や再生債権者との間で、トラブルが発生することになります。さらに、1で述べたように、弁護士職務基本規程上の問題が生じることになります。

（黒木和彰）

2　高木新二郎・伊藤眞編集代表『講座　倒産の法システム第4巻』（日本評論社、2006年）82頁。
3　春田泰徳他著『Q&A事業再生ハンドブック』（清文社、2012年）279頁。

Q12 再生計画認可決定確定後の申立代理人の職責

Q 再生計画認可決定が確定しました。申立代理人としてのその後の職責は何でしょうか。
認可決定の確定後、再生債務者の業績が悪化しており、再生計画の履行が困難な見通しとなった場合、申立代理人としてどのような対応をすべきでしょうか。

回答 申立代理人は、再生計画認可決定確定後も、監督委員の同意の取り付けや、監督委員への報告、あるいは再生計画の履行についての再生債務者への指導・助言等において、引き続き関与していくことが期待されています。
申立代理人は、再生計画の履行が極めて困難な見通しとなった場合には、再生計画の変更、弁済条件変更の個別合意、再生手続の廃止を検討するなどすべきですし、再生手続廃止決定にあたっては、保全管理人に対して適切な引き継ぎを行うなどすべきです。

解 説

1 問題の所在

再生計画の認可決定が確定すれば、再生債務者は再生計画の遂行義務を負うことになり（民再186条1項）、業務遂行権および財産管理処分権を有する（民再38条1項）だけでなく、債権者に対し、公平かつ誠実に、それらの権利を行使し、再生手続を追行する義務を負います（民再38条2項）。
この点、申立代理人は事案に精通している上、再生債務者との間で十分な信頼関係を既に構築できているのが普通です。そのような申立代理人が再生計画の履行段階にも引き続き関与することは、上に述べた再生債務者の義務を全うさせ、手続の円滑な進行を実現する上で大いに役立つこととなります。そのため、申立代理人には、再生計画の履行段階においても関与を継続することが期

待されています。

　もっとも、このような期待と、受任弁護士（申立代理人）が依頼者（再生債務者）に対して負っている、正当な利益の実現（基本規程21条）、意思の尊重（同22条）、秘密保持（同23条）等の義務とは、特に再生債務者の業績が悪化した場合などには衝突することもあるので注意が必要です。

　なお、依頼者である再生債務者との内部的な関係での申立代理人（再生債務者代理人）の職務の範囲は、締結された委任契約の内容に左右されますが、債権者らとの対外的な関係で申立代理人に期待されている公平・誠実な手続の追行に関与すべき地位は、このような内部的な委任の範囲の如何によって縮小・限定されるものではないと考えられます。

2　再生計画認可決定後に申立代理人が関与すべき職務

(1)　監督委員が選任されている場合

a　関与すべき職務
① 　監督委員からの同意の取りつけ、監督委員への報告

　監督委員が選任されている場合、監督委員が再生債務者の再生計画の遂行を監督します（民再186条2項）。

　監督命令で、再生債務者の一定の行為について監督委員の同意（民再54条2項）や報告（民再規22条）が必要とされることがあり、これらの多くは再生計画認可決定と同時に解除されますが、重要な行為については引き続き同意が必要とされます。また、監督委員には、再生債務者の業務および財産の状況について報告を求め、再生債務者の帳簿等を検査する権限（民再59条1項）があるので、再生債務者には報告等の義務があります。

　再生債務者は、監督委員との関係で、再生計画の遂行において、このように同意を得たり報告をしたりする必要がありますが、その際、申立代理人としては、手続の円滑な進行に資するよう、監督委員への同意・報告に関与していくことになります。

② 　再生計画の履行にあたっての指導・助言

　再生債務者は、速やかに再生計画を遂行しなければならないとされています（民再186条1項）。

申立代理人は、必要に応じて再生債務者から再生計画の履行について相談を受けたり、再生債務者に履行を促したりするなど、再生計画の履行に関して適切な指導・助言をして、円滑な履行の確保をはかっていくべきです。
　③　弁済条件変更の個別合意、再生計画の変更・再生手続の廃止の申立て
　申立代理人が指導・助言等を続けていたとしても、当初予測していなかった事情などにより、再生計画の履行が困難となることもあり得ます。そのような事態に陥ることが見込まれる場合には、申立代理人としては、可及的速やかに、後述するような、弁済条件変更の交渉、再生計画の変更や再生手続の廃止の申立てに関与していくことが要請されます。
　b　職務の終期
　監督委員が選任されていれば、再生計画が遂行されていなくても、認可決定確定から3年の経過により再生手続は終結することになります（民再188条2項）。そのため、終結後も再生計画に基づく弁済が継続することも少なくありませんが、再生計画の履行を怠った場合には、再生計画が取り消され、破産手続に移行する可能性があります（民再189条1項2号、250条）。
　このことから、監督委員の同意・報告（前述aの①）の必要はなくなるものの、弁済に関わるもの（②③）については生じる可能性が依然としてあるので、終結後であっても、履行の終了までは、申立代理人が引き続き関与していくべきです。

(2) 監督委員が選任されていない場合

　監督委員が選任されていない場合、管財人も選任されていなければ、再生手続は再生計画認可決定の確定により終結します（民再188条1項）。
　この場合、債務の履行（前述の②③）については、監督委員が選任されている場合と比較して、より一層、申立代理人の関与の必要性が高く、再生債権者も関与を強く期待しているのが普通です。
　このことから、弁済に関わる②③については、申立代理人としては、終結後であっても、履行の終了までは、より積極的に関与を継続していくべきです。

(3) 報　酬

　このように、再生計画認可決定の確定後も申立代理人が関与すべき職務があ

ることから、このような職務について、従前からの顧問契約や申立てにあたっての委任契約等を継続するなどして報酬を受け取ることもできます。

　もっとも、認可決定後には、申立代理人の業務量は従前と比較して減少することが多いと考えられます。そのため、金額の多寡は事案によって異なるためここで具体的な金額を示すことはできませんが、現実の業務量に見合った報酬にすべきでしょう。例えば、再生計画認可決定直後には、再生債務者への十分な指導・助言が必要なので、ある程度の報酬を受け取るとしても、履行が回数を重ねて再生計画の遂行がルーティンとなった段階では、報酬額を引き下げるなどの柔軟な対応も必要と考えられます。

　当然のことながら、申立代理人に対する報酬が再生計画の履行の支障となるようでは本末転倒なので、そのようなことにならないよう注意が必要です。

3　再生計画の履行が困難な見通しとなった場合

(1)　状況の把握

　再生計画の認可決定後、監督委員への報告や再生債務者への指導・助言などの過程で、申立代理人としては、再生計画の遂行が困難になるかもしれないと予測できる事態に至ることがあります。この場合、再生計画の遂行の見込みもないのに、そのような事態を放置すれば、再生債務者の財産が不当に流出・減少することになってしまいます。

　また、再生計画が履行できなければ、再生債権者は、強制執行（民再180条3項）をしたり、担保権が設定されていればそれを実行したりして、再生債務者にとって事態がますます悪化することもあり得ます。

　申立代理人としては、弁済期の直前になってはじめて資金不足の相談を受けて慌てることのないよう、再生債務者との信頼関係維持や、特に経済的状況の把握を平時から行っておくことが重要であることはいうまでもありません。たとえば、再生債務者と顧問契約を締結して再生計画の履行にあたっての指導・助言を行っていく中で、再生債務者から何らかの相談があってはじめて事情聴取するのではなく、申立代理人のほうから積極的に再生債務者から定期的な報告を徴するなどの関与の仕方が望まれます。その場合、普通は、再生計画の認可決定直後よりも、ある程度期間が経過したあとのほうが、再生債務者に当初

予測していなかった事情が生じて影響を受けている可能性が高いと考えられますので、申立代理人としては、再生計画の履行が回数を重ねるごとに、より一層慎重を期すべきです（先に述べたように顧問契約の報酬額を引き下げるとしても、このことにも配慮すべきです）。

そして、申立代理人としては、再生債務者その他関係者から事情を聴取するなどして、事態が一時的なものかどうかや、履行がどの程度困難なのかといったことを見極めた上で、状況に応じて、次のような措置を速やかに取るべきでしょう。

(2) 取るべき措置

a 弁済条件変更の個別合意

再生債権者との間で、弁済条件について、個別に合意をして変更する方法です。この場合、偏頗弁済や債権者平等の侵害と評価されないように配慮する必要があります。

再生債権者からの合意を得るに当たっては、再生債務者の資金繰りの状況など一定の情報を対外的に開示することが必要となるのが普通です。その場合、申立代理人としては、依頼者である再生債務者との関係で負っている、正当な利益の実現（基本規程21条）、意思の尊重（同22条）、秘密保持（同23条）等の義務を遵守すべきことは言うまでもありません。

b 再生計画変更の申立て（民再187条1項）

景気の悪化など、やむを得ない事由で再生計画の履行が困難となった場合に、再生計画の変更を申し立てる方法です。

申立代理人としては、依頼者である再生債務者との間で負っている義務にも十分配慮しつつ、資金繰りの状況等を明らかにするなどして、新たな再生計画を策定していくことになります。

なお、この申立ては再生手続の終了前に限るので、再生手続終結後に再生計画を債権者に不利に変更するには、aの個別合意によることになります。

c 再生手続廃止の申立て（民再194条）

再生計画が遂行される見込みがないことが明らかになった場合に、再生手続の廃止を申し立てるという方法です。

申立代理人としては、資産の流出・劣化を阻止し、関係者の損害拡大を防止

する上で、再生手続の廃止を申し立てることが適切であることについて、依頼者である再生債務者に十分説明をし、再生債務者との信頼関係の維持を図ることが必要です。

　そして、申立代理人には、再生手続廃止決定にあたって、保全管理人に対して適切な引き継ぎをし、保全期間中に再生債務者の財産や帳簿類等が隠匿・散逸されたり、偏頗弁済がなされたりしないよう配慮することが強く期待されています。

（髙橋和宏）

Q13 監督委員の職務に関する留意事項

> **Q** 監督委員はどのような職責を負い、その職務を遂行するにあたり、どのような点に注意すべきでしょうか。

> **回答** 監督委員には、民事再生法および民事再生規則に定められた職責ならびに裁判所の命ずる事項についての報告の職務があります。これらの職務を遂行する上で、善管注意義務を負担し、この義務を怠った場合には、利害関係人に対して、損害賠償の義務を負担しますが、その義務の内容は、限られた権限の中での監督機関にすぎないことから、破産管財人等とは同列には考えられない面があります。また、監督委員には、収賄罪等の特別の罰則の適用があります。

解説

1 法定および裁判所の指定による職務事項

監督委員は、民事再生手続の各段階に応じて、指定事項についての同意(民再54条2項)、財産・業務の調査・検査(同59条)、再生計画の履行監督(同186条2項)、手続終結決定の申立(同188条2項)、手続廃止の申立て(同193条1項、同194条1項)等、多様な職務を行うことが、民事再生法および民事再生規則で規定されています。

また、民事再生法125条3項により再生債務者の業務および財産の管理状況、その他裁判所の命ずる事項についての報告の職務があり、一般的には、再生手続開始にあたっての棄却事由の存否、再生計画案の不認可事由の存否、廃止事由が発生した際の廃止の妥当性等について意見を述べることや、再生計画の履行状況に関する報告が、裁判所から求められています。

2 職務執行上の善管注意義務と義務違反の効果

監督委員が、これらの職責を果たす上で、善管注意義務を負担し、その義務

に違反したときには、利害関係人に対して、損害賠償義務を負担することになります（民再60条）。監督委員として要求される法律的知識や一般的な経営上の識見を前提として、職務行為の性質内容、当該事件の具体的状況を勘案して、義務を果たしたかどうか判断されます。再生債務者の業務や財産調査を怠った場合や前述の報告事項を怠ったり、虚偽の報告をしたりした場合、再生債務者の営業上の秘密を不当に外部に漏洩したような場合がこれに該当します。

　監督委員としては、財産、業務の調査検査権限を背景に、普段から、申立代理人や再生債務者の関係者と連絡を密にし、月次報告書を点検し、再生債務者の現況や問題点をリアルタイムで把握していく努力が基本的には必要です。そうしたベースの上に立って、個別的な判断事項に関して、納得できない点があれば、資料の追加や説明を求めていくことも必要です。手続の経過の中で、債権者の反対や関係者間の意見の対立等が顕著にある事件では、債権者等からも事情を聴取し、指摘された問題点に対して再生債務者側にも説明を求め、その報告を受けた上で、最終的な判断や意見をまとめるという慎重さが実務的には要求されるものと思われます。

　しかしながら、監査委員は、限られた時間の中で、判断や意見を求められることが多く、判断資料等も再生債務者を通じて入手する等、経営や財産状況を的確に把握するには限界があります。また、民事再生手続では、従前通り経営者がそのまま経営を行うことを前提に、監督委員は監督機関として位置付けられ、再生債務者の業務遂行上の経営判断や裁量は尊重すべきであり（民再規1条3項においても、「再生手続においては、その円滑な進行に努める再生債務者の活動は、できる限り、尊重されなければならない。」と規定されています。）、その裁量が合理的なものであることが確認できれば、監督委員として善管注意義務に問われることはないものと解され、破産管財人等の善管注意義務と同様には考えられない面があります。

　また、再生債務者に対する債権や株式その他の出資持分の監督委員による譲渡、譲受けは、職務の公正さに疑義を生じさせるもので、これらの行為には裁判所の許可を要し、許可を得ないでしたときは、報酬、費用の支払を受ける事が出来ないとされています（民再61条）。

3　代表的な職務の遂行上の注意点

(1)　手続開始要件における監督委員の調査

　まず、監督委員として選任されて最初の重要な職務が、開始決定にあたっての申立棄却事由の存否（民再25条各号）の調査です。調査の手法としては、申立書や添付書類の検討、不明点の求説明、債権者説明会への参加による債権者の反応の確認（場合により、例えば大口債権者からの意向聴取）、事業所訪問による従業員の士気確認等があります。

　債権者が手続開始に反対をしているような場合、債権者の反対が直ちに「再生計画案の可決の見込み」がないことに直結するわけではなく、要件としても「見込みがあること」が積極的な要件として要求されているわけではなく、「見込みがないことが明らか」な場合が消極的な棄却要件となっているため、このような場合は、直ちに、不相当とする意見を表明することにはなりません。ただし、事業継続上必要な事業所等に担保権を有している債権者が反対をしていたり、債権者が破産申立てをしたりしている等の場合は、再生債務者に具体的な対応の説明を求める等特に慎重な判断が必要とされます。

　資金繰りが手続遂行中出来るかどうかも重要なポイントであり、形式上資金繰表ができていてもその資金繰表をチェックし、売上見込が現実的なものかどうか（根拠もなく、従前の売上げ実績やそれに近い数字を計上していないか）、主要取引先の協力が得られるのかどうか、社内の混乱がなく営業活動の継続が可能かどうか等の実質的な検討も必要となってきます。

(2)　指定事項についての事項

　重要な財産の処分に関しては、裁判所から要同意事項とされていますが、監査委員としては、その価格の妥当性のチェックが中心となり、裏付けとなる資料（鑑定書、査定書）や相見積もりの有無、買受人決定の過程が適正か等が判断のポイントとなりますが、前述の通り、業務遂行上の再生債務者の裁量に不合理な点がなければ、尊重することになります。不動産の売却等で早期処分を前提としている場合に、通常価格より減価したとしてもやむを得ないものと判断される場合も十分にありうるものと思われます。

また、財産に担保権設定がなされていたり、リース物件であったりすることがありますが、これらの権利関係の確認は、財産の管理処分権限をもつ再生債務者ないしその代理人が行う責任があるものの、誤って売却等の処分が行われないよう、同意申請に対して注意喚起の必要な場面もあるものと考えられます。

(3) 再生計画案に対する調査報告

　再生計画案の付議決定にあたって、民事再生法169条１項３号所定の事由の有無について、監督委員に意見書の提出を命じ、付議決定とともに、監督委員作成の意見書（ないしその概要）の写しを債権者に送付する実務運用がなされております。債権者にとって、再生計画案による権利変更の内容や弁済計画の履行可能性は、賛否を判断する上での関心事であり、監督委員の意見書が賛否に与える事実上の影響力は大きく、客観的で公正な判断が要求されます。

　例えば、自力再生型の再生計画案では、長期に亘る分割弁済という内容になることが多く、その履行可能性に関して、どのような判断をなすべきか難しい問題があります。監督委員は経営に関与しているわけでもなく、事業に関する情報も限定されておりますが、債権者の理解が得られる程度の合理的な事業計画が立てられているのかどうか、という観点から検討することになります。申立て前と比べて、どのように事業の再構築を行ったのか、損益状況がどの程度改善したのか、とりわけ経費削減対策がどのようになされたのか、将来の売上げ予想に無理はないのか（申立て後の売上実績と大きく乖離していないかどうか）、等の観点から検討し、不明な点は追加的な資料の提供を求めヒアリングを行うことになります。こうした検討をしても、将来予測には、不確定要素が多く入り、強力なスポンサーが付くなどの例外的な場合を除いて、積極的に「見込みがある」と判断出来る場合は、少ないのが実情ではないでしょうか。明らかに不当な内容であれば、見込みがないとして不相当の意見を表明することになりますが、そうでなければ、監査委員としては、「見込みがないわけではない」ということで２号に該当しないと判断した上で、検討経過の中で、賛否の判断をするのに有益な情報を再生債権者に提供するということになります。

　このほか、債務免除益の問題が検討されているか、債権者平等原則に違反していないか、清算価値保障原則をクリアしているか等の検討も行ない、疑義があれば、さらに説明や資料の提出を求めることが必要となってきます。

4　監督委員の職務に関する裁判例

　刊行物等を見る限りでは、監督委員の責任や損害賠償義務が直接問題となった裁判例あるいは懲戒事例は見当たりません。

　ただし、再生債務者の事業譲渡に関する再生裁判所の代替許可が、抗告審で取り消された例（①日本コーリン事件：東京高決平16.6.17金法1719号51頁）、認可された再生計画に対する抗告審で再生計画が取り消された例（②鹿島の杜C.C事件：東京高決平16.7.23金法1727号84頁）、中断中の詐害行為取消訴訟を監督委員が受継しないで作成された再生計画が、再生債権者の一般の利益に反するとされた例（③東京高決平15.7.25金法1688号37頁）があります。いずれの事件についても、監督委員の判断の適否について、問題視する判示部分があります。

(1)　①事件

　①の事件で抗告審は、代替許可は、株主から再生による利益の享受の機会を決定的に奪う可能性が大きいことを理由に、原則として、営業譲渡をしないと当該事業が遅かれ早かれ廃業に追い込まれるような事情がある場合や資産的価値が著しく減少する可能性がある場合に限られるとした上で、監督委員や原審が、特にこの点に言及して判断していない点を問題視しています。

(2)　②事件

　②の事件で抗告審は、一般債権者（金融機関がその主たるもの）とゴルフ場の継続会員との間に返済率の差を大きく設定したことにつき、債権者平等の原則に反するとしたもので、監督委員がその点につき意見書の中で、金融機関には貸手責任があり、被害者であるというべき会員債権者との間で相応の範囲で劣後的取扱いをすることは不当でない、と述べた点につき、「会員債権者が被害者で一般債権者が加害者であるという見方も法的に合理性を持つ論理と認定判断されるものとは到底いえず、（一般債権者の背後に）預金者や納税者がいることを忘れた短絡的議論であるという誹りを免れない」と厳しく指摘しています。

(3)　③事件

　③の事件は、親族が経営する関連会社に対する債務免除行為を詐害行為とし

て取り消すことを求める訴えの係属中に、民事再生の申立てがなされ、監督委員が、相手会社が破綻する可能性が高く、最終的に回収可能性が極めて低いことから、弁済可能原資として評価すべきでないとし、訴訟を受継しないと判断し、再生計画も受継しないことを前提に作成され、認可決定に至ったケースです。これに対して、抗告審は、仮差押えもしているので弁済原資となる可能性があり、受継しないで債権回収を怠ることは再生債権者の利益に反する行為であり、「信認上の義務違反」となり、裁判所もこの観点から、監督委員を指導監督すべきとしています。受継をした上で、訴訟解決時の追加弁済を再生計画に盛り込むこと等が必要であると考えられます。

(4) 監督委員の職務

倒産法の分野では、法解釈に関し一定の法創造的な機能が関係者によってなされ、さまざまな面で実務運用として定着してきているということもあり、監督委員もその役割の一端を担うことになりますが、その判断にあたっては、これらの裁判例のように難しい一面があります。

5 職務に関する刑事上の責任

また、監督委員については、民事再生法により、特別背任罪（民再257条）、収賄罪（民再261条）の特別の規定の適用を受けます。収賄については、単純収賄罪と不正の請託を受けた場合の加重収賄罪の2類型があります。社交儀礼としての贈答であっても、有力な反対説はありますが、職務との対価関係があれば、賄賂に該当するというのが判例です。賄賂罪の成否にかかわらず、監督委員として、その職務執行の公正を疑われるような行為を厳に慎むべきことは、言うまでもありません。

（池田伸之）

第4章

個人再生

Q1 手続選択

Q
① 大口債権者が再生計画案に反対する可能性がありますが、その意向を確認せずに小規模個人再生の申立てをしてもよいのでしょうか。
② 特定の債権者（親族や友人）を除外して個人再生の申立てをしてもよいのでしょうか。

回答
① 大口債権者（議決権の過半数を有する債権者）が反対する可能性が高い場合、申立て前にその意向を確認し、折衝するのが望ましいと考えます。弁済条件で折り合えず、大口債権者の不同意が確実な場合には、給与所得者等再生などの他の手続を検討すべきでしょう。
② 特定の債権者が除外されていることを知りながら債権者一覧表を提出することは、慎重に考えるべきでしょう。また、特定の債権者を除外して個人再生の申立てをした場合、再生債務者の不利益になることがあります。仮に再生債務者から要請があったとしても、民事再生法上の公平誠実義務および弁護士職務基本規程における信義誠実義務等の観点から注意深い対応が必要でしょう。

解説

1 大口債権者がいる場合の対応

(1) 小規模個人再生事件における可決要件と実際

　小規模個人再生において再生計画が認可されるには、その前提として再生計画案が可決されることが必要です（民再231条1項）。そのためには、再生計画案に対する不同意の議決権者が議決権者総数の半数に満たず、かつ、その議決権の額が議決権者の議決権の総額の2分の1を超えないことが必要です（民再230条6項）。

現実的には、付議された再生計画案に対し不同意を表明する再生債権者はほとんどいません。そのため通常の場合は、事前に再生債権者と協議をしなくても再生計画案は可決されます。

しかし、大口債権者（議決権の過半数を有する債権者をいうものとします。以下同じ）の不同意により再生計画案が否決されることが稀にあります。

金融機関や金融業者の中で不同意意見を出すことの多い者は特定の者です。それらの者以外で不同意を表明することがあるのは、通常は、再生債務者との個人的な関係により貸付をした者や申立てに至る経過において再生債務者との間で何らかの確執があった者です。

(2) 受任の際の説明

弁護士は、事件の受任にあたり、依頼者に事件の見通しを説明する必要があります（基本規程29条1項）。この観点から、小規模個人再生の申立てを受任する弁護士としては、依頼者に対する説明にあたり、再生債権者の顔ぶれと債権額に応じ、大口債権者の不同意による否決の可能性についても注意を払うべきでしょう。特に、大口債権者が存在し、その意向が不明の場合や、その大口債権者が他の個人再生事件でしばしば不同意をしていることが明らかな場合には、再生計画案が否決される可能性が相応にあることを説明するのが望ましいと考えます。その大口債権者の動向を知るために、全倒ネット・メーリングリストや日弁連の消費者問題メーリングリスト（cam）などであらかじめ確認してみることも考えられます[1]。

このような場合に、安易に、再生計画の可決認可を請け負うようなことは厳に慎むべきですし（基本規程29条2項）、ましてや大口債権者が他の個人再生事件においても頻繁に不同意をしていることが明らかな場合には、そのことを説明せずに事件を受任することは適切ではありません（基本規程29条3項参照）。

(3) 対応策の検討

弁護士は、依頼者の権利および正当な利益を実現するように努める責務を負っています（基本規程21条。ただし、努力目標（同82条））。したがって、小規

---

1 『個再100問』17頁〔佐藤昌巳〕。

模個人再生の申立てを受任する場合には、再生計画が可決されるよう努力をすべきです。もし可決の可能性がないことが事前に分かっているのなら、給与所得者等再生等の別の手続に切り替えられないか検討するのがよいでしょう（なお、小規模個人再生を申し立てた後に給与所得者等再生に移行することはできません）。可決の可能性がないのに小規模個人再生の申立てをすれば、依頼者に無駄な出費をさせたり、あるいは債権者を必要以上に待たせたりすることを強いることになるからです。

　前記のとおり、大口債権者が存在する場合はその意向によって再生計画の可決・否決が左右されますから、小規模個人再生の申立てをする場合には、申立て前にその意向を確認するかどうか十分検討すべきと考えます。

　もし、大口債権者が存在し、その者が他の個人再生事件でしばしば不同意をしていることがわかった場合には、事前にその意向を確認し、同意してもらえるよう折衝するのが望ましいと考えます[2]。大口債権者と折衝し、履行可能な範囲の弁済条件で折り合える場合には、それに従った再生計画案を提出することを前提に、小規模個人再生の申立てをすることになるでしょう。弁済条件で折り合えず、大口債権者の不同意が確実である場合には、小規模個人再生手続以外の手続を選択すべきでしょう。例えば給与所得者等再生であれば、議決の手続がありませんから、大口債権者の意向にかかわらず再生計画認可に至る可能性があります。

　大口債権者が存在するとしても、その者が不同意をすることを伺わせるような事情がない場合、事前に意向を確認するかどうか考えどころです。事前に意向を確認することによって、弁済条件が吊り上がる可能性もあるからです。このような場合には、依頼者とよく協議し、事前に意向を確認する場合のリスク、確認しない場合のリスクをそれぞれ説明し、方針を決定すべきでしょう。

2　特定債権者の手続からの除外

(1)　債権者一覧表の提出義務

　個人再生の申立てをする場合、債権者一覧表を提出することが義務付けられ

---

[2]　『個再100問』17頁〔佐藤昌巳〕。

ています（民再221条3項、244条）。債権者一覧表には、再生債権者の氏名または名称ならびに各再生債権の額および原因を記載することになっています（民再221条3項1号）。したがって、特定の債権者を債権者一覧表から除外することはできません[3]。

(2) 手続外で特定の債権者に弁済することの問題点

特定の債権者に対し支払不能後に弁済を継続していた場合、もし破産手続が開始されれば否認対象となります。そのような場合に個人再生の申立てをしたときは、申立てが棄却されることがあります[4]。個人再生の申立てが破産による否認権行使を回避するという不当な目的でなされたものという評価を受ける可能性があるからです。また、再生計画における最低弁済額を決めるために清算価値を算定する際、破産手続において否認権行使をしていたならば回復されるであろう偏頗弁済の額を上乗せする必要が生じます。そのため、再生債務者としては、特定の債権者への弁済分も含めて、弁済総額が増額する可能性がありますし、その結果再生計画の履行可能性に影響が出る可能性もあります[5]。

開始決定後にも手続から除外した特定の債権者への弁済を継続していた場合、民事再生法85条1項に違反するものとして、弁済自体が無効となります。また、その弁済は民事再生法174条2項1号の不認可事由に該当する可能性があります。さらに191条1号の再生手続廃止事由に該当する可能性もあります。

(3) 特定の債権者を手続から除外し、無視した場合の問題点

特定の債権者を手続から除外したことにより、当該債権者が個人再生手続の進行を知らず、債権届出をしなかったとしても、当該債権は免責されるわけではありません。当該債権者の債権は再生計画に定められた基準に従って権利変更されますが（民再232条2項、244条）、その分は手続の対象となった再生債権に対する弁済額に上乗せとなり、当該債権を手続の対象としていた場合に比べ再生債務者の弁済総額が増えることがあります。

この場合は、再生債権者がその責めに帰することができない事由によって債

---

3 『個人再生の手引』100頁〔石井芳明〕。
4 『個人再生の手引』102頁〔下田敦史〕。
5 『個人再生の手引』102頁〔下田敦史〕。

権届出期間内に届出をすることができなかった場合（民再232条3項ただし書き、244条）に当たるので、劣後的扱いは認められず、弁済の時期は再生計画の定めのとおりとなります。そのため、再生計画の履行に多大な悪影響を及ぼすことになります。

(4) 弁護士倫理上の問題点

弁護士は、裁判の公正および適正手続の実現に努める義務を負い（基本規程74条）、虚偽の陳述をそそのかし、または虚偽と知りながらその証拠を提出してはならない（基本規程75条）とされています。この趣旨を踏まえれば、特定の債権者が除外されていることを知りながら、債権者一覧表を提出することは慎重に考えるべきでしょう。

前記のとおり、特定の債権者を除外することは、再生債務者の不利益となる場合があります。弁護士は、依頼者の権利および正当な利益を実現するように努める責務を負っています（基本規程21条）。依頼者である再生債務者にこの不利益の説明をしないまま特定の債権者を除外した場合には、依頼者に思わぬ不利益を与えることがあります。

依頼者から要請があった場合にも、特定の債権者を手続から除外することは問題があります。

民事再生手続において再生債務者は公平誠実義務を負っています（民再38条2項）。その申立代理人もまた、公平誠実義務を負う再生債務者の代理人として公平かつ誠実に代理人としての職務を遂行しなければならないと考えられます[6]。特定の債権者を手続きから除外することが不公平であることは明らかであり、これが申立代理人の公平誠実義務に反することも明らかです。

弁護士倫理の観点から見ても、弁護士は、信義に従い、誠実かつ公正に職務を行う義務を負っていますので（基本規程5条）、特定の債権者を手続から除外することについては、慎重な検討が必要でしょう。また、弁護士は、依頼の目的または事件処理の方法が明らかに不当な事件を受任してはならないこととされていますから（基本規程31条）、依頼者が特定の債権者の除外を要請した場合、注意深い対応が必要でしょう。

（髙木裕康）

---

[6] 『新注釈民再（上）』195頁〔三森仁〕。

Q2 個人再生における最低弁済額

Q 個人再生における最低弁済額は、再生債権額の2割で、これを3年で弁済すればよいと理解していますが、これでよいのでしょうか。
　給与所得者等再生の方が手続は簡単なように思えますが、手続選択にあたり、最低弁済額について注意すべき点はありますか。

回答　その理解では不十分です。個人再生においては、最低弁済額について、ご指摘の①再生債権額の基準だけでなく（この基準も、再生債権額により額と割合が異なります）、②清算価値保障原則、給与所得者等再生においては、小規模個人再生における①と②に加え、③可処分所得2年分の基準もありますので、その中で最も高い基準を上回る弁済が必要となります。この点を考慮しておかないと、思いがけず最低弁済額が高額となる場合があり、見通しを誤りかねませんので、注意が必要です。

　また、給与所得者等再生は、再生計画案に対する再生債権者の決議の手続がない（意見聴取のみ）ことから手続が簡単と思われているのかもしれませんが、前述のとおり最低弁済額に③可処分所得2年分の基準もあり、実際上、この可処分所得が高額になる場合が多く、注意が必要です。

　なお、手続選択にあたっては、小規模個人再生における再生計画案に対する再生債権者の不同意が少ないという実情もありますが、大口債権者が存在する場合はその動向に注意します。

解　説

1　最低弁済額についての正確な理解が必要

　個人再生においては、問題にあるとおり、再生債権額の2割を3年で弁済すればよいと理解されている向きがあります。

例えば、再生債権の総額が600万円の場合、その２割の120万円を３年で分割弁済するとすれば、１か月あたり３万3334円になると考えるわけですが、小規模個人再生の場合で、清算価値が150万円ある場合には、①再生債権額の基準（120万円）と②清算価値保障原則（150万円）を比較して、高い方の150万円が最低弁済額になり、これを３年で分割弁済する場合は、１か月あたり４万1667円となります。

　また、給与所得者等再生では、小規模個人再生における①と②に加え、③可処分所得２年分の基準もありますので、仮にこれが200万円とすると、最も高い200万円が最低弁済額となり、これを３年で分割弁済する場合は、１か月あたり５万5556円、最長の５年で分割弁済する場合は、１か月あたり３万3334円となります。

　このように、最低弁済額についての定めを理解していないと、再生債務者の負担すべき弁済額が大きく増額する場合があり、場合によっては、履行可能性が厳しくなってくる事態にも陥りかねません。

　したがって、次に説明するとおり、正確な理解が必要となります。

２　最低弁済額の定め方

　個人再生における最低弁済額の定め方は、小規模個人再生の場合は、①再生債権額基準と②清算価値保障原則のいずれか多い額となり、給与所得者等再生では、①と②に加え、③可処分所得２年分の基準の最も多い額となります。

(1)　再生債権額基準

　再生計画の不認可要件として、再生債権額基準があり（民再231条２項３号・４号）、次のとおり、５段階の基準となっています。

　再生債権の債権調査後の無異議債権および評価済債権（いわゆる無担保の再生債権。住宅資金特別条項を定める場合には、住宅資金貸付債権は含まれません）を対象とします。以下の基準の説明では、住宅資金特別条項を定める場合か住宅資金貸付債権がない場合を前提にします。

①　基準債権が100万円未満の場合　　基準債権の総額
②　基準債権が100万円以上500万円以下の場合　　100万円
③　基準債権が500万円超1500万円以下の場合　　基準債権の５分の１（20％）

④　基準債権が1500万円超3000万円以下の場合　300万円
⑤　基準債権が3000万円超5000万円以下の場合　10分の1（10%）

(2) 清算価値保障原則

　清算価値保障原則とは、再生債務者が破産した場合に、一般の破産債権者となるべき再生債権者に、どのくらいの配当が可能となるか評価し、その評価額である清算価値を上回る弁済を行うべきとする原則です。「再生債権者の一般の利益に反するとき」（民再230条2項、174条2項4号、231条1項、241条2項2号）との表現が清算価値保障原則とされます。通常の再生手続における原則と同様です。

　個人再生においては、再生債務者は実際には破産しませんので、破産の場合のように財産を換価するのではなく、財産評定（民再124条）により財産を「評価」することで算定します。基本的には、破産の場合の各財産の評価方法に準じていますので、各地の裁判所における評価方法を確認しながら清算価値を算定します（清算価値保障原則の算定で問題となる点については、**第4章Q5・Q6を参照**）。

　前述の再生債権額基準との関係で、多くの事案では、再生債権額基準の方が多くなるでしょうから、その場合は特段清算価値の算定が問題となることはありませんが、清算価値の方が多くなる場合には、その算定方法が問題となってきますので、注意が必要です。

(3) 可処分所得2年分の基準

　給与所得者等再生においては、再生計画案の決議を省略する代わりに、法定された可処分所得の2年分を弁済することを要することになっています（民再241条2項7号）。この可処分所得は、債務者の収入から生活保護レベルの最低生活費のみを控除して算出されますので、債務者は、生活を切り詰めて、相当に厳しい弁済を行うことが想定されています[1]。

1　『始関・一問一答個再』42頁参照。

3 給与所得者等再生を選択する際の注意点

(1) 可処分所得2年分は高額になる傾向

　前述のように、可処分所得の計算は、実際の家計収支における支出を前提とした計算をするものではなく、生活保護レベルを前提としていますので、どうしても高額になる傾向にあります。

　なお、小規模個人再生を選択する場合であっても、念のため可処分所得算出シートで確認しておいた方がよいでしょう。

(2) サラリーマンでも小規模個人再生が可能

　サラリーマン等の給与所得者については、給与所得者等再生を選択すべきと考えられているように思われますが、圧倒的に小規模個人再生が選択されています。

　この点、立法時には、再生計画案に対する議決の不要な給与所得者等再生が選択されるであろうと考えられていましたが、実際には、小規模個人再生において不同意とする債権者が少なかったこと、前述のとおり給与所得者等再生における可処分所得2年分の基準が高額となってしまう事案が多かったことから、両者の比率は逆転しています（近年では、小規模個人再生：給与所得者等再生の比率は、9割強：1割弱となっています）。

　そのため、最初から小規模個人再生で申し立てる場合が多くなりましたが、給与所得者等再生で申し立てていた場合でも、再生手続開始決定前であれば、小規模個人再生に移行することは可能ですから（逆に、小規模個人再生で申し立てていた場合、さらに特則である給与所得者等再生に移行することはできません）、申立代理人としては、総合的に考慮した上で、給与所得者等再生から小規模個人再生への移行の上申を行うことになります。

　なお、この点、給与所得者等再生の手続開始決定があった後には、小規模個人再生に移行することはできませんので、注意が必要です。

(3) 大口債権者の動向に注意

　ただ、前述のように最低弁済額を低くすることだけを重視して小規模個人再

生を選択することには注意が必要です。具体的には、給与所得者等再生が申立て可能な再生債務者で、2分の1を超える大口債権者が反対しているのに（または態度を明らかにしていないのに）、小規模個人再生で申し立てた場合、当該債権者が不同意の回答をすることで、再生手続が廃止されるリスクがあります（民再230条6項、237条）。債権者の不同意には理由は不要ですので、不合理な不同意であるとしても、再生手続は必要的廃止となってしまいます（大口債権者が反対する可能性がある場合につき、詳細は**第4章Q1参照**）。

この点、個人再生では、牽連破産はしない運用ですので、再度、給与所得者等再生の申立てをすることでクリアすることになりますが、費用と時間を無駄にすることになりますので、注意すべきでしょう。

4　弁護士倫理上の留意点

個人再生を選択する際の実際上の問題としては、最低弁済額がいくらになるか（これが事実上の最高弁済額となっている実情があります）、再生計画案が債権者に反対されずに裁判所の認可が受けられるかの見通しを誤らないようにすることにあります。

申立代理人としては、事件の受任にあたり、依頼者である債務者に対し、事件の見通しを説明する必要がありますので（基本規程29条1項）、事件の処理にあたり必要な法令の調査を怠らないようにし（基本規程37条1項）、必要かつ可能な事実関係の調査を行うように努め（同条2項）、最低弁済額の算定においても、例えば清算価値の算定方法に問題がある場合には最低弁済額が増額する可能性があること（場合によっては履行可能性の判断に大きな影響を与えかねないことも）や大口債権者の動向によっては手続選択に影響することを積極的に説明するようにした方がよいでしょう（基本規程36条参照）。

（野村剛司）

Q3 開始決定までの対応

Q
① 個人再生の申立てをしたところ、裁判所から追完指示がありました。当然開始決定がなされるべきと考え、特に対応していませんが、よいのでしょうか。
② 租税債権の滞納をそのままにしてありますが、よいのでしょうか。
③ マンション管理費を滞納しているのですが、住宅資金特別条項を定めることはできるのでしょうか。

回答
① 裁判所の追完の指示に対し、追完の要否を争っているというのであれば格別、正当な理由もなく、追完を怠ることは適切ではないと考えます。それにより申立棄却となることもあり得ますし、開始決定がなされるとしても時間を空費してしまうこともあり得ます。
② 租税債権は一般優先債権ですから、これを納付する目処を立てないと、申立棄却となったり、再生計画不認可となったりします。住宅に対する滞納処分がある場合には、そのままでは住宅資金特別条項を定めた再生計画案は認可されません。そのため滞納処分があるままでは、住宅資金特別条項を予定した申立ては認可の見込みがないものとして棄却される可能性あります。これらのことを事前に依頼者に説明し、対策を協議するのがよいでしょう。
③ マンション管理費は先取特権のある債権であり、民事再生法53条1項に規定する「担保権」に該当します。これがあるままでは、住宅資金特別条項を定めた再生計画の認可を受けることはできません。そのため、住宅資金特別条項を予定した申立ては、認可の見込みがないものとして棄却される可能性もあります。このことを事前に依頼者に説明し、対策を協議するのがよいでしょう。

解　説

1 裁判所の追完指示に対する対応

　裁判所は、再生手続開始の申立てをした者またはしようとする者に対し、再生手続開始の申立書よび添付書面等のほか、再生債権および再生債務者の財産の状況に関する資料その他再生手続の円滑な進行を図るために必要な資料の提出を求めることができることとされています（民事再生規則14条の2、135条）。裁判所からの追完指示は、同条の権限に基づきなされているものと考えられます。その場合に、追完することの要否を争っているというのであれば格別、何らの正当な理由もなく、多忙等の理由で対応していないのであれば、怠慢との誹りを受けてもやむを得ません。

　個人再生の申立人が裁判所からの追完指示に応じないことそのものは、申立棄却事由（民再25条）ではありませんが、裁判所からの追完指示があったということは、それまでに提出した書類等だけでは、開始の可否や再生計画認可の可否を決定するについて、何らかの不足があるからと考えられます。仮に申立代理人が再生手続開始決定及び再生計画認可決定を得るに支障のない事案と考えていても、問題点に気が付いていないだけのことかもしれません。そのため、追完指示に対し対応しないままにしておいた場合、申立てが棄却されるかもしれません。また開始決定がなされるとしても、余計な時間がかかってしまうかもしれません。さらには開始した後に、不認可事由が判明することもあり得ます。開始前に追完していれば、その時点で不認可事由があることが判明しており、無駄な手続をしないで済んでいたということもあるかもしれません。

　弁護士は、事件を受任したときは、速やかに着手し、遅滞なく処理する義務を負っています（基本規程35条）。また、弁護士は、怠慢によりまたは不当な目的のため、裁判手続を遅延させてはならないとされています（基本規程76条）。裁判所からの追完指示に対する対応が遅れたために、前記のような事態となり事件の進行が遅れたとしたら、その遅れは弁護士の責任と言わざるを得ません。また、弁護士は、良心に従い、依頼者の権利および正当な利益を実現するように努める義務を負っていますから（基本規程21条）、裁判所からの追完指示に対する対応が遅れたために申立棄却となるようなことは避けるべきでしょう。

2　租税債権の滞納

(1)　租税債権の民事再生法上の扱い

租税債権は、一般の優先権ある債権（民再122条1項）ですから、再生手続によらないで、随時弁済することとされています（民再122条2項）。弁済禁止ともなりませんし、権利変更の対象ともなりません。

(2)　租税債権の滞納がある場合の扱い

そのため、再生計画の履行可能性を判断するにあたっては、再生債権のほか租税債権の滞納分をも弁済できるかを考慮する必要があります。租税債権につきすでに納期限が到来している場合には、原則的には租税債権をただちに支払い、かつ再生債権を再生計画のとおり履行できるかを判断することになると考えられます。再生債務者が租税債権を一括納付することが難しい場合、再生計画認可を得るには、再生債務者は課税庁と協議し、分割納付につき事実上の合意を取り付ける必要があります。

(3)　住宅に滞納処分がある場合の扱い

住宅について滞納処分がなされている場合には、住宅資金特別条項を定めた再生計画案は不認可となります。滞納処分は再生手続開始決定や再生計画認可決定の影響を受けず、中止等されませんので、そのままでは住宅が公売になってしまう可能性が高く、そうなると結局再生債務者は住宅の所有権を失ってしまいます。そのため、原則的に「再生計画が遂行可能であると認めることができないとき」（民再202条1項2号）または「再生債務者が住宅の所有権又は住宅の用に供されている土地を住宅の所有のために使用する権利を失うこととなると見込まれるとき」（同項3号）に該当します。住宅資金特別条項を定めた再生計画案の提出を予定した個人再生の申立てがされた場合、住宅につき滞納処分がなされたままでは認可を受けられる見込みはありませんから、申立棄却事由となります（民再25条3号）[1]。

1　『個人再生の手引』358頁〔下田敦史〕。

したがって、住宅資金特別条項を定めた再生計画の認可を受けるには、租税債権をまず完済するか、課税庁と分割納付に関する協議を成立させるかし、かつこれらを裁判所や個人再生委員に示す必要があります。課税庁と分割納付についての協議が成立した場合には、実務的には、課税庁に提出した誓約書、協議申入書、分割弁済計画書を添付した上申書が提出されるなどされているようです[2]。

(4) 弁護士倫理上の問題

　弁護士は、教養を深め、法令および法律事務に精通するため、研鑽に努めることとされ（基本規程7条）、事件の処理にあたり、必要な法令の調査を怠らず（基本規程37条1項）、かつ必要かつ可能な事実関係の調査を行うように努めることとされています（基本規程37条2項）。この観点からも、個人再生の申立てを受任する弁護士としては、事件の受任にあたり、租税債権の滞納の有無を確認し、また、その民事再生法上の扱いや対応策の検討について意を用いるべきでしょう。また、弁護士としては、事件の受任に当り、依頼者に事件の見通しを説明する必要がありますから（基本規程29条1項）、租税債権の滞納に対し分割納付の協議をする必要性やそれができない場合認可を受けられない可能性が高いことなどを説明するのが望ましいと考えます。

3　マンション管理費の滞納

(1) マンション管理費の民事再生法上の扱い

　マンション管理費は、その債務者の区分所有権および建物に備え付けた動産につき先取特権のある債権ですから（区分所有建物法7条1項）、民事再生法53条1項に規定する「担保権」に該当します。したがって、これがあるままでは、住宅資金特別条項を定めた再生計画の認可を受けることはできません（民再198条1項ただし書き）[3]。そのため住宅資金特別条項を予定した申立ては、認可の見込みがないものとして棄却される可能性もあります（民再25条3号）。

---

[2]　『個人再生の手引』359頁〔下田敦史〕。
[3]　『新注釈民再（下）』247頁〔江野栄〕、『個人再生の手引』327頁〔福本悟〕。

(2) 対応策

したがって、マンション管理費の滞納がある場合に、住宅資金特別条項を予定した個人再生の申立てをするときには、申立て前に弁済してしまうなどの対応をする必要があります。

申立て後に裁判所や個人再生委員と協議し対応することも考えられます。東京地裁の場合は、後順位担保権者がいる場合の扱いとして、「当該担保権を消滅させるか、再生計画認可決定までに消滅させることが相当の確度をもって見込まれ、個人再生委員が開始相当の意見を提出したときに再生手続を開始する取扱いをしています。そして、認可決定時に担保権が消滅していなければ、不認可の決定がされることになります。」としており[4]、マンション管理費は後順位担保権者の立場に立ちますので、このような扱いが想定されます。開始決定後にマンション管理費を弁済することで裁判所等の了解が得られるとしても、開始決定後は再生債権の弁済が禁止されるため（民再85条1項）、単純に再生債務者自らが弁済することはできません。再生債務者が弁済するとしたら別除権協定を締結の上支払うことになると考えられますが、先順位の抵当権等があってマンション管理費に対する別除権評価額が0である場合、別除権協定でマンション管理費を全額支払ってよいか疑問のあるところです。別除権協定による支払のほか、親族等の支援による支払も考えられるところです。

(3) 弁護士倫理上の問題

前記2(4)同様、弁護士職務基本規程7条、37条1項・2項の観点から、住宅資金特別条項を予定した個人再生の申立てを受任する弁護士としては、事件の受任にあたり、マンション管理費の滞納の有無を確認し、また、民事再生法上の扱いや対応策の検討について意を用いるべきでしょう。また、同規程29条1項の観点から、弁護士としては、事件の受任にあたり、依頼者に対し、マンション管理費の支払をする必要性や支払方法を検討すべきこと、それができない場合、申立棄却や再生計画案の不認可となる可能性が高いことなどを説明するのが望ましいと考えます。

（髙木裕康）

---

[4] 『個人再生の手引』359頁〔下田敦史〕。

Q4 債権者一覧表と異議の留保

Q 個人再生の債権者一覧表も破産申立ての際の債権者一覧表と同様に作成したらよいのでしょうか。異議の留保という制度があると聞きましたが、争う予定の債権につき、債権者の主張する債権額を記載し、異議の留保をしませんでしたが、後から争うことはできないのでしょうか。

回答 個人再生では、破産申立ての場合と異なり、再生債権者が債権届出をしなくとも、債権者一覧表の記載内容と同一内容で債権届出をしたものとみなされます。また、債権者一覧表記載の再生債権は、異議の留保をしなければ、再生債務者が後に争うつもりであったとしても、債権者一覧表に記載された金額通りの債権が存在するものとして原則として手続内で確定します。したがって、再生債務者の代理人弁護士としては、争う予定の債権は勿論、少しでも債権の額に疑義があれば、原則として異議を留保するのが適当です。

争う予定ながら異議の留保をしなかった場合の対応方法として、債権者一覧表の訂正（開始決定前に限る）、債権者との交渉、再生手続外での訴訟提起などが考えられますが、いずれも万全の対応策とは言い難いように思われます。

解説

1 個人再生の債権者一覧表と破産申立ての際の債権者一覧表との相違

(1) 債権者一覧表の提出義務

個人再生を申し立てる際には債権者一覧表を提出することが法律で義務付けられており、その提出がないときは、個人再生手続は行われないものとされ

ています（民再221条7項、239条4項）。これは、個人再生では無担保の再生債権が5000万円以下であることが手続利用の要件となっており（民再221条1項、239条1項）、この要件を判断するためには、再生債権の額や別除権の行使によって弁済を受けることができないと見込まれる再生債権の額（担保不足見込額）などが記載された債権者一覧表の提出が必要不可欠となるからです。これに対し、破産申立て（ここでは債権者以外の者の申立て、すなわち自己破産および準自己破産を前提とします。以下、同様）においても、債権者一覧表の提出が義務付けられています（破20条2項本文）が、申立てと同時に債権者一覧表を提出することができないときは、申立て後遅滞なく提出すれば足りるものとされています（破20条2項ただし書）。

(2) みなし届出

個人再生においては、再生債権者による再生債権の届出は必須ではありません。再生債権者が、債権届出期間内に再生債権の届出をしなくとも、債権者一覧表の記載内容と同一の内容で債権届出をしたものとみなされます（「みなし届出」。民再225条、244条）。再生債権者において債権者一覧表の記載内容を争う意思がない限り、再生債権の届出をしなくともよいのです。破産においては、「みなし届出」の制度がなく、破産債権者は届出をなさない限り、破産手続上の破産債権者としての権能を行使することができないのと対照的です。

(3) 異議の留保

再生債務者および届出再生債権者は、裁判所の定める一般異議申述期間内に、みなし届出を含む債権届出に対して異議を述べることができます（民再226条1項本文、244条）が、異議が述べられない場合には届出債権がそのまま再生手続内で確定します（無異議債権）。

もっとも、債権者一覧表に記載されている再生債権については、再生債務者自らが記載するものであることに鑑み、再生債権者への不意打ちを避けるため、異議申述期間中に債権者一覧表に異議を述べることがある旨、つまり「異議の留保」を記載していないものには、異議を述べることができないものとされています（民再226条1項ただし書、244条）ので、注意が必要です。異議の留保がなく、再生債権者からも異議が述べられなかった再生債権は、たとえ再生債務

者の認識と違っていたとしても、当該再生手続内では債権者一覧表に記載された金額どおりの債権が存在するものとして確定してしまいます。

ただし、異議を留保していない場合においても、債権者一覧表に記載した額よりも多い額を再生債権者が届出したときはその部分に限り異議を述べることが可能です。履歴開示をしない金融業者を相手とする場合に、異議の留保をすることなく債権者一覧表に「０円」の記載をし、事実上債権届出を促す実務上の工夫がなされることがありますが、このような理由によるものです[1]。

2 異議の留保についての実務的対応とこれを失念した場合の対応方法

(1) 異議の留保に関する実務

多くの裁判所で使用されている債権者一覧表の書式には「異議の留保」欄がもうけられ、チェック等するだけで簡単に異議の留保が述べられる工夫がなされています。このような異議の留保の申述方法の簡便性に加え、異議の留保をしなければ後日異議の申述をすることができない一方、たとえ異議の留保をしたとしても必ず後日異議の申述をしなくてはならないわけではないこと、異議の留保をすることなく疑義ある債権額を債権者一覧表に記載し、当該債権額を確定させれば、不適切な配当を行うことになるおそれがあること等を考慮すると、少しでも再生債権額または担保不足見込額に疑問があれば、原則として異議の留保をするべきだと考えられます[2]。実務上、債権者一覧表に記載のあるすべての債権につき異議の留保がなされていることもしばしば見受けられます。

(2) 異議の留保を失念した場合の対応方法

では、もともと後日争う予定で再生債権者の主張する債権額を債権者一覧表に記載しながら、誤って異議の留保を失念した場合にはどうしたらよいでしょうか。

---

1 『はい６民』268頁参照。
2 異議を留保することが相当である場合について、『個人再生の手引』173頁〔石田憲一〕、『個再100問』56頁〔楠田宏〕参照。

再生債権者の主張する債権額を債権者一覧表に記載した場合、前記のとおり、異議の留保がなければ、再生債務者が後日異議の申述をすることは許されませんので、一般的には後から債権を争うことはできないといわざるをえません。

　もっとも、債権者一覧表の訂正に関する規定はありませんが、再生手続開始決定前であれば、債権者一覧表の記載に明らかな誤記があり、それが錯誤に基づくものであることが判明した場合、または、債権表の記載に不十分な箇所があり、これを補うための補正である場合には、裁判所の裁量により、債権者一覧表の訂正が認められる余地があると考えられています[3]。したがって、債権者一覧表の訂正として対応することが考えられます。

　また、個人再生における債権の確定は、あくまで当該再生手続内で確定の効果を有するだけです。したがって、理論的には再生手続外で別途訴訟を提起して実体的な債権額を争うことが可能です。ただし、訴訟提起に要する費用・効果や時間・労力など考慮すると、現実的な選択肢かは疑問が残るところです[4]。

　他の方法としては、当該再生債権者に対し、債務者の考える債権額の届出または当該債権額を超える再生債権を有しない旨の届出（みなし届出の例外事由。民再225条参照）を行うよう折衝することが考えられます。当該債権者に対して客観的裏付けをもって説得に当たるとともに、個人再生手続の公平・衡平性を強調し、当該再生債権者が応じない場合には、再生手続外で訴訟を提起する可能性があることを交渉材料とすることになると思いますが、その結果、当該再生債権者が常に応じるかは当然ながら疑問のありうるところです。

　以上のとおり、後日争う予定でありながら誤って債権者一覧表記載の債権額に異議の留保を失念した場合における対応方法をいくつか考えることは可能ですが、いずれも常に万全の対応策となるわけではなく、効を奏しないことも考えられます。その場合、債権者一覧表を作成した再生債務者の代理人弁護士としては対応に苦慮することになるとともに、裁判所・再生債権者・再生債務者への説明に窮することにもなりかねません。それだけに、繰り返しになります

---

[3] 『個人再生の手引』105頁〔乾俊彦〕。
[4] なお、再生手続外で別途訴訟を提起し、その結果、債権者一覧表記載の金額より実体的な債権額が少ないことが判決等で確定した場合には、判決等によって認められた額について再生計画に定める一般基準に従って変更された後の権利について弁済をすれば足りることについて、『個人再生の手引』〔島岡大雄〕289頁参照。

が、過誤を避けるため、個人再生において債権者一覧表を作成する場合には、「疑わしきは「異議の留保」を！」のアプローチが望まれるところです。

3 異議の留保をしなかった債権の手続内確定の他の債権者に対する影響

　異議の留保をせず、再生債権者からも異議の申述がないときは，当該無異議債権は，当該再生手続内において債権者一覧表に記載された金額どおりの債権が存在するものとして確定します。そして、この債権額の存在を前提として、計画弁済総額の法定要件（民再231条2項3号・4号）の充足性が判断されるとともに、当該再生債権者の議決権行使が認められ（民再230条8項、244条）、また各再生債権に対する計画弁済額が定められる（民再232条4項、244条）ことになります。

　債権者一覧表を作成するにあたって、争いある債権について異議の留保をせず、その結果、客観的に評価可能な債権額とは異なる再生債権者主張どおりの債権額（つまり、過大な債権額）で確定した場合には、最低弁済額要件（民再231条2項3・4号、241条2項5号）を基準として計画弁済額を定める場合はともかく、清算価値保障基準によって計画弁済額を定める場合や給与所得者等再生手続において可処分所得基準によって弁済額を定める場合には、計画弁済総額に占める争いある債権の割合が本来の占有割合に比べて過大となる一方、その他の債権の占有割合は相対的に低下することになります。換言すれば、異議の留保の失念によって、他の債権者の受領する計画弁済額が、異議がなされていれば受領できた金額より相対的に少なくなる可能性が生じるわけです。

　そこで、証拠状況の如何によっては、たとえ再生債務者が異議の留保をして後日争ったとしても、再生債権者の主張する通りの額で確定する可能性も否定できないことなどを考えると一概に論じ難いものの、個人再生における計画弁済額を定める基準設定の趣旨や債権者間の衡平性および信義則の観点から、とりわけ代理人弁護士の過誤によって異議の留保を失念し、実体的な債権額より過大な債権額を確定させたことが客観的に明らかな場合には、仮に異議を行い、本来の実体的な債権額で確定したとすれば、他の債権者に対して最低限弁済すべきものと算出される金額以上の弁済を行うことを内容とする再生計画案を作成するのが適当なように考えられます（基本規程5条参照）。ただし、このよう

な事件処理をするにあたっては、再生債務者の代理人弁護士としては、裁判所とはもちろん、依頼者である再生債務者に対し、かかる状況に至った経過および計画弁済に与える影響等を報告し、綿密に協議しながら処理を進めていく必要があるものと思われます（基本規程36条）。

（佐藤昌巳）

Q5 清算価値保障原則と清算価値の算定

Q 個人再生でも通常再生と同様に清算価値保障原則を充たす必要があると言われますが、清算価値はどのように算定されるのでしょうか。

不動産の評価で担保余剰がありそうな場合、知り合いの不動産業者に頼み、安めの査定書を作成してもらってもよいのでしょうか。

回答 個人再生手続においても、通常の再生手続と同様に清算価値保障原則があり、仮に破産した場合の清算価値を上回る弁済を行う必要があります。申立代理人としては、この清算価値の把握のために、再生債務者の財産調査を慎重かつ適正に行うことが不可欠となります。この点、思いがけず多額の清算価値となる場合もあり、手続選択も含め、債務者にはよく説明する必要があります。

また、担保余剰が見込まれる不動産の場合、オーバーローンの場合と異なり、その担保余剰分は清算価値に含まれることになりますので、不動産の評価は慎重かつ適正に行う必要があります。

解　説

1　清算価値保障原則充足の判断

個人再生手続においても、通常の再生手続と同様に清算価値保障原則があり（民再230条2項、174条2項4号、231条1項、241条2項2号における「再生債権者の一般の利益に反するとき」の表現）、仮に破産した場合の清算価値を上回る弁済を行う必要があります。

この清算価値保障原則を充たしているかどうかの判断は、再生計画に基づく弁済額と破産手続による場合の予想配当額のほか、手続に要する時間の長短、費用の多寡、財産の換価の難易、履行の確実性などを総合的に考慮して行うべ

きで、破産手続による予想配当額の算定に際しては、破産法における固定主義を前提とすべきことは当然であり、債務者が将来得るべき収入は考慮に入れるべきではないと考えられています[1]。

この点、実務的には、後述する清算価値算出シートで積み上げた清算価値と再生計画とに基づく弁済額を単純比較しているように思われる面もあります（この点は後述5参照）。

2 財産目録、清算価値算出シートの作成

清算価値の把握のために、再生債務者は、開始決定後、財産評定を行い、財産目録を提出する必要がありますが（民再124条2項）、再生手続開始申立書添付の財産目録の記載を引用することができますので（民再規128条）、申立代理人としては、申立ての際に、再生債務者の財産状況を調査し、適正に評価した上で、財産目録を作成し、申立書に添付する必要があります。

実務上は、財産目録と清算価値算出シートの2種類を作成しています（大阪地裁のように1つの書式になっている場合もあります[2]）。

なお、個人再生手続における清算価値算定の基準時につき、民事再生法236条、242条の存在から認可時と解されていますが[3]、通常は、申立てから開始後認可までの間に大幅な変動がないことが多く、申立書に添付する前述の財産目録と清算価値算出シートを基に判断されているところです。

3 財産の評価が問題となる場面

(1) 退職金見込み額

申立代理人として、依頼者に、最低弁済額の見通しを説明する際に注意しなければならないのは、退職金見込み額の把握です。再生債権額基準で最低弁済額が再生債権額の2割と思っていたところへ、思いがけず多額の退職金見込み額が判明することがあります。

---

1 『条解民再』922頁〔三木浩一〕参照。
2 『個人の破産・再生』334頁以下に、東京地裁、大阪地裁、名古屋地裁、福岡地裁の書式が掲載されています。
3 『個人再生の手引』208頁〔石田憲一〕参照。

退職せずに勤務し続けるわけですから、差押禁止債権となる 4 分の 3 の考慮だけでなく、4 分の 1 のさらに半分の 8 分の 1 で評価するのが一般的ですが、近い将来定年退職するといったことが予定されている場合の評価については、裁判所により一定の基準[4]がありますので、注意が必要です。

また、退職金を担保に勤務先から借入れをしている場合の清算価値の評価も問題となりますが、基本的には相殺を予定した評価がされています[5]。

(2) 第三者出捐の保険

再生債務者名義の保険であっても、第三者が出捐している場合があります。例えば、再生債務者の子ども（再生債務者の母親からすれば孫）のために、再生債務者の母親が再生債務者名義で保険に加入し、継続して保険料を支払っていたような場合です。

申立代理人としては、名義人が再生債務者である以上、単純に第三者の財産であり、再生債務者の財産ではないと判断して、財産目録に計上しないとすることは問題でしょう。関係者から実質的に第三者の財産と判断できる事情を聴き取り、資料を収集し、裁判所に報告することが肝要です[6]。

(3) 否認対象行為

この点は、**第 4 章 Q 6** を参照してください。

4 不動産の評価

所有不動産がある場合、清算価値の把握のため、余剰が出る不動産か否かおよび余剰金額がいくらかを判断する必要があり、そのためには不動産の評価を示す固定資産評価証明書や査定書の提出が必要になります（なお、不動産鑑定士による鑑定書までは求められていません）。

そして、余剰の有無等の判断は、基本的に当該不動産の評価額（前述の査定書等から算定）[7]から設定されている担保権の被担保債権額を引いた額ですが、

---

[4] 『大阪再生物語』217 頁参照。なお、東京地裁では、再生計画認可時との関係を重視しているようですので（『個人再生の手引』216 頁〔石井芳明、石田憲一〕参照)、注意を要します。
[5] 『個再100問』90 頁〔兼光弘幸〕、『個人再生の手引』217 頁〔石井芳明、石田憲一〕参照。
[6] 『個再100問』108 頁〔佐藤敏宏〕、『個人再生の手引』232 頁〔石田憲一〕参照。

不動産の価額の具体的な評価方法は、処分価値（民再規56条1項本文）で、市場における早期売却価格とされています[8]。

当然、不動産の価額には、一定の幅があるとはいえ、申立代理人としては、価額の相当性を十分に考慮し、不動産価値を不当に下げた評価をしてはならないのは当然であり、適切な評価に努めなければなりません（基本規程21条参照）。

5　清算価値の実質的判断

前述したとおり、実務的には、清算価値の積み上げにより算定していますが、財産の評価に際しては、再生債務者が破産した場合を想定すべきですから、仮に破産した場合に、一般の破産債権者にどれだけの配当が可能かを具体的に検討する必要があります[9]。この点は、申立代理人として、裁判所に対し、説明を尽くすべき点ですので、再生債務者に対する見通しの説明（基本規程29条1項参照）においても十分に検討した上で、対処すべきでしょう。

（野村剛司）

---

[7] この点、大阪地裁では、不動産の売却時に必要となる仲介手数料等の諸費用を勘案し、5％を控除した金額を基礎としています（木下竜哉ほか「大阪地方裁判所における個人再生手続の現状と運用の改善について」判タ1346号77頁参照）。
[8] 『個人再生の手引』212頁〔石田憲一〕参照。東京地裁の運用については、同472頁、478頁参照。
[9] 詳細は、『個人の破産・再生』131頁以下〔野村剛司〕を参照。

Q6 否認対象行為の取扱い

Q 個人再生には否認権の制度がないと聞きました。否認対象行為があっても申立書に記載する必要はないでしょうか。

　また、債務者がどうしても返済したい債権者（親族や友人）がいるので、この債権者に偏頗弁済をした上で、その弁済額を清算価値に上乗せすることで対応してもよいのでしょうか。

　公務員で共済組合からの借入れを給料からの天引きで返済してきましたが、勤務先と共済組合に個人再生の申立て予定であること知らせても給料からの天引きが止まりません。清算価値の算定にあたり影響するでしょうか。

回答　個人再生手続においては、否認権が適用除外となっていますが（民再238条、245条）、通常の再生手続と同様に清算価値保障原則があり、仮に破産した場合の清算価値を上回る弁済を行う必要があります。そして、否認権を行使して財団に回復できると見込まれる額を清算価値に上乗せする必要がありますので、この点につき、申立書に記載する必要があります。

　また、偏頗弁済を助長するようなことは、不誠実な申立てと言われかねませんので（民再25条4号で申立棄却事由となっています）、申立代理人としては、この点をよく理解し、かかる対応は避けるべきです。

　勤務先と共済組合が公務員（債務者）の個人再生申立てや申立予定であることを知った後は給料からの天引きを止めるべきですが、再生手続開始決定が出るまでの間、給料からの天引きが止まらないことも多く、かかる事態は、個人再生手続との関係では否認対象行為として清算価値に含めるべきとされますので、注意が必要です。

解説

1　否認権の適用除外と清算価値保障原則との関係

　個人再生手続申立て前に否認対象行為が行われていたとしても、個人再生手続では、個人債務者の簡易・迅速な再生を可能にする観点から否認権の制度が適用除外となっています（民再238条、245条）。

　そうだからといって、偏頗弁済等の否認対象行為を行ってもよいというわけではありません。

　この点、個人再生手続においても、通常の再生手続と同様に清算価値保障原則があり（民再230条2項、174条2項4号、231条1項、241条2項2号における「再生債権者の一般の利益に反するとき」の表現）、仮に破産した場合の清算価値を上回る弁済を行う必要があります（**第4章Q5**参照）。

　破産手続においては、否認権の制度がありますので、例えば債務者が偏頗弁済を行っていた場合には、偏頗行為否認（破162条）として、破産管財人が否認権を行使し、破産財団に取り戻すことによって、破産財団を増殖し、破産債権者に対する配当を増やすようにしています。

　そこで、個人再生手続においても、清算価値保障原則との関係で、否認権を行使して財団に回復できると見込まれる額を清算価値に上乗せする必要があるということになります。

　そうすると、否認対象行為があったかどうかは、清算価値の算定に影響しますので、申立書に記載する必要があります[1]。

　申立代理人としては、事件の受任にあたり、依頼者である債務者に対し、事件の見通しを説明する必要がありますので（基本規程29条1項）、事件の処理にあたり必要な法令の調査を怠らないようにし（基本規程37条1項）、必要かつ可能な事実関係の調査を行うように努め（同条2項）、否認対象行為がある場合には、最低弁済額が増額する可能性があること（場合によっては履行可能性の判断に大きな影響を与えかねないことも）を積極的に説明した方がよいでしょう（基

1　『大阪再生物語』192頁には、誠実にその具体的な内容を報告すべきと指摘されています。また、陳述書の書式にも偏頗弁済を行っていた場合の記載欄が設けられています（同64頁参照）。

本規程36条参照）。

2 否認対象行為と清算価値の算定

それでは、否認対象行為があった場合に、清算価値にどれだけ上乗せして評価すべきでしょうか。

この点、偏頗弁済があった場合を例にすれば、多くの裁判所では、偏頗弁済額と同額とされることが多いと思われます。

ただ、破産管財事件の場合に破産管財人は、まず、否認対象行為につき否認権の要件を満たすかを検討していますので、特に相手方の主観的要件といった点も考慮すべきです。また、否認権行使が可能としても、相手方からの回収の可能性や回収にかかる費用相当額を考慮した評価をすべきです。さらに言えば、否認権の行使による相手方の債権の復活（破169条）を考慮し、その債権に対して想定される配当見込額を控除した返還可能額を清算価値に上乗せすることが合理的と考えられます[2]。これらの実質的な判断をすべきでしょう。

このような事情を考慮して、申立代理人としては、否認対象行為があった場合の清算価値を合理的に算定することを検討した方がよいでしょう。

3 偏頗弁済をした上での個人再生の申立て

前述のとおり、偏頗弁済があった場合には、清算価値への上乗せが必要となりますが、この点を考慮の上、あえて偏頗弁済を行った上で、清算価値に上乗せするという対応が許されるでしょうか。

たしかに、前述の取扱いからすれば、計数上の処理はそのようになると思われますが、申立代理人として、債務者に対し、偏頗弁済等の否認対象行為を行わないよう指導している中、個人再生のときのみ偏頗弁済を助長するような指導を行うことは問題でしょう。

弁護士倫理の観点からも、信義に従い、誠実かつ公正に職務を行う必要があり（基本規程5条）、良心に従い、依頼者の権利及び正当な利益を実現するよう努め（基本規程21条）、依頼の目的または事件処理の方法が明らかに不当な事件を受任してはならないとされています（基本規程31条）。

---

2 『個人の破産・再生』135頁〔野村剛司〕参照。

この点、個人再生手続との関係では、否認権行使を免れる目的による申立てなど、不当な目的で再生手続開始の申立てがされた（民再25条4号）として申立てが棄却される可能性がありますので、注意しましょう。

なお、東京地決平22.10.22（判タ1343号244頁）は、農業協同組合の共済の解約返戻金の一部で延滞していた住宅ローンの弁済をしていた点につき、個人再生委員から清算価値に計上すべきとの勧告を拒絶した事案ですが、「本件弁済は、農業協同組合の共済の解約返戻金を直接の原資とし、既に住宅ローンの分割返済金が3か月分支払われなかった後の、再生手続開始の申立てに近接した時期にされたものであって、偏頗行為として否認の対象となる可能性の高い行為であるというべきである（破162条1項1号イ）。抗告人は、個人再生委員から、本件弁済が清算価値保障原則に違反する可能性を指摘されながら、これに対する反論を記載した書面、資料等を提出せず、本件弁済額を上乗せした新たな再生計画案の提出に応じなかったのであるから、本件においては、裁判所の定めた期間内に提出された再生計画案が決議に付するに足りないものである（民再191条2号）と認められる。」と判断しています。この点、住宅資金特別条項を前提とした場合の延滞中の住宅ローンに対する弁済が偏頗弁済となるかについては、当該債権が担保でカバーされているときは、一般に有害性を欠くと考えられますので、異論もあるところです[3]。この事案では、申立代理人として、個人再生委員の指摘につき説明を尽くすべきであった点が注意点であると思われます。

4 給料差押え、給料からの天引きと清算価値算定との関係

債権者により給料の差押えがされていたり、債権者である勤務先や設問のような公務員の共済組合に対し給料からの天引きで返済が行われていた場合、通常は、申立代理人の受任通知により、支払停止を知ったことになりますので、その後の回収行為は偏頗弁済となり、否認対象行為となります。

そして、多くの裁判所では、債権者のかかる回収額を偏頗弁済額として清算価値に上乗せするよう指示していると思われます。

---

[3] 山本和彦「個人再生手続の現状と課題」髙木新二郎・伊藤眞編者代表『講座　倒産と法システム〔第2巻〕』（日本評論社、2010年）296頁参照。

この点、破産の場合であれば否認権の行使が考えられますが、個人再生においては、前述のとおり否認権の制度が適用除外となっていますので、実際に返還を求める法的手段がありません（なお、個人再生委員として、債権者に対し、制度趣旨を説明し、任意に返還を受けた経験がありますが、一般化しにくいところです）。そのような状況で、債務者に清算価値に上乗せを求めることは、ダブルカウントすることになり、いわば踏んだり蹴ったりの状態となります。

　そこで、大阪地裁では、この点に配慮し、20万円を控除する運用に改めています[4]。全国的に参考になる運用であると考えますが、さらなる実質的な判断が求められるところです。

　また、公務員の共済組合が、債務者の支払停止や個人再生の開始申立てを知った後も再生手続開始決定があるまでの間、勤務先を通じた給料からの天引きを止めないことは大いに問題ですので、改められるよう求めるところです（同様のことは、破産の同時廃止事案の場合にも当てはまります）。

　このように、申立代理人としては、給料差押えや給料からの天引きが否認対象行為として清算価値の算定に影響することに十分注意する必要があります。

（野村剛司）

---

[4] 今中秀雄＝福田修久＝釜村健太「破産手続・民事再生手続における否認権等の法律問題　第2回　継続的給付の差押えがされた場合の否認等について」法曹時報64巻7号56頁、大阪地裁第6民事部「はい6民です　お答えしますVol.159」月刊大阪弁護士会平成24年4月号86頁参照。

Q7 再生計画案の履行可能性

Q 積立の運用のある庁において、申立人（再生債務者）が積立をしない、あるいは積立金を取り崩してしまった場合、どのような点に留意して対処すべきでしょうか。

回答 申立人（再生債務者）が積立を実行しない場合、あるいは一旦積み立てた積立金を取り崩してしまうなどした場合には、再生計画案の履行可能性に大きな疑念が生じます。

申立代理人としては、積立を実行できない理由、取り崩してしまった理由を詳細に聞き取り、予定している再生計画案に無理はないのか、その履行可能性について再度検討する必要があります。

合理的理由がないにもかかわらず積立を実行しない、という場合には、そもそも履行可能性がないとして、手続を廃止される事態にもなりかねません。

このような事態に陥らないよう、申立人に対する指導・監督を怠らず、履行可能性について十分に協議することが必要です。

―――― 解　説 ――――

1　履行可能性

(1)　不認可事由

「再生計画が遂行される見込みがないとき」は、再生計画の不認可事由です（民再174条2項2号）。これは、小規模個人再生の場合（民再231条1項）でも、給与所得者等再生の場合（民再241条2項1号）でも同様です。

ただし、住宅資金特別条項を定めた再生計画については、再生計画が遂行可能であると裁判所が積極的に認定することができない限り、不認可の決定をすることとしています（民再202条2項2号）。

(2) キャッシュフロー

　個人再生手続においても、申立代理人としては、申立人（再生債務者）が確保できるキャッシュフローで再生計画に定める弁済が可能か、を常に意識することが大切です。通常は、毎月得られる収入から、必要な生活費等の支出を除いた残金が、再生計画に定める弁済を実行するに足りるものか、を判断することになります。

2　再生計画案の作成

(1)　収支の確認

　具体的には、再生計画案の弁済総額が100万円の場合、3年で返済するとすれば、月2万7778円が必要です。ただし、実際には送金手数料等の経費が必要となりますから、この分を加えた額を返済原資として確保する必要があります。
　そして、申立人の家計収支から、この金額が本当に捻出可能かを検討します。このためには、申立人の家計の管理が大切です。家計収支表は申立人に作成してもらうのが通常ですが、申立代理人としても、その内容が適正妥当なものか、支出に漏れはないか等を確認することが重要です。
　特に未納の公租公課がある場合、申立代理人の報酬を分割払いとする約束をしていた場合（法律扶助を使う場合を含みます）など、この点も忘れずに収支を計算する必要があります。
　また、返済期間は3年から5年と長期間に及びます。この間に、例えば、子供の進学など出費が予想される出来事がないかも、検討する必要があります。

(2)　親族からの援助

　法律扶助の審査をしていますと、収入が乏しく、生活費や家賃を考慮すると、一体どのようにして返済原資を捻出するのか、疑問を感ずる例も散見されます。このような場合、本人の収入だけではなく、そもそも親族からの援助を前提にしている、というのであれば、その旨を明らかにしておくべきです。
　親族からの援助を前提にして履行可能性を判断することができるのか、との点は一応問題となりますが、これを許容する扱いが実務では多数と思われま

す[1]。ただし、この場合、履行可能性については慎重に判断する必要があるとの指摘もあります。当該親族の収入額や必要額の援助に関する資料等を提出して、疎明することが必要になると思われます[2]。

3 積立の運用

(1) 弁済予定額の積立

この履行可能性を判断するため、弁済予定額の積立を実施させている庁が多数あります。

東京地裁では、申立て後、毎月の計画弁済予定額を分割予納金として個人再生委員に納付するという運用が行われています。

大阪地裁では、少なくとも開始決定後は、計画弁済額の1月分以上の金額を積立専用通帳に積み立てることとし、積立状況報告書を提出することとされています。名古屋地裁、福岡地裁、仙台地裁でも、同様の運用がなされているようです。

このような運用がなされている庁では、手続継続中に積立が適正になされていることが確認できた場合には、履行可能性ありと判断されることになります。

(2) その他のメリット

また、積立を行うことで、弁済資金を予めプールしておけるというメリットもあります（ただし、東京地裁の場合、この積立金のうち15万円は個人再生委員の報酬となります）。

なお、少なくとも開始決定後に積み立てた金員は、清算価値に上乗せしない運用とされていますので、この積立が原因で最低弁済額が増加することはありません（開始決定前の積立金の取扱いについては、各庁で取扱に差異があるようですので注意が必要です）。

---

1 『個再100問』133頁〔荻野一郎〕。
2 『個人再生の手引』310頁〔進藤光慶〕。

4 積立の実行がなされない場合

(1) 積立の不履行

しかし、これらの庁でも、申立人が毎月積立をしない、あるいは、一旦積立をしたが途中出金がなされている等の事例が散見される、との指摘があります[3]。

このように積立状況に問題がある場合、再生計画の履行可能性に重大な疑義が生じます。

(2) 積立口座の管理

これを防ぐためには、積立のための銀行口座を申立人に管理させるのではなく、申立代理人が管理することが重要です。

申立代理人名義の口座に積み立てさせる、あるいは、申立人名義の口座でも通帳を申立代理人が保管するなどして、申立人が引き出せないような状況にしておくべきです。

(3) 不履行の原因の解明

それでも、申立人が積立を実行できなかった場合、申立代理人としては、申立人からその理由を詳細に聞き出し、原因を解明することが大切です。

もともと、計画自体に無理があり、毎月のキャッシュフローでは返済予定額の捻出が困難であった、ということなのか。一時的な不測の支出があり、このため、一時的に積立金を用意できなかった、ということなのか。

前者の場合には、そもそも予定していた再生計画案自体を検討し直す必要があります。再度、家計の収支を見直し、どこに問題があって返済額を工面できなかったのかを明らかにする必要があります。場合によっては、申立代理人に隠している負債があり、この返済に回っているのかもしれません。また、滞納していた公租公課等があり、この返済を計算に入れていなかった、養育費の支払（開始決定後の養育費は共益債権となります）を計算に入れていなかった、と

---

[3] 『はい6民』299頁。

いうことも考えられます。

　後者の場合、不測の支出といっても、どの程度のものかを検討する必要があります。冠婚葬祭などは、社会生活を送っていく上で、必ず生ずるものですから、そもそも一定程度想定しておく必要があります。また、返済期間は3年ないし5年と長期間に亘ります。申立人も通常の社会生活を営んでいくことを考えると、あまり切り詰めたぎりぎりの計画では、無理があると考えるべきです。

　いずれにしても、再生手続の継続中にもかかわらず、毎月の返済予定額の積立ができない、という事態は深刻です。これは、どこかに問題がある訳ですから、その原因を除去しない限り、履行可能性は認められません。

5　対処方法

(1)　不履行の原因が除去可能な場合

　以上を検討した結果、積立を実行できなかった理由が、本当に一時的・突発的な問題に過ぎず、これは除去できるという場合には、その事情、および履行可能性に問題のないことを裁判所に対し合理的に説明しなければなりません。

(2)　再生計画案自体に無理がある場合

　他方、当初予定していた再生計画案に無理があることが判明した場合には、返済計画案ないし収支計画案を変更しなければなりません。収入を増やすか、支出を減らすか、あるいは両方を検討することになります。

　具体的には、①親族からの援助を求め収入額を増やす、②滞納税額は、親族の援助を得て支払ってしまう、③再生債権の返済期間を5年に延長し、毎月の返済額を減少させる、④養育費については、元妻と交渉し、再生債権の弁済期間中は支払を猶予してもらう[4]等の方法が考えられます。

(3)　申立人との十分な協議

　「弁護士は、必要に応じ、……依頼者と協議しながら事件の処理を進めなければ」なりません（基本規程36条）。

4　『個人の破産・再生』154頁〔石川貴康〕。

以上のような計画案の変更が困難な場合には、再生手続を取ること自体が果たして妥当なのか、申立人と十分に協議しなければなりません。

　たしかに、住宅資金特別条項を使わないときは、「履行可能性がないとは言えない」場合でも認可は一応可能です。ただし、それが本当に申立人にとって妥当な選択なのか、破産という選択肢はないのか等について、慎重な検討が必要です。

　積立が実行できず、その理由について合理的説明もできないまま、漫然と時間を経過させていては、履行の可能性なしと判断され、最終的には「決議に付するに足りる再生計画案の作成の見込みがない」として手続を廃止される事態にもなりかねません（民再191条１号。給与所得者等再生の場合は同243条１号）。

　このような事態に陥らないよう、申立人に対する指導・監督を怠らず、履行可能性について十分に協議することが大切です。

(石岡隆司)

Q8 住宅資金特別条項の要件該当性及び手続選択

Q 債務者が住宅を保持したい意向ですので、住宅資金特別条項を定めた再生計画案を検討していますが、認められる場合と認められない場合があると聞きました。認められない場合とは、どのようなケースでしょうか。認められる場合に留意すべき点は、どのような点でしょうか。

回答 いわゆる「住宅ローン」であっても、住宅資金特別条項を利用できないケースが多々あります。したがって、住宅資金特別条項の利用の可否を、申立て前に慎重に検討するとともに、依頼者に対しても、住宅資金特別条項の利用の可否について誤解を与えないようにしっかりと説明する必要があります。

また、住宅資金特別条項を利用するにあたっては、個人再生手続一般に必要な要件も満たす必要があります。このため、住宅ローンの弁済に加え、それ以外の再生債権についても最低弁済額以上の弁済を行う必要があり、債務者にとって負担が重い再生計画案とならざるを得ないことが多々あります。その上、住宅資金特別条項を利用した再生計画案は、住宅資金特別条項を利用しない再生計画案よりも履行可能性についての要件が重く、「再生計画が遂行可能であると認めることができないとき」には不認可となりますので、履行可能性の有無には特に留意すべきです。

一方、住宅資金特別条項が利用できるケースであっても、破産手続（による免責）を選択することが妨げられるわけではありません。両手続は選択的であり、それぞれにメリット・デメリットが存在します。そのため、住宅を保持したいという依頼者の意向のみで住宅資金特別条項の利用を即決してしまうのではなく、それぞれの手続を選択した場合の利害得失をしっかりと説明した上で、手続選択をする必要があります。

解　説

1　要件該当性の慎重な確認と検討

(1)　要件該当性を慎重に確認する必要性

　住宅資金特別条項の利用にあたっては、(2)以下で述べるように、多くの要件を満たす必要があります。

　申立代理人としては、いわゆる「住宅ローン」だから問題ないと軽率に考えることなく、しっかりと要件該当性を確認しなければなりません。法令および事実の調査を行うことは、弁護士としての最も基本的な職務です（基本規程37条）。

　そして、要件該当性に疑義が残る場合には、あらかじめ依頼者に対して十分に説明を行い、手続の見通しや事件処理の方針について理解を得る必要があります（基本規程29条1項、36条）。

　以下、実務上特に注意すべき事項を簡潔に述べます。

(2)　「住宅資金貸付債権」に当たらない場合（民再196条1号・3号）

　住宅資金特別条項を定めることができる「住宅資金貸付債権」に該当するには、民事再生法196条1号および3号所定の各要件（①貸付資金が住宅の建設・購入・改良・住宅の用に供されている土地または借地権の取得のいずれかの行為に必要なものであること、②分割払いの定めのある再生債権であること、③上記債権またはそれを保証した保証会社の主債務者に対する求償権を担保するための抵当権が住宅に設定されていること、④住宅が個人である再生債務者の所有であること、⑤再生債務者が自己の居住の用に供する建物であること、⑥建物の床面積の2分の1以上に相当する部分が専ら自己の居住の用に供されること、⑦上記④〜⑥の要件を満たす建物が複数ある場合には、これらの建物のうち、再生債務者が主として居住の用に供する一の建物であること）を満たす必要があります。

　これらの要件のいずれかを欠き、対象となる再生債権が「住宅資金貸付債権」に当たらない場合には、住宅資金特別条項を利用することはできません。

　特に、債務者が自ら事業を行っている場合には、自宅の大半を店舗として使

用していたり、借入資金を事業資金に充てていたりして、要件を満たさない場合がありますので、注意が必要です。

　また、要件該当性について見解が分かれているケースも多々あります。これらのケースに関しては、弾力的な運用がなされている例もありますが、まずは問題点を認識し、適切な対応を検討しなくてはなりません。（弾力的運用については**第5章Q9参照**）

(3)　住宅資金貸付債権が法定代位により取得された場合（民再198条1項）

　保証人等が保証債務を履行するなどして法定代位（民500条）により住宅資金貸付債権を取得した場合には、代位弁済を行った保証人等の利益を損なわないよう、住宅資金特別条項は利用できないこととされています（民再198条1項本文括弧書）。

　例外として、保証会社が保証債務を履行したことによる代位の場合には、住宅資金特別条項を利用することができますが（民再198条2項）、利用できるのは、保証会社が保証債務の全部を履行した日から6か月を経過する日までの間に再生手続開始の申立てをした場合に限られます。

　したがって、前記申立期限については、常に確認を怠らないようにしなければなりません。

　受任後に事件処理を漫然と放置し、前記申立期限を徒過した場合には、弁護士職務基本規程35条違反のおそれもありますので、申立代理人としては、特に留意しておく必要があります。

(4)　住宅上に他の担保権がある場合（民再198条1項但書前段）

　住宅の上に、住宅資金特別条項の対象とならない担保権が設定されている場合には、担保権の実行により住宅を失うリスクが残るため、住宅資金特別条項を利用することはできません。

　よく見受けられるケースは、銀行のおまとめローンや消費者金融の不動産担保ローンにより、住宅に後順位担保権が設定されている場合です。また、マンションの管理費や修繕積立金を滞納している場合、債権者たる管理組合等が特別の先取特権を有するため（建物の区分所有等に関する法律7条1項）、このケー

スに該当することになります。

　これらの場合には、再生手続の申立て前に、親族等の第三者に弁済してもらうことで当該担保権の消滅を試みるといった手段を検討することが必要になるでしょう。

(5) 共同抵当物件上に後順位担保権がある場合（民再198条1項但書後段）

　共同抵当物件上に後順位の担保権が設定されている場合には、後順位担保権者の代位の利益を保護するため、住宅資金特別条項を利用することができません。この点は、見落としがちですので、注意が必要です。

(6) 住宅及び敷地の確保ができない場合（民再202条2項3号）

　再生債務者が住宅の所有権や敷地の利用権を失うと見込まれる場合には、特則の目的を達することができないため、住宅資金特別条項を定めた再生計画は不認可とされます。

　典型的なケースとしては、租税債権の滞納により、住宅が差し押さえられている場合が挙げられます。この場合、再生手続にかかわらず滞納処分手続が進行するため、そのままでは、再生債務者が住宅の所有権等を失う可能性があると判断されます。したがって、何の手当もしないまま住宅資金特別条項を利用しようとすると、再生計画は不認可とされますので、注意が必要です。

　このようなケースでは、公租公課庁と滞納額の分納について協議するといった対応が必要になります。

2　履行可能性の検討

　住宅資金特別条項を利用するにあたっては、当然の前提として、個人再生手続一般に必要な要件も満たす必要があります。

　したがって、債務者は、再生計画に従って、住宅ローンを原則として全額弁済履行する必要がある上に（ただし、民再199条4項に基づいて利息・損害金・元本の一部免除を受ける余地はあります）、住宅ローン以外の再生債権に対しても、民事再生法231条2項3号および4号所定の最低弁済額以上で、かつ清算価値保障原則を満たす弁済を行う必要があります。

そのため、住宅資金特別条項を利用する場合、債務者にとって、再生計画を履行する負担が重くならざるを得ないのが一般的です。

　その上、住宅資金特別条項を利用しない場合には、「再生計画が遂行される見込みがないとき」が不認可事由とされていますが（民再231条1項、174条2項2号、241条2項1号）、住宅資金特別条項を利用する場合には、「再生計画が遂行可能であると認めることができないとき」が不認可事由とされており（民再231条1項かっこ書、202条2項2号、241条2項1号かっこ書）、住宅資金特別条項を利用した再生計画案は、住宅資金特別条項を利用しない場合よりも履行可能性の要件が加重されています。

　以上のように、債務者の負担自体が重くなりがちであることと、履行可能性の要件自体が加重されていることの両方の観点から、住宅資金特別条項を利用する場合の履行可能性の有無には、特に注意が必要です。

　そして、履行可能性は一応認められる場合でも、依頼者にとって、再生計画を履行する負担が相当に重く感じられる場合には、以下述べるように、破産手続も1つの選択肢として検討する必要があるでしょう。

3　住宅資金特別条項を利用した民事再生手続と破産手続との手続選択

(1)　破産手続との手続選択の検討

　住宅資金特別条項の利用が可能な場合であっても、再生手続だけが個人債務者の倒産処理の選択肢である訳ではありません。

　住宅資金特別条項を利用した再生手続と、破産手続（によって免責を受けること）とは、選択的な関係にあります。両手続の要件をともに満たしている場合、債務者はその意思によって手続の選択が可能です。

　住宅資金特別条項を利用した個人再生手続を選択する場合の最大のメリットは、住宅を依頼者の元に残すことができる点です。

　しかしながら、住宅を依頼者の元に残せる代わりに、2で述べたように、弁済額が大きくなりがちであることから、依頼者にとって、再生計画を履行する負担が相当に重く感じられる場合もありますので、手続選択にあたっては、慎重な検討が必要です。

(2) 依頼者への説明

　依頼者が、住宅を残すことができるという点にばかり目を奪われ、他の点についての理解が不十分なまま、住宅資金特別条項を利用した民事再生手続を希望している旨を弁護士に伝えることは、多々あります。

　そのような場合、依頼者に対する説明が不十分なまま、安易に依頼者の（不十分な理解に基づく）意向に迎合すると、後になって、再生計画に従って弁済を行わなければならない依頼者から、こんなはずではなかったという不満や苦情が出る可能性があります。

　手続選択にあたっては、依頼者に対してその利害得失について説明した上で、それでも住宅を残すために住宅資金特別条項を利用した個人再生手続を依頼者が希望するのか、丁寧に意思確認する必要があります（基本規程29条1項、36条）。

　依頼者の意向を尊重することは、弁護士が遵守すべき基本的な事項ですが（基本規程22条）、ただ単に依頼者の意向を丸呑みにするのではなく、その前提として、依頼者に対して十分な説明を行い、意思決定する上での判断材料を提供することが、法律の専門家たる弁護士に求められている役割であると言えるでしょう。

4　まとめ

　以上述べたように、住宅資金特別条項の利用には、細かな要件が定められていますので、いわゆる「住宅ローン」であるからといって安易に考えず、慎重に各要件の該当性を検討した上で、履行可能性についても慎重に吟味し、依頼者に対しても十分に説明して、見通しについて理解を得ることが必要です。

　さらに、住宅資金特別条項の利用が可能な場合であっても、破産手続と比較した場合の利害得失について十分な説明をして理解を得た上で、手続選択をする必要があります。

（籠池信宏）

Q9 住宅資金特別条項の利用の可否

> **Q** 形式的には住宅資金特別条項の要件に該当しないように思われる事案でも住宅資金特別条項を利用することのできる場合があると聞きました。どのような事案で認められたのでしょうか。裁判所に相談せずに申立てをしてもよいのでしょうか。どうしても住宅資金特別条項の要件を満たさない場合に、住宅を保持できる可能性はないのでしょうか。

回答 住宅資金特別条項については、形式的には適用困難に見えるケースであっても、弾力的な解釈運用がなされている例もありますので、このような場合には、裁判所と事前協議を行うなどして、適用の可否を確認する必要があります。

個人再生手続を選択する目的が、住宅資金特別条項を利用することにあることも少なくなく、住宅資金特別条項を利用できるかどうかは、依頼者(債務者)の最大の関心事です。

そのため、住宅資金特別条項の積極的な運用を求めていく姿勢が、依頼者の意思を尊重して誠実に職務遂行し、依頼者の権利および正当な利益の実現をするように努めることを使命とする弁護士に対して求められているといえるでしょう。

また、住宅資金条項を利用できない場合でも、住宅ローンについて別除権協定を締結した例もありますので、事案によって、別除権協定の利用の可能性を探っていくことも有意義でしょう。

解 説

1 弾力的運用に関する調査・検討の必要性

住宅資金特別条項の適用要件を検討すると、実務上かなりの頻度で、要件適合性に疑義を生ずる微妙なケースにぶつかります。

しかし、要件適合性が微妙な事案であっても、実務上、弾力的な解釈運用によって住宅資金特別条項の利用が認められているケースが数多くあります。
　したがって、判断に迷うような微妙なケースであっても、初めから住宅資金特別条項の利用を諦めてしまうのではなく、十分に検討を行った上で、裁判所等と前向きに協議する姿勢が重要です。
　このように積極的に住宅資金特別条項の利用を図ろうとしても、必ずしも毎回実を結ぶわけではないかもしれません。しかし、このような姿勢は、弁護士にとって、常に心がけるべきポリシーであるといえます。弁護士は、依頼者の意思を尊重し、依頼者に対して誠実に職務を行い、依頼者の権利および正当な利益の実現をするように努めることを使命としているからです（基本規程21条、22条1項）。
　弾力的運用の実例としては、例えば以下のようなケースが挙げられます。

2　弾力的運用の具体例

(1)　ペアローンの場合

　いわゆるペアローン（夫婦等が各々の名義で住宅ローンを組み、住宅共有持分全部に双方の住宅ローンを被担保債権とする抵当権を設定する方式）を組んでいる場合、夫婦は、お互いに、他方の配偶者の債務を物上保証している関係にあるので、「住宅上に他の担保権がある場合」（民再198条1項但書）に該当し、住宅資金特別条項を利用できないのではないかとの問題が生じます。
　しかし、同要件の趣旨は、他の担保権の実行によって再生債務者が住宅を失ってしまうのでは、住宅資金特別条項により再生債務者の生活の本拠を守ろうとする特則の目的を達成できなくなる点にあるところ、そもそも、同一家計を営む夫婦の場合には、一方のみが支払を遅滞し、その抵当権が実行されるという事態は想定しにくいと言えます。
　したがって、同一家計を営んでいる夫婦のペアローンの場合、夫婦のいずれもが住宅資金特別条項を定めた個人再生手続を申し立てるのであれば、住宅資金特別条項の利用を認める運用が一般的になっているようです[1]。
　また、さらに進んで、夫婦双方が申立てをする必要すらなく、単独での申立ての場合であっても住宅資金特別条項の利用を認める運用例もあります[2]。

(2) 登記簿上夫婦一方の単独所有となっているため再生債務者が所有名義人でない場合

　住宅を購入・建設するにあたり、住宅ローンを夫婦の連帯債務としていながら、住宅の登記名義については夫婦の一方の単独所有となっているケースも、よく見受けられます。

　この場合、夫婦のうち所有名義人でない方にとっては、再生手続を申し立てたとしても、住宅ローンが「住宅資金貸付債権」（民再196条3号）に該当せず、住宅資金特別条項を利用できないことになります。

　しかし、住宅の登記名義が夫婦の一方の単独所有となっている場合であっても、実質的には夫婦の共有であると考えられる場合もあります。

　そこで、当初から夫婦共有であったということで真正な登記名義の回復を原因とする持分移転登記を行うことにより、住宅資金特別条項の適用が可能と考えられます。

　また、住宅の「所有」のみが要件で「登記」は要件でないと解すれば、登記を移転せずとも、住宅資金特別条項の適用が可能な場合もあると考えられます[3]。

(3) 夫婦の一方が破産申立てをする場合

　夫婦共有の住宅に夫婦を連帯債務者とする住宅ローンの抵当権が設定されているケースで、住宅ローン以外の個々の債務状況等により、夫が住宅資金特別条項を利用した個人再生を申し立て、妻が破産を申し立てるという手続選択をすることもあり得ます。

　この場合、夫の個人再生の認可決定が確定すれば、住宅資金特別条項の効力は妻にも及ぶことになります（民再203条1項）。しかし、夫の認可決定確定までの間に、妻に破産手続開始決定がなされると、期限の利益を喪失し、担保権が実行されるおそれがあります。

1　『個人再生の手引』346頁〔古谷慎吾〕、河合裕行＝寺岡正智「大阪地裁個人再生手続の現状と新たな運用」判タ1119号99頁脚注4。
2　『個人再生の手引』347頁〔古谷慎吾〕。
3　『個再100問』194頁〔鹿士眞由美〕。

そこで、このようなケースでは、住宅ローン債権者と交渉し、抵当権を実行せず夫の再生手続に協力することの了解を得た上で、手続を進める等の工夫が必要になります[4]。

(4) 諸費用ローン

住宅購入時にかかる諸費用について、別途、抵当権を設定したり、あるいは諸費用を合算した形で住宅ローンを組んだりしている例が見受けられます。

このようないわゆる諸費用ローンについては、住宅資金貸付債権に該当しないと判断されるおそれがあります。

しかし、その額や使途を総合考慮して、住宅資金特別条項を定めることが許されるかどうかを審査する運用がされている例もありますので、事前に裁判所と協議を行うことが肝要です[5]。

(5) 住宅ローンの借り換え

住宅ローンの借り換えをした場合、借り換え後の資金は住宅の建設・購入等に直接充てられたわけではないため、住宅資金貸付債権に該当しないと判断されるおそれがあります。

この点、住宅ローンの借り換えをしている場合であっても、当初の借入れが要件を備えており、かつ借り換え後のローンが別の目的を含んでいないときには、借り換え後の債権を住宅資金貸付債権として認める運用例があります[6]。

(6) 独立行政法人都市再生機構から住宅を長期割賦払いで購入した場合

独立行政法人都市再生機構が有している債権は、貸金債権ではなく売買代金債権であることから、住宅資金貸付債権とは認められない可能性があります。住宅販売業者の売買代金や、建築業者の建築請負代金についても、同様の問題点があります。

---

[4] 『個人再生の手引』349頁〔古谷慎吾〕。
[5] 大阪地方裁判所第6民事部「大阪地方裁判所における個人再生手続の現状と運用の改善について」判タ1346号81頁。
[6] 大阪地方裁判所第6民事部前掲注5・81頁。

しかし、独立行政法人都市再生機構が有している売買代金債権について、経済的実態や、住宅資金特別条項の趣旨、住宅ローン減税の対象とされていること等に鑑み、住宅資金貸付債権に該当するものとして扱う運用例があります[7]。

住宅販売業者の売買代金や、建築業者の建築請負代金についても、同様の取扱いが可能な場合があると考えられます[8]。

3　裁判所との協議

前述したような要件適合性が微妙な事案では、各裁判所ごとに、異なった解釈・運用がなされている場合もよく見受けられます。

ある裁判所で採用されている解釈・運用が、他の裁判所でも採用されているとは限りませんので、裁判所との協議をすることなしに申立てを行えば、予期せぬ結果を招く可能性があります。

一方、裁判所との協議により、当該裁判所における従前の解釈・運用から一歩踏み出した対応が行われる場合もありますので、積極的に裁判所との協議を行うことが、依頼者の意思を尊重した誠実な職務遂行（基本規程22条1項）並びに依頼者の権利及び正当な利益の実現（基本規程21条）につながると言えるでしょう。

4　要件を満たさない場合の対応

様々な試みによっても住宅資金特別条項を利用できない場合、住宅ローンについて別除権協定を締結することが可能であるかどうかについては、議論が分かれています[9,10]。

これまでの実務運用としては、住宅資金特別条項を用いることができない事案で別除権協定を締結することによって住宅を維持した例も実際にあることから[11]、債務者代理人の弁護士としては、裁判所との協議により、別除権協定の利用の可能性を探っていくことが望ましいと言えるでしょう。

---

[7]　『個人再生の手引』353頁〔安齊浩男〕、大阪地方裁判所第6民事部前掲注5・81頁。
[8]　『個再100問』163頁〔鈴木嘉夫〕。
[9]　『個人再生の手引』250頁〔岡伸浩〕。
[10]　髙木新次郎＝伊藤眞編集代表『講座　倒産の法システム　第2巻　清算型倒産処理手続・個人再生手続』（日本評論社、2010年）310頁注161〔山本和彦〕。
[11]　『個人再生の手引』252頁〔岡伸浩〕。

5 まとめ

　以上述べたように、一見すると要件適合性に疑義のありうる場合でも、住宅資金貸付債権に関する特則の制度趣旨に沿う形で弾力的な解釈運用が行われているケースも数多く見受けられることから、申立前に裁判所等と十分に協議を行い、住宅資金特別条項の利用（場合によっては別除権協定の利用）を積極的に試みることが、依頼者の意思を尊重した誠実な職務遂行（基本規程22条1項）ならびに依頼者の権利および正当な利益の実現（基本規程21条）の観点からも重要です。

（籠池信宏）

Q10 履行補助

Q 個人再生は、再生計画認可確定で終結しますが、申立代理人の業務もその時点で終了すると理解してよいのでしょうか。再生債務者が再生計画の履行を怠っていると債権者から苦情がありましたが、対応しなくてもよいのでしょうか。

回答 再生計画認可決定が確定し個人再生手続が終結した後は、委任契約でその後の業務も委任の範囲に含めていない場合、委任契約は終了すると考えられます。

その後の業務が委任契約の内容となっている場合には、委任契約に基づく義務として債権者への説明や債務者への履行勧告、助言等適切な対応をすべきです。その後の業務が委任契約の内容となっていない場合にも、その後の手続を円滑かつ低コストで進めるには、経過を熟知している申立代理人が最低限の関与をするのが効率的だと考えられますので、一定の関与をすることが望ましいと考えます。再生債務者から履行状況を確認し、必要に応じて、①履行を促す、②再生計画不履行の効果を説明する、③今後の進め方について助言を行うほか、債務者がこれを望むときには、あらためて別途委任を受けて、再生計画の変更（民再234条）やハードシップ免責（民再235条）、破産の申立て等を行うことが考えられます。また債権者に対しても不履行の理由やその後の方針等の説明をすることが考えられます。

解　説

1 個人再生事件における手続の終了とその後の履行に関する申立代理人の役割

個人再生手続は、再生計画認可決定が確定すると当然終結し（民再233条、244条）、裁判所における手続としては終了します。その後、認可された再生計

画に基づいて一定の弁済期間（原則 3 年、特別事情があるとき最長 5 年内）にわたる分割弁済を行います。再生債務者にとっては、再生計画に定められた期間の分割弁済を無事に終えることにより、非減免対象債権を除くすべての債務から解放されることになります。

個人再生手続を受任した弁護士は、申立代理人として個人再生手続の申立てを行い、再生計画の認可決定を得るため、再生計画案の立案・提出等所定の手続を進めますが、手続としては、再生計画認可決定の確定により終結し終了します。個人再生は、通常再生と異なり、監督委員制度の適用はないので（民再238条、245条）、監督委員による履行の監督に相当するものはありません。また、東京地裁のように、個人再生委員が選任される場合も、その職務は個人再生手続が再生計画の認可決定の確定により終結すると、その時点で終了します[1]。すなわち、個人再生では、再生計画認可決定確定後の履行を監督する機関はありません。

そのため、認可決定確定後の弁済の履行の問題や債権者からの苦情の処理について、申立代理人に対する期待が大きいのですが、他方、個人再生事件自体は終了しているため、その義務の範囲をめぐりいくつかの考え方があります。

2 個人再生事件の委任契約とその受任の範囲の明確化

個人再生事件受任の際には委任契約を結ばなければなりませんが（基本規程30条）、委任契約の範囲は、債務者と弁護士の意思により決まりますので、弁済履行段階での委任関係を継続するかどうかを委任契約で明示することが望ましいといえます。委任契約で弁済履行段階での委任関係が明示されているときには、それに従います。

弁済履行段階でも委任関係が継続する趣旨の委任契約を結ぶ場合には、委任契約の解除事由として、例えば再生債務者が履行を怠り、弁護士が 2 回以上催告してもこれに応じない場合や、弁済代行中に再生債務者と連絡が取れなくなった場合を明確に定めておくのが望ましいでしょう[2]。

---

1 『伊藤・破産民再二版』896頁。
2 『個再100問』22頁〔山田尚武〕。

3 再生計画認可決定確定後の委任関係が明示されていない場合の委任関係

　委任契約中に再生計画認可決定確定後の履行段階の委任関係について明示されていない場合が問題となります。この場合について、①認可確定により手続が終結する時点で委任契約の目的は実現し、委任関係は終了するというもの[3]（なお、この場合でも弁済代行をする場合は、弁済代行の範囲で委任ないしは準委任関係が継続するものと考えられます）、②委任契約の合理的解釈として弁済履行は委任契約の内容[4]をなし委任契約上の法的義務を認めるもの、③契約上の法的義務までは負わないが一定の範囲で道義的責任としての処理責任があるとするもの[5]等考え方が分かれているようです。

　多くの場合、申立て時の委任契約の委任事項は「個人再生事件」「個人再生の申立て」とされていると思われますが、個人再生事件は再生計画認可決定の確定により終結するのですから、このような場合には、委任契約上の義務は認可決定確定時までで終了すると解するのが素直な解釈であると考えます。②説のように委任契約の合理的解釈として委任契約上の法的義務を認める考え方は、個人再生事件では、弁済履行の段階を無事終えてこそ、過大な債務からの解放という再生債務者の依頼の目的が実現されるという関係に立っている点を重視するものといえます。「目的をより確実に達成する見地から、再生計画の履行についても関与することが求められていると解するのが相当」[6]であるという指摘もあります。しかし、個人再生事件は再生計画認可決定の確定により終結するのですから、契約当事者である再生債務者と弁護士の意思解釈として、認可決定確定時以降も委任関係が継続していると解することには無理があると考えます。もっとも、再生計画の不履行時における対応は再生債務者単独では難しい一方、申立代理人はそれまでの経過を熟知しており、債権者とも接点があったわけですから、その後の手続を円滑かつ低コストで進めるのに最も適しています。そのため、申立代理人の一定の関与が期待されていることは確かで

---

[3] 『個再100問』21頁〔山田尚武〕。
[4] 『個再100問』21頁〔山田尚武〕。
[5] 『個人再生の手引』398頁〔三山裕三〕。
[6] 『個人再生の手引』403頁〔島岡大雄〕。

あり、その意味で一定の道義的責任があるともいえるでしょう。

なお、申立代理人が弁済代行を受任している場合があります。この場合、委任（準委任）の範囲が弁済代行のみに限定されているのであれば、弁済代行の委任をもって再生計画不履行時の対応まで委任しているとは言えませんので[7]、前記に検討したことと同様の問題と考えます。

以下、再生計画認可決定確定後も委任契約が継続している場合と、終了している場合とを分けて具体的な対応を検討します。

4　再生計画認可決定確定後も委任契約が継続している場合の対応

再生計画の履行中に債務者が再生計画の履行を怠ることがあります。その理由としては、再生債務者の怠慢や失念、事情の変更（再生債務者が勤務先のリストラや倒産、病気などにより、継続的な収入を得ることに支障が生じ、新たな債務を負担して、経済的に再生計画に基づく履行に支障があるなど）があります。再生計画認可決定確定後も委任契約が継続している場合には、委任契約に基づき、申立代理人はこの事態に適切に対応する義務があります。

債務者が再生計画の履行を怠っている状況に対する対応はケースバイケースですが、以下のような対応が考えられます。

① 債権者からの問合せに対しては、再生計画不履行の理由、今後の方針等を説明すべきです。
② 再生債務者に対し、不履行の理由を確認した上で、(a)履行を促す、(b)再生計画不履行の効果を説明する、(c)今後の進め方について助言するなど、状況に応じた対応をすべきです。
③ この場合でも、再生計画変更の申立て、ハードシップ免責、破産申立て等の新たな手続は、通常は、委任契約の範囲に含まれていないと考えられますので、それらをすることが適切な場合に、債務者がこれを望むときには、あらためてこれに関する委任を受けて実行することが必要になります。

債務者に再三、履行を促しても再生計画が遂行される見込みがなく、かつ再生計画変更の申立て、ハードシップ免責、破産申立て等再整理のための新た

---

[7] 『個人再生の手引』399頁〔三山裕三〕。

手続も行われないときなど、債務者との間に信頼関係が失われ、かつ、その回復が困難なときは、その旨を債務者に説明し、申立代理人としては、むしろ辞任すべきです（基本規程43条）。弁護士が介入していることにより各債権者が直接取立てすることが禁止されており、また弁護士によって適切に債務整理がなされることへの信頼も生じていますから、辞任した場合にはそれらの効果を解消するのが適切であり、個人再生手続の全債権者にその旨を通知すべきであると考えます。

5 再生計画認可決定確定後は委任契約が継続していない場合の対応

　この場合に、再生計画不履行の事態が生じたときは、申立代理人は、委任契約に基づく義務は負いません。しかし、経済的に窮境にある個人債務者について、債権者との間の権利関係を適切に調整し、その経済生活の再生を図ることは社会的要請であり（民再1条）、再生計画の不履行時においてその後の手続を円滑かつ低コストで進めるには、経過を熟知している申立代理人が最低限の関与をするのが効率的であることから、申立代理人がある程度の関与をすることは望ましいと考えます。例えば、以下の対応が考えられます。

① 　債権者からの問合せに対しては、再生計画不履行の理由、今後の方針等を説明するのが期待されていると考えます。特に弁済代行をしている場合、事実上申立代理人が債権者の問合せ窓口になっていると考えられますから、申立代理人による説明が強く期待されていると言えます。

② 　再生計画を履行できないという事態は、少なからずありうることなので、その場合にどうなるかということは、申立代理人としては債務者に委任契約の終了時に説明をしておくべきだと考えられます。弁護士職務基本規程44条では「弁護士は、委任の終了に当たり、事件処理の状況又はその結果に関し、必要に応じ法的助言を付して、依頼者に説明しなければならない。」とされています。仮に、委任終了時に説明をしていないのであれば、不履行時にあらためて債務者に対し説明をするべきだと考えます。

③ 　委任契約終了時に上記の説明をしていたとしても、再生計画不履行が現実化した場合には、再生債務者に対し、不履行の理由を確認した上で、(a)履行を促す、(b)再生計画不履行の効果を説明する、(c)今後の進め方について助言

するなど、状況に応じた対応をすることが期待されていると考えます。
④　再生計画変更の申立て（民再234条1項）、ハードシップ免責、破産申立て等の新たな手続をすることが適切な場合に、債務者がこれを望むときには、あらためてこれに関する委任を受けて実行します。

　債権者からの問合せに対し、委任が終了していて代理人として行動をとる意思がない場合や、債務者に再三履行を促しても再生計画が遂行される見込みがなく、かつ再生計画変更の申立て、ハードシップ免責、破産申立て等再整理のための新たな手続も行われない場合は、債権者に対し、委任契約が終了していることを伝えるべきだと考えます。特に弁済代行をしている場合には、事実上申立代理人が債権者の問い合わせ窓口になっていると考えられますから、債権者全員に委任契約が終了していることを伝えるべきだと考えます。

（長沢美智子）

巻末資料

弁護士法（抜粋）

昭和24年6月10日法律第205号

第1章　弁護士の使命及び職務

（弁護士の使命）
第1条　弁護士は、基本的人権を擁護し、社会正義を実現することを使命とする。
2　弁護士は、前項の使命に基き、誠実にその職務を行い、社会秩序の維持及び法律制度の改善に努力しなければならない。

（弁護士の職責の根本基準）
第2条　弁護士は、常に、深い教養の保持と高い品性の陶やに努め、法令及び法律事務に精通しなければならない。

第4章　弁護士の権利及び義務

（会則を守る義務）
第22条　弁護士は、所属弁護士会及び日本弁護士連合会の会則を守らなければならない。

（秘密保持の権利及び義務）
第23条　弁護士又は弁護士であつた者は、その職務上知り得た秘密を保持する権利を有し、義務を負う。但し、法律に別段の定めがある場合は、この限りでない。

（職務を行い得ない事件）
第25条　弁護士は、次に掲げる事件については、その職務を行つてはならない。ただし、第3号及び第9号に掲げる事件については、受任している事件の依頼者が同意した場合は、この限りでない。
　一　相手方の協議を受けて賛助し、又はその依頼を承諾した事件
　二　相手方の協議を受けた事件で、その協議の程度及び方法が信頼関係に基づくと認められるもの
　三　受任している事件の相手方からの依頼による他の事件
　四　公務員として職務上取り扱つた事件
　五　仲裁手続により仲裁人として取り扱つた事件
　六　第30条の2第1項に規定する法人の社員又は使用人である弁護士としてその業務に従事していた期間内に、その法人が相手方の協議を受けて賛助し、又はその依頼を承諾した事件であつて、自らこれに関与したもの

七　第30条の２第１項に規定する法人の社員又は使用人である弁護士としてその業務に従事していた期間内に、その法人が相手方の協議を受けた事件で、その協議の程度及び方法が信頼関係に基づくと認められるものであつて、自らこれに関与したもの
八　第30条の２第１項に規定する法人の社員又は使用人である場合に、その法人が相手方から受任している事件
九　第30条の２第１項に規定する法人の社員又は使用人である場合に、その法人が受任している事件（当該弁護士が自ら関与しているものに限る。）の相手方からの依頼による他の事件

（汚職行為の禁止）
第26条　弁護士は、受任している事件に関し相手方から利益を受け、又はこれを要求し、若しくは約束してはならない。

（非弁護士との提携の禁止）
第27条　弁護士は、第72条乃至第74条の規定に違反する者から事件の周旋を受け、又はこれらの者に自己の名義を利用させてはならない。

第４章の２　弁護士法人

（設立等）
第30条の２　弁護士は、この章の定めるところにより、第３条に規定する業務を行うことを目的とする法人（以下「弁護士法人」という。）を設立することができる。
２　第１条の規定は、弁護士法人について準用する。

第８章　懲戒

第１節　懲戒事由及び懲戒権者等
（懲戒事由及び懲戒権者）
第56条　弁護士及び弁護士法人は、この法律又は所属弁護士会若しくは日本弁護士連合会の会則に違反し、所属弁護士会の秩序又は信用を害し、その他職務の内外を問わずその品位を失うべき非行があつたときは、懲戒を受ける。
２　懲戒は、その弁護士又は弁護士法人の所属弁護士会が、これを行う。
３　弁護士会がその地域内に従たる法律事務所のみを有する弁護士法人に対して行う懲戒の事由は、その地域内にある従たる法律事務所に係るものに限る。

（懲戒の種類）
第57条　弁護士に対する懲戒は、次の４種とする。
一　戒告

二　２年以内の業務の停止

　三　退会命令

　四　除名

２　弁護士法人に対する懲戒は、次の４種とする。

　一　戒告

　二　２年以内の弁護士法人の業務の停止又はその法律事務所の業務の停止

　三　退会命令（当該弁護士会の地域内に従たる法律事務所のみを有する弁護士法人に対するものに限る。）

　四　除名（当該弁護士会の地域内に主たる法律事務所を有する弁護士法人に対するものに限る。）

３　弁護士会は、その地域内に従たる法律事務所のみを有する弁護士法人に対して、前項第２号の懲戒を行う場合にあつては、その地域内にある法律事務所の業務の停止のみを行うことができる。

４　第２項又は前項の規定の適用に当たつては、日本弁護士連合会は、その地域内に当該弁護士法人の主たる法律事務所がある弁護士会とみなす。

第９章　法律事務の取扱いに関する取締り

（非弁護士の法律事務の取扱い等の禁止）

第72条　弁護士又は弁護士法人でない者は、報酬を得る目的で訴訟事件、非訟事件及び審査請求、異議申立て、再審査請求等行政庁に対する不服申立事件その他一般の法律事件に関して鑑定、代理、仲裁若しくは和解その他の法律事務を取り扱い、又はこれらの周旋をすることを業とすることができない。ただし、この法律又は他の法律に別段の定めがある場合は、この限りでない。

（譲り受けた権利の実行を業とすることの禁止）

第73条　何人も、他人の権利を譲り受けて、訴訟、調停、和解その他の手段によつて、その権利の実行をすることを業とすることができない。

（非弁護士の虚偽標示等の禁止）

第74条　弁護士又は弁護士法人でない者は、弁護士又は法律事務所の標示又は記載をしてはならない。

２　弁護士又は弁護士法人でない者は、利益を得る目的で、法律相談その他法律事務を取り扱う旨の標示又は記載をしてはならない。

３　弁護士法人でない者は、その名称中に弁護士法人又はこれに類似する名称を用いてはならない。

第10章　罰則

（非弁護士との提携等の罪）

第77条　次の各号のいずれかに該当する者は、2年以下の懲役又は300万円以下の罰金に処する。
　一　第27条（第30条の21において準用する場合を含む。）の規定に違反した者
　二　第28条（第30条の21において準用する場合を含む。）の規定に違反した者
　三　第72条の規定に違反した者
　四　第73条の規定に違反した者

弁護士職務基本規程

平成16年11月10日会規第70号

　弁護士は、基本的人権の擁護と社会正義の実現を使命とする。
　その使命達成のために、弁護士には職務の自由と独立が要請され、高度の自治が保障されている。
　弁護士は、その使命を自覚し、自らの行動を規律する社会的責任を負う。
　よって、ここに弁護士の職務に関する倫理と行為規範を明らかにするため、弁護士職務基本規程を制定する。

第1章　基本倫理

（使命の自覚）
第1条　弁護士は、その使命が基本的人権の擁護と社会正義の実現にあることを自覚し、その使命の達成に努める。
（自由と独立）
第2条　弁護士は、職務の自由と独立を重んじる。
（弁護士自治）
第3条　弁護士は、弁護士自治の意義を自覚し、その維持発展に努める。
（司法独立の擁護）
第4条　弁護士は、司法の独立を擁護し、司法制度の健全な発展に寄与するように努める。
（信義誠実）
第5条　弁護士は、真実を尊重し、信義に従い、誠実かつ公正に職務を行うものとす

る。
（名誉と信用）
第6条　弁護士は、名誉を重んじ、信用を維持するとともに、廉潔を保持し、常に品位を高めるように努める。
（研鑽）
第7条　弁護士は、教養を深め、法令及び法律事務に精通するため、研鑽に努める。
（公益活動の実践）
第8条　弁護士は、その使命にふさわしい公益活動に参加し、実践するように努める。

第2章　一般規律

（広告及び宣伝）
第9条　弁護士は、広告又は宣伝をするときは、虚偽又は誤導にわたる情報を提供してはならない。
2　弁護士は、品位を損なう広告又は宣伝をしてはならない。
（依頼の勧誘等）
第10条　弁護士は、不当な目的のため、又は品位を損なう方法により、事件の依頼を勧誘し、又は事件を誘発してはならない。
（非弁護士との提携）
第11条　弁護士は、弁護士法第72条から第74条までの規定に違反する者又はこれらの規定に違反すると疑うに足りる相当な理由のある者から依頼者の紹介を受け、これらの者を利用し、又はこれらの者に自己の名義を利用させてはならない。
（報酬分配の制限）
第12条　弁護士は、その職務に関する報酬を弁護士又は弁護士法人でない者との間で分配してはならない。ただし、法令又は本会若しくは所属弁護士会の定める会則に別段の定めがある場合その他正当な理由がある場合は、この限りでない。
（依頼者紹介の対価）
第13条　弁護士は、依頼者の紹介を受けたことに対する謝礼その他の対価を支払ってはならない。
2　弁護士は、依頼者の紹介をしたことに対する謝礼その他の対価を受け取ってはならない。
（違法行為の助長）
第14条　弁護士は、詐欺的取引、暴力その他違法若しくは不正な行為を助長し、又はこれらの行為を利用してはならない。

（品位を損なう事業への参加）
第15条　弁護士は、公序良俗に反する事業その他品位を損なう事業を営み、若しくはこれに加わり、又はこれらの事業に自己の名義を利用させてはならない。
（営利業務従事における品位保持）
第16条　弁護士は、自ら営利を目的とする業務を営むとき、又は営利を目的とする業務を営む者の取締役、執行役その他業務を執行する役員若しくは使用人となったときは、営利を求めることにとらわれて、品位を損なう行為をしてはならない。
（係争目的物の譲受け）
第17条　弁護士は、係争の目的物を譲り受けてはならない。
（事件記録の保管等）
第18条　弁護士は、事件記録を保管又は廃棄するに際しては、秘密及びプライバシーに関する情報が漏れないように注意しなければならない。
（事務職員等の指導監督）
第19条　弁護士は、事務職員、司法修習生その他の自らの職務に関与させた者が、その者の業務に関し違法若しくは不当な行為に及び、又はその法律事務所の業務に関して知り得た秘密を漏らし、若しくは利用することのないように指導及び監督をしなければならない。

第3章　依頼者との関係における規律

第1節　通則
（依頼者との関係における自由と独立）
第20条　弁護士は、事件の受任及び処理に当たり、自由かつ独立の立場を保持するように努める。
（正当な利益の実現）
第21条　弁護士は、良心に従い、依頼者の権利及び正当な利益を実現するように努める。
（依頼者の意思の尊重）
第22条　弁護士は、委任の趣旨に関する依頼者の意思を尊重して職務を行うものとする。
2　弁護士は、依頼者が疾病その他の事情のためその意思を十分に表明できないときは、適切な方法を講じて依頼者の意思の確認に努める。
（秘密の保持）
第23条　弁護士は、正当な理由なく、依頼者について職務上知り得た秘密を他に漏らし、又は利用してはならない。

（弁護士報酬）
第24条　弁護士は、経済的利益、事案の難易、時間及び労力その他の事情に照らして、適正かつ妥当な弁護士報酬を提示しなければならない。
（依頼者との金銭貸借等）
第25条　弁護士は、特別の事情がない限り、依頼者と金銭の貸借をし、又は自己の債務について依頼者に保証を依頼し、若しくは依頼者の債務について保証をしてはならない。
（依頼者との紛議）
第26条　弁護士は、依頼者との信頼関係を保持し紛議が生じないように努め、紛議が生じたときは、所属弁護士会の紛議調停で解決するように努める。

第2節　職務を行い得ない事件の規律
（職務を行い得ない事件）
第27条　弁護士は、次の各号のいずれかに該当する事件については、その職務を行ってはならない。ただし、第3号に掲げる事件については、受任している事件の依頼者が同意した場合は、この限りでない。
　一　相手方の協議を受けて賛助し、又はその依頼を承諾した事件
　二　相手方の協議を受けた事件で、その協議の程度及び方法が信頼関係に基づくと認められるもの
　三　受任している事件の相手方からの依頼による他の事件
　四　公務員として職務上取り扱った事件
　五　仲裁、調停、和解斡旋その他の裁判外紛争解決手続機関の手続実施者として取り扱った事件
（同前）
第28条　弁護士は、前条に規定するもののほか、次の各号のいずれかに該当する事件については、その職務を行ってはならない。ただし、第1号及び第4号に掲げる事件についてその依頼者が同意した場合、第2号に掲げる事件についてその依頼者及び相手方が同意した場合並びに第3号に掲げる事件についてその依頼者及び他の依頼者のいずれもが同意した場合は、この限りでない。
　一　相手方が配偶者、直系血族、兄弟姉妹又は同居の親族である事件
　二　受任している他の事件の依頼者又は継続的な法律事務の提供を約している者を相手方とする事件
　三　依頼者の利益と他の依頼者の利益が相反する事件
　四　依頼者の利益と自己の経済的利益が相反する事件

第3節　事件の受任時における規律
（受任の際の説明等）
第29条　弁護士は、事件を受任するに当たり、依頼者から得た情報に基づき、事件の見通し、処理の方法並びに弁護士報酬及び費用について、適切な説明をしなければならない。
2　弁護士は、事件について、依頼者に有利な結果となることを請け合い、又は保証してはならない。
3　弁護士は、依頼者の期待する結果が得られる見込みがないにもかかわらず、その見込みがあるように装って事件を受任してはならない。
（委任契約書の作成）
第30条　弁護士は、事件を受任するに当たり、弁護士報酬に関する事項を含む委任契約書を作成しなければならない。ただし、委任契約書を作成することに困難な事由があるときは、その事由が止んだ後、これを作成する。
2　前項の規定にかかわらず、受任する事件が、法律相談、簡易な書面の作成又は顧問契約その他継続的な契約に基づくものであるときその他合理的な理由があるときは、委任契約書の作成を要しない。
（不当な事件の受任）
第31条　弁護士は、依頼の目的又は事件処理の方法が明らかに不当な事件を受任してはならない。
（不利益事項の説明）
第32条　弁護士は、同一の事件について複数の依頼者があってその相互間に利害の対立が生じるおそれがあるときは、事件を受任するに当たり、依頼者それぞれに対し、辞任の可能性その他の不利益を及ぼすおそれのあることを説明しなければならない。
（法律扶助制度等の説明）
第33条　弁護士は、依頼者に対し、事案に応じ、法律扶助制度、訴訟救助制度その他の資力の乏しい者の権利保護のための制度を説明し、裁判を受ける権利が保障されるように努める。
（受任の諾否の通知）
第34条　弁護士は、事件の依頼があったときは、速やかに、その諾否を依頼者に通知しなければならない。

第4節　事件の処理における規律
（事件の処理）

第35条　弁護士は、事件を受任したときは、速やかに着手し、遅滞なく処理しなければならない。

（事件処理の報告及び協議）
第36条　弁護士は、必要に応じ、依頼者に対して、事件の経過及び事件の帰趨に影響を及ぼす事項を報告し、依頼者と協議しながら事件の処理を進めなければならない。

（法令等の調査）
第37条　弁護士は、事件の処理に当たり、必要な法令の調査を怠ってはならない。
2　弁護士は、事件の処理に当たり、必要かつ可能な事実関係の調査を行うように努める。

（預り金の保管）
第38条　弁護士は、事件に関して依頼者、相手方その他利害関係人から金員を預かったときは、自己の金員と区別し、預り金であることを明確にする方法で保管し、その状況を記録しなければならない。

（預り品の保管）
第39条　弁護士は、事件に関して依頼者、相手方その他利害関係人から書類その他の物品を預かったときは、善良な管理者の注意をもって保管しなければならない。

（他の弁護士の参加）
第40条　弁護士は、受任している事件について、依頼者が他の弁護士又は弁護士法人に依頼をしようとするときは、正当な理由なく、これを妨げてはならない。

（受任弁護士間の意見不一致）
第41条　弁護士は、同一の事件を受任している他の弁護士又は弁護士法人との間に事件の処理について意見が一致せず、これにより、依頼者に不利益を及ぼすおそれがあるときは、依頼者に対し、その事情を説明しなければならない。

（受任後の利害対立）
第42条　弁護士は、複数の依頼者があって、その相互間に利害の対立が生じるおそれのある事件を受任した後、依頼者相互間に現実に利害の対立が生じたときは、依頼者それぞれに対し、速やかに、その事情を告げて、辞任その他の事案に応じた適切な措置をとらなければならない。

（信頼関係の喪失）
第43条　弁護士は、受任した事件について、依頼者との間に信頼関係が失われ、かつ、その回復が困難なときは、その旨を説明し、辞任その他の事案に応じた適切な措置をとらなければならない。

第5節　事件の終了時における規律
（処理結果の説明）
第44条　弁護士は、委任の終了に当たり、事件処理の状況又はその結果に関し、必要に応じ法的助言を付して、依頼者に説明しなければならない。
（預り金等の返還）
第45条　弁護士は、委任の終了に当たり、委任契約に従い、金銭を清算したうえ、預り金及び預り品を遅滞なく返還しなければならない。

第4章　刑事弁護における規律

（刑事弁護の心構え）
第46条　弁護士は、被疑者及び被告人の防御権が保障されていることにかんがみ、その権利及び利益を擁護するため、最善の弁護活動に努める。
（接見の確保と身体拘束からの解放）
第47条　弁護士は、身体の拘束を受けている被疑者及び被告人について、必要な接見の機会の確保及び身体拘束からの解放に努める。
（防御権の説明等）
第48条　弁護士は、被疑者及び被告人に対し、黙秘権その他の防御権について適切な説明及び助言を行い、防御権及び弁護権に対する違法又は不当な制限に対し、必要な対抗措置をとるように努める。
（国選弁護における対価受領等）
第49条　弁護士は、国選弁護人に選任された事件について、名目のいかんを問わず、被告人その他の関係者から報酬その他の対価を受領してはならない。
2　弁護士は、前項の事件について、被告人その他の関係者に対し、その事件の私選弁護人に選任するように働きかけてはならない。ただし、本会又は所属弁護士会の定める会則に別段の定めがある場合は、この限りでない。

第5章　組織内弁護士における規律

（自由と独立）
第50条　官公署又は公私の団体（弁護士法人を除く。以下これらを合わせて「組織」という。）において職員若しくは使用人となり、又は取締役、理事その他の役員となっている弁護士（以下「組織内弁護士」という。）は、弁護士の使命及び弁護士の本質である自由と独立を自覚し、良心に従って職務を行うように努める。
（違法行為に対する措置）
第51条　組織内弁護士は、その担当する職務に関し、その組織に属する者が業務上法

令に違反する行為を行い、又は行おうとしていることを知ったときは、その者、自らが所属する部署の長又はその組織の長、取締役会若しくは理事会その他の上級機関に対する説明又は勧告その他のその組織内における適切な措置をとらなければならない。

第6章　事件の相手方との関係における規律

（相手方本人との直接交渉）
第52条　弁護士は、相手方に法令上の資格を有する代理人が選任されたときは、正当な理由なく、その代理人の承諾を得ないで直接相手方と交渉してはならない。

（相手方からの利益の供与）
第53条　弁護士は、受任している事件に関し、相手方から利益の供与若しくは供応を受け、又はこれを要求し、若しくは約束をしてはならない。

（相手方に対する利益の供与）
第54条　弁護士は、受任している事件に関し、相手方に対し、利益の供与若しくは供応をし、又は申込みをしてはならない。

第7章　共同事務所における規律

（遵守のための措置）
第55条　複数の弁護士が法律事務所（弁護士法人の法律事務所である場合を除く。）を共にする場合（以下この法律事務所を「共同事務所」という。）において、その共同事務所に所属する弁護士（以下「所属弁護士」という。）を監督する権限のある弁護士は、所属弁護士がこの規程を遵守するための必要な措置をとるように努める。

（秘密の保持）
第56条　所属弁護士は、他の所属弁護士の依頼者について執務上知り得た秘密を正当な理由なく他に漏らし、又は利用してはならない。その共同事務所の所属弁護士でなくなった後も、同様とする。

（職務を行い得ない事件）
第57条　所属弁護士は、他の所属弁護士（所属弁護士であった場合を含む。）が、第27条又は第28条の規定により職務を行い得ない事件については、職務を行ってはならない。ただし、職務の公正を保ち得る事由があるときは、この限りでない。

（同前－受任後）
第58条　所属弁護士は、事件を受任した後に前条に該当する事由があることを知ったときは、速やかに、依頼者にその事情を告げて、辞任その他の事案に応じた適切な

措置をとらなければならない。

（事件情報の記録等）

第59条　所属弁護士は、職務を行い得ない事件の受任を防止するため、他の所属弁護士と共同して、取扱い事件の依頼者、相手方及び事件名の記録その他の措置をとるように努める。

（準用）

第60条　この章の規定は、弁護士が外国法事務弁護士と事務所を共にする場合に準用する。この場合において、第55条中「複数の弁護士が」とあるのは「弁護士及び外国法事務弁護士が」と、「共同事務所に所属する弁護士（以下「所属弁護士」という。）」とあるのは「共同事務所に所属する外国法事務弁護士（以下「所属外国法事務弁護士」という。）」と、「所属弁護士が」とあるのは「所属外国法事務弁護士が」と、第56条から第59条までの規定中「他の所属弁護士」とあるのは「所属外国法事務弁護士」と、第57条中「第27条又は第28条」とあるのは「外国特別会員基本規程第30条の2において準用する第27条又は第28条」と読み替えるものとする。

第8章　弁護士法人における規律

（遵守のための措置）

第61条　弁護士法人の社員である弁護士は、その弁護士法人の社員又は使用人である弁護士（以下「社員等」という。）及び使用人である外国法事務弁護士がこの規程を遵守するための必要な措置をとるように努める。

（秘密の保持）

第62条　社員等は、その弁護士法人、他の社員等又は使用人である外国法事務弁護士の依頼者について執務上知り得た秘密を正当な理由なく他に漏らし、又は利用してはならない。社員等でなくなった後も、同様とする。

（職務を行い得ない事件）

第63条　社員等（第1号及び第2号の場合においては、社員等であった者を含む。）は、次に掲げる事件については、職務を行ってはならない。ただし、第4号に掲げる事件については、その弁護士法人が受任している事件の依頼者の同意がある場合は、この限りでない。

　一　社員等であった期間内に、その弁護士法人が相手方の協議を受けて賛助し、又はその依頼を承諾した事件であって、自らこれに関与したもの

　二　社員等であった期間内に、その弁護士法人が相手方の協議を受けた事件で、その協議の程度及び方法が信頼関係に基づくと認められるものであって、自らこれに関与したもの

三　その弁護士法人が相手方から受任している事件
　四　その弁護士法人が受任している事件（当該社員等が自ら関与しているものに限る。）の相手方からの依頼による他の事件
（他の社員等との関係で職務を行い得ない事件）
第64条　社員等は、他の社員等が第27条、第28条又は第63条第1号若しくは第2号のいずれかの規定により職務を行い得ない事件については、職務を行ってはならない。ただし、職務の公正を保ち得る事由があるときは、この限りでない。
2　社員等は、使用人である外国法事務弁護士が外国特別会員基本規程第30条の2において準用する第27条、第28条又は第63条第1号若しくは第2号のいずれかの規定により職務を行い得ない事件については、職務を行ってはならない。ただし、職務の公正を保ち得る事由があるときは、この限りでない。
（業務を行い得ない事件）
第65条　弁護士法人は、次の各号のいずれかに該当する事件については、その業務を行ってはならない。ただし、第3号に規定する事件については受任している事件の依頼者の同意がある場合及び第5号に規定する事件についてはその職務を行い得ない社員がその弁護士法人の社員の総数の半数未満であり、かつ、その弁護士法人に業務の公正を保ち得る事由がある場合は、この限りでない。
　一　相手方の協議を受けて賛助し、又はその依頼を承諾した事件
　二　相手方の協議を受けた事件で、その協議の程度及び方法が信頼関係に基づくと認められるもの
　三　受任している事件の相手方からの依頼による他の事件
　四　社員等又は使用人である外国法事務弁護士が相手方から受任している事件
　五　社員が第27条、第28条又は第63条第1号若しくは第2号のいずれかの規定により職務を行い得ない事件
（同前）
第66条　弁護士法人は、前条に規定するもののほか、次の各号のいずれかに該当する事件については、その業務を行ってはならない。ただし、第1号に掲げる事件についてその依頼者及び相手方が同意した場合、第2号に掲げる事件についてその依頼者及び他の依頼者のいずれもが同意した場合並びに第3号に掲げる事件についてその依頼者が同意した場合は、この限りでない。
　一　受任している他の事件の依頼者又は継続的な法律事務の提供を約している者を相手方とする事件
　二　依頼者の利益と他の依頼者の利益が相反する事件
　三　依頼者の利益とその弁護士法人の経済的利益が相反する事件

（同前－受任後）
第67条　社員等は、事件を受任した後に第63条第3号の規定に該当する事由があることを知ったときは、速やかに、依頼者にその事情を告げ、辞任その他の事案に応じた適切な措置をとらなければならない。
2　弁護士法人は、事件を受任した後に第65条第4号又は第5号の規定に該当する事由があることを知ったときは、速やかに、依頼者にその事情を告げ、辞任その他の事案に応じた適切な措置をとらなければならない。
（事件情報の記録等）
第68条　弁護士法人は、その業務が制限されている事件を受任すること及びその社員等若しくは使用人である外国法事務弁護士が職務を行い得ない事件を受任することを防止するため、その弁護士法人、社員等及び使用人である外国法事務弁護士の取扱い事件の依頼者、相手方及び事件名の記録その他の措置をとるように努める。
（準用）
第69条　第1章から第3章まで（第16条、第19条、第23条及び第3章中第2節を除く。）、第6章及び第9章から第12章までの規定は、弁護士法人に準用する。

第9章　他の弁護士との関係における規律

（名誉の尊重）
第70条　弁護士は、他の弁護士、弁護士法人及び外国法事務弁護士（以下「弁護士等」という。）との関係において、相互に名誉と信義を重んじる。
（弁護士に対する不利益行為）
第71条　弁護士は、信義に反して他の弁護士等を不利益に陥れてはならない。
（他の事件への不当介入）
第72条　弁護士は、他の弁護士等が受任している事件に不当に介入してはならない。
（弁護士間の紛議）
第73条　弁護士は、他の弁護士等との間の紛議については、協議又は弁護士会の紛議調停による円満な解決に努める。

第10章　裁判の関係における規律

（裁判の公正と適正手続）
第74条　弁護士は、裁判の公正及び適正手続の実現に努める。
（偽証のそそのかし）
第75条　弁護士は、偽証若しくは虚偽の陳述をそそのかし、又は虚偽と知りながらその証拠を提出してはならない。

（裁判手続の遅延）
第76条　弁護士は、怠慢により又は不当な目的のため、裁判手続を遅延させてはならない。

（裁判官等との私的関係の不当利用）
第77条　弁護士は、その職務を行うに当たり、裁判官、検察官その他裁判手続に関わる公職にある者との縁故その他の私的関係があることを不当に利用してはならない。

第11章　弁護士会との関係における規律

（弁護士法等の遵守）
第78条　弁護士は、弁護士法並びに本会及び所属弁護士会の会則を遵守しなければならない。

（委嘱事項の不当拒絶）
第79条　弁護士は、正当な理由なく、会則の定めるところにより、本会、所属弁護士会及び所属弁護士会が弁護士法第44条の規定により設けた弁護士会連合会から委嘱された事項を行うことを拒絶してはならない。

第12章　官公署との関係における規律

（委嘱事項の不当拒絶）
第80条　弁護士は、正当な理由なく、法令により官公署から委嘱された事項を行うことを拒絶してはならない。

（受託の制限）
第81条　弁護士は、法令により官公署から委嘱された事項について、職務の公正を保ち得ない事由があるときは、その委嘱を受けてはならない。

第13章　解釈適用指針

（解釈適用指針）
第82条　この規程は、弁護士の職務の多様性と個別性にかんがみ、その自由と独立を不当に侵すことのないよう、実質的に解釈し適用しなければならない。第5条の解釈適用に当たって、刑事弁護においては、被疑者及び被告人の防御権並びに弁護人の弁護権を侵害することのないように留意しなければならない。

2　第1章並びに第20条から第22条まで、第26条、第33条、第37条第2項、第46条から第48条まで、第50条、第55条、第59条、第61条、第68条、第70条、第73条及び第74条の規定は、弁護士の職務の行動指針又は努力目標を定めたものとして解釈し適

用しなければならない。

附則

この規程は、平成17年4月1日から施行する。

弁護士の報酬に関する規程

平成16年2月26日会規第68号
平成20年12月5日改正

（目的）
第1条　この規程は、会則第87条第2項及び弁護士法人規程第19条に基づき、弁護士（弁護士法人を含む。以下同じ。）の報酬に関し必要な事項を定めることを目的とする。
（弁護士の報酬）
第2条　弁護士の報酬は、経済的利益、事案の難易、時間及び労力その他の事情に照らして適正かつ妥当なものでなければならない。
（報酬基準の作成・備え置き）
第3条　弁護士は、弁護士の報酬に関する基準を作成し、事務所に備え置かなければならない。
2　前項に規定する基準には、報酬の種類、金額、算定方法、支払時期及びその他弁護士の報酬を算定するために必要な事項を明示しなければならない。
（報酬見積書）
第4条　弁護士は、法律事務を依頼しようとする者から申し出があったときは、その法律事務の内容に応じた報酬見積書の作成及び交付に努める。
（報酬の説明・契約書作成）
第5条　弁護士は、法律事務を受任するに際し、弁護士の報酬及びその他の費用について説明しなければならない。
2　弁護士は、法律事務を受任したときは、弁護士の報酬に関する事項を含む委任契約書を作成しなければならない。ただし、委任契約書を作成することに困難な事由があるときは、その事由が止んだ後、これを作成する。
3　前項の規定にかかわらず、受任した法律事務が、法律相談、簡易な書面の作成、顧問契約等継続的な契約に基づくものであるときその他合理的な理由があるときは、委任契約書の作成を要しない。
4　第2項に規定する委任契約書には、受任する法律事務の表示及び範囲、弁護士の

報酬の種類、金額、算定方法及び支払時期、委任契約が委任事務の終了に至るまで解除ができる旨並びに委任契約が中途で終了した場合の清算方法を記載しなければならない。
(情報の提供)
第6条　弁護士は、弁護士の報酬に関する自己の情報を開示及び提供するよう努める。

附則

1　この規程は、平成16年4月1日から施行する。
2　この規程の施行の際現に受任している法律事務の弁護士の報酬については、なお従前の例による。

附則（平成20年12月5日改正）

第5条第4項の改正規定は、平成21年4月1日から施行する。

債務整理事件処理の規律を定める規程

平成23年2月9日会規第93号

(目的)
第1条　この規程は、過払金返還請求事件を含む債務整理事件が多量に生じている状況において、債務整理事件について一部の弁護士（弁護士法人を含む。第7条を除き、以下同じ。）によって不適切な勧誘、受任及び法律事務処理並びに不適正かつ不当な額の弁護士報酬の請求又は受領がなされているとの批判があることにかんがみ、臨時の措置として、債務整理事件の勧誘、受任及び法律事務処理に関して弁護士が遵守すべき事項を定めるとともに、主として過払金返還請求事件における弁護士報酬の額を適正化し、もって弁護士に対する国民の信頼の確保及び依頼者の利益の擁護を図ることを目的とする。
(定義)
第2条　この規程において、次の各号に掲げる用語の意義は、当該各号に定めるところによる。
1　債務者　金融業者に対して債務を負担する個人又は次に掲げるいずれかの会社であって、第5号に掲げる債務整理事件を弁護士に依頼し、又は依頼しようとする者をいう。ただし、総債権者に対する債務（住宅の建設若しくは購入に必要な資金（住宅の用に供する土地又は借地権の取得に必要な資金を含む。）又は住宅の改良に

必要な資金の貸付けに係る分割払の定めのある債権であって、当該債権又は当該債権に係る債務の保証人（保証を業とする者に限る。）の主たる債務者に対する求償権を担保するための抵当権が住宅に設定されているものに係る債務を除く。）の総額が5000万円を超える者を除く。
　　イ　工業、鉱業、運送業その他の業種（商業又はサービス業を除く。）に属する事業を主たる事業として営む会社であって、常時使用する従業員の数が20人以下のもの
　　ロ　商業又はサービス業に属する事業を主たる事業として営む会社であって、常時使用する従業員の数が5人以下のもの
2　債権者　債務者に対して債権を有するとみられる者をいう。
3　任意整理事件　債権者が債務者に対して有するとみられる債権について、弁済の額、方法等について裁判外で債権者と交渉をして処理する事件をいい、債権者との取引について、利息制限法（昭和29年法律第100号）が定める利息の利率による引直し計算をした結果、債務者が、債権者に対して債務を負担しないこととなる場合及び第6号に規定する過払金債権を有することとなる場合の事件を含む。
4　非事業者等　任意整理事件任意整理事件のうち、弁護士が受任する時点において、当該任意整理事件において処理すべき法律事務が次条及び第4条に規定する事務のほかには、第10条第1項第2号イからトまでに掲げるものにほぼ尽きると予想される事件をいう。
5　債務整理事件　債務者に係る任意整理事件、破産手続開始申立事件、民事再生手続開始申立事件、特定調停申立事件及びこれらに類する事件（任意整理事件に付随して特定調停申立て等を行う場合を含む。）をいう。
6　過払金返還請求事件　債権者との取引について、利息制限法が定める利息の利率による引直し計算をした結果、弁済すべき金額を超えて支払った金額（以下「過払金」という。）が生じることとなった債務者が、当該債権者に対してその返還請求を行う事件をいう。
7　弁護士報酬　弁護士がその職務の対価として受ける報酬をいう。
8　着手金　弁護士報酬のうち、弁護士が、事件又は法律事務の性質上、委任事務処理の結果に成功不成功があるものについて、その結果のいかんにかかわらず受任時に受けるべき委任事務処理の対価をいう。
9　報酬金　弁護士報酬のうち、弁護士が、事件又は法律事務の性質上、委任事務処理の結果に成功不成功があるものについて、その成功の程度に応じて受ける委任事務処理の対価をいう。

（聴取すべき事項等）

第3条　弁護士は、債務整理事件を受任するに当たっては、あらかじめ、当該事件を受任する予定の弁護士（複数の弁護士が受任する予定である場合にあっては少なくともそのうちのいずれか1人を、弁護士法人が受任する予定である場合にあっては当該弁護士法人の社員又は使用人である弁護士のうち少なくともいずれか1人をいう。）が、当該債務者と自ら面談をして、次に掲げる事項を聴取しなければならない。ただし、面談することに困難な特段の事情があるときは、当該事情がやんだ後速やかに、自ら面談をして、次に掲げる事項を聴取することで足りる。
　一　債務の内容
　二　当該債務者（当該債務者と生計を同じくする家族があるときは、当該家族を含む。）の資産、収入、生活費その他の生活状況
　三　当該債務者が不動産を所有している場合にあっては、その処理に関する希望
　四　前号に掲げるもののほか、当該債務整理事件の処理に関する意向
2　弁護士は、前項ただし書に規定する特段の事情がある場合であっても、電話、書面、ファクシミリ、電子メールその他の適当な通信手段により、又は同居の親族を介するなどして、前項に掲げる事項を把握した上で受任しなければならない。この場合においては、当該弁護士が面談して聴取を行う場合と変わらない程度に、当該事項を的確に把握することができるように努める。
3　第1項の面談は、債務者ごとに行わなければならない。ただし、当該債務整理事件の債務者及び当該債務整理事件に関連する他の債務整理事件の債務者について、その両者と同時に面談することが必要な場合その他特別な事情があるときは、この限りでない。

（事件処理方針等及び不利益事項の説明）
第4条　弁護士は、債務整理事件を受任するに際し、事件処理の方針及び見通し、弁護士報酬及びその他の費用（以下「弁護士費用」という。）並びに当該方針に係る法的手続及び処理方法に関して生じることが予想される次に掲げる事項その他の不利益事項の説明をしなければならない。
　一　破産手続を選択したときは、法令の定めによる資格等の制限により当該債務者が就くことのできない職業があること。
　二　当該債務者が信用情報機関（資金需要者の借入金返済能力に関する情報の収集及び金融機関に対する当該情報の提供を行うものをいう。）において借入金返済能力に関する情報を登録され、金融機関からの借入れ等に関して支障が生じるおそれのあること。
　三　当該債務者が所有している不動産等の資産を失う可能性があること。
2　前項の説明は、前条に規定する聴取を行った弁護士において、自ら、当該聴取に

引き続いて行わなければならない。
3　前項の規定にかかわらず、第1項の説明は、前条に規定する聴取を行った弁護士の同席の下で、他の受任弁護士（弁護士法人が受任する場合にあっては、当該弁護士法人の社員又は使用人である弁護士であって、前条に規定する聴取を行った弁護士以外の弁護士をいう。以下この条において同じ。）において行うことができる。
4　第2項の規定にかかわらず、第1項の説明は、前条に規定する聴取に引き続いて行うに十分な時間が不足するときその他正当な理由がある場合は、当該聴取後、遅滞なく、当該聴取を行った弁護士において、自ら行うことができる。ただし、当該弁護士と十分な意思疎通を図った上で他の受任弁護士において説明することを妨げない。
5　前項の場合において、当該債務者が面談によらないで説明を受けることを希望するときは、電話、書面、ファクシミリ、電子メールその他の適当な通信手段を用いて説明をすることができる。この場合においては、当該弁護士が面談して行う場合と同じ程度に当該債務者が説明を理解することができるように努める。

（弁護士費用の説明等）
第5条　弁護士は、前条の規定により弁護士費用について説明をするに当たっては、債務者に弁護士費用に関する誤解が生じないようにし、かつ、自らの弁護士報酬の額が適正かつ妥当であることの理解を得るよう努める。
2　弁護士は、弁護士費用に関する事項を委任契約書に記載するに当たっては、当該債務者に弁護士費用に関する誤解が生じないように努める。

（民事法律扶助制度の説明）
第6条　弁護士は、債務整理事件を受任するに際しては、事案に応じ、当該債務者の経済生活の再生の観点から必要かつ相当と認められる場合には、法律扶助制度その他の資力の乏しい者の権利保護のための制度を説明し、当該債務者が当該制度の利用を希望するときは、その利用が可能となるように努める。

（受任弁護士等の明示等）
第7条　債務整理事件を受任した弁護士又は弁護士法人は、当該債務者に対し、速やかに、弁護士にあっては氏名（職務上の氏名を使用している者については、職務上の氏名をいう。以下同じ。）及び法律事務所の所在地（法律事務所に名称がある場合にあっては、その名称を含む。以下同じ。）を、弁護士法人にあっては当該弁護士法人の社員（弁護士法（昭和24年法律第205号）第30条の14の規定に基づき当該債務整理事件について業務を担当する社員を指定した場合にあっては、当該社員）又は使用人である弁護士の氏名及び当該社員又は使用人である弁護士が所属する法律事務所の所在地を明示しなければならない。

2　前項の規定による明示は、弁護士及び弁護士法人が債務整理事件を共同受任した場合には、受任したすべての弁護士及び弁護士法人が、その明示すべきすべての事項について、共同してしなければならない。
3　債務整理事件を受任した弁護士又は弁護士法人が復代理人を選任したときは、当該債務者に対して、選任後速やかに、当該復代理人の氏名、法律事務所の所在地及び所属弁護士会を、書面、ファクシミリ、電子メールその他これらに類する適当な方法により通知しなければならない。
4　債務整理事件の復代理人に選任された弁護士は、選任後速やかに、当該債務者に対して、前項の方法によりその旨を通知しなければならない。ただし、前項の規定による通知が復代理人との連名によるものであるときは、この限りでない。

（過払金返還請求事件の受任等に関する規律）
第8条　弁護士は、債務者から過払金返還請求事件の依頼を受けるに当たっては、当該債務者が負担している他の債務の有無、内容及び件数を確認し、当該債務者が負担するすべての債務に関する事項を把握するように努める。債務者から過払金返還請求事件の依頼を受けて事件処理を行っている間に、当該債務者が他の債務を負担していると思料される事情があることを知ったときも、同様とする。
2　弁護士は、債務者が負担している他の債務があることを知りながら、当該他の債務についての債務整理事件の依頼を受けずに過払金返還請求事件のみの依頼を受けてはならない。ただし、弁護士が当該他の債務について債務整理を行わない場合に生じる可能性のある不利益について説明し、その説明を受けても当該債務者が当該他の債務についての債務整理事件を依頼することを希望せず、かつ、その理由が不当な目的に基づくものではないと認められるときは、この限りでない。

（任意整理事件の弁護士報酬）
第9条　弁護士は、次条から第16条までの規定に反して、任意整理事件の弁護士報酬を請求し、又は受領してはならない。
2　次条から第16条までに規定する弁護士報酬の額には、消費税額を含まないものとする。

（任意整理事件の着手金）
第10条　弁護士は、任意整理事件を受任するに際して着手金について定めるときは、弁護士の報酬に関する規程（会規第68号）第2条に規定する事情のほか、次に掲げる事情に照らして適正かつ妥当な金額としなければならない。
　一　第3条第1項第2号に掲げる事項
　二　当該事件において処理すべき法律事務が、第3条及び第4条に規定する事務のほかには、次に掲げるものにほぼ尽きると予想されるか否か。

イ　債権者に対し、事件を受任したことを通知し、取引履歴の開示を要求すること（債務者及びその家族、保証人等の関係者への請求を差し控えるよう要求すること並びに違法行為を行っている債権者に対して支払の拒絶を通知することを含む。）。
　　ロ　債権者との取引について利息制限法が定める利息の利率による引直し計算を行うこと。
　　ハ　ロの引直し計算の方法について債権者と交渉をすること。
　　ニ　ロの引直し計算をした結果（ハの交渉を経た場合を含む。）、債務者が負担することが明らかとなった債務について、主に債務者の将来の収入を弁済原資として、債権者との間で分割弁済の交渉をして裁判外で和解をすること。
　　ホ　ニに掲げる事務の結果成立した和解に基づく弁済の送金代行を受任する場合にあっては、当該事務を行うこと。
　　ヘ　過払金の返還請求を裁判上又は裁判外で行い、それを回収すること。
　　ト　第3条及び第4条に規定する事務並びにイからヘまでに掲げる事務に通常付随して行われる事務
2　弁護士は、受任した非事業者等任意整理事件については、次に掲げる場合その他の特段の事情がある場合であって、受任の際に定めた着手金の額が不相応となったときを除き、着手金を追加して請求し、又は受領してはならない。
　一　債権者の数が着手金の金額を定めた時までに債務者から申告されていた数よりも増えたとき。
　二　債権者からの請求訴訟に応訴し、又はその他の法的手続に対処して代理人となるとき。
　三　受任の際に予想されなかった法律事務処理が必要となり、かつ、当該法律事務処理に相当の時間又は労力を必要とするとき。
　四　第3条若しくは第4条に規定する事務又は前項第2号イからトまでに掲げる事務の処理に、受任の際に予想された程度を著しく超えて時間又は労力を必要とするとき。
3　弁護士は、任意整理事件の着手金を受領している場合には、当該事件の債権者に過払金返還請求をすることについて別に着手金を請求してはならない。ただし、次に掲げる場合は、この限りでない。
　一　過払金返還請求訴訟を提起する場合であって、その被告となるべき者が過払金の返還に応じない理由に相応の合理性があるとき。
　二　過払金返還請求訴訟の判決に対して上訴を提起する場合
　三　過払金返還請求訴訟の被告であった者に上訴を提起された場合

四　過払金返還請求権についての債務名義に基づき強制執行を申し立てる場合

（個別事務手数料等の規制）

第11条　弁護士が、非事業者等任意整理事件について着手金を請求し、又は受領しているときは、前条第１項第２号イからトまでに掲げる個別の事務の処理（同号ホに掲げる事務の処理を除く。）に関して、着手金、手数料その他名目のいかんを問わず弁護士報酬（次条に規定する報酬金を除く。）を請求し、又は受領してはならない。

（非事業者等任意整理事件の報酬金）

第12条　この条から第15条までにおいて、次の各号に掲げる用語の意義は、当該各号に定めるところによる。

一　解決報酬金　第10条第１項第２号ニの和解が成立したこと又は債権者からの請求を事実上免れるに至ったことについての報酬金であって、経済的利益に応じて算定する方式を採らないもの

二　減額報酬金　弁護士が受任した時点で債権者が主張していた債務について、それを減額させ、又は免れさせた場合に、その減額され、又は免れた債務の金額を経済的利益として、その経済的利益に応じて算定される報酬金

三　過払金報酬金　過払金を回収した場合に、その過払金の金額を経済的利益として、その経済的利益に応じて算定される報酬金

2　弁護士は、前項各号の報酬金のほか、非事業者等任意整理事件についての報酬金を請求し、又は受領してはならない。

3　弁護士は、非事業者等任意整理事件の報酬金の金額が、第１項各号の報酬金として次条から第15条までの規定に従って算出した場合における上限の金額の合計額を超えないときは、前項の規定にかかわらず、報酬金を請求し、又は受領することができる。

（解決報酬金）

第13条　弁護士は、非事業者等任意整理事件について解決報酬金を請求し、又は受領するときは、その金額を、債権者１人当たり、５万円を超えない範囲内で規則で定める上限の金額を超える金額としてはならない。

（減額報酬金）

第14条　弁護士は、非事業者等任意整理事件について減額報酬金を請求し、又は受領するときは、その金額を、減額され、又は免れた債務の金額を経済的利益として、当該経済的利益に、10パーセント以下の範囲内で規則で定める割合を乗じた金額を超える金額としてはならない。

（過払金報酬金）

第15条　弁護士は、非事業者等任意整理事件について過払金報酬金を請求し、又は受領するときは、その金額を、回収した過払金の金額を経済的利益として、当該経済的利益に、25パーセント以下の範囲内で規則で定める割合を乗じた金額を超える金額としてはならない。

（送金代行についての手数料）

第16条　本会は、弁護士が任意整理事件で成立した和解に基づき割賦金を債権者に支払うことを代行する場合の手数料について、規則で定めるところにより、債務者の利益を図る目的で、その金額、算定方法その他必要な規制をすることができる。

（事件処理報告に関する規律）

第17条　弁護士は、受任した破産手続開始申立事件及び民事再生手続開始申立事件について、裁判所から決定書その他これに準ずる書類を受領したときは、速やかに、その原本又は写しを債務者に交付しなければならない。

2　弁護士は、受任した債務整理事件（破産手続開始申立事件及び民事再生手続開始申立事件を除く。）について、和解契約書、調停調書その他の法律事務処理の結果を示す文書を作成し、又は受領したときは、遅滞なく、その原本又は写しを債務者に交付しなければならない。

3　弁護士は、受任した債務整理事件に関し、債権者が開示した取引履歴その他の重要な事項について報告又は説明をするときは、債務者に対し、自ら面談し、又は書面、ファクシミリ、電子メールその他これらに類する適当な方法によって行わなければならない。この場合においては、必要に応じて、当該事項に関して受領した文書、第2条第3号の引直し計算をした結果が記された書面その他の資料を示さなければならない。

4　弁護士は、受任した過払金返還請求事件について、過払金の返還を受けたときは、債務者に速やかに報告し、清算方法を協議した上、清算の結果を書面により報告しなければならない。

（広告に関する規律）

第18条　弁護士は、債務整理事件に関する業務広告を行うときは、債務整理事件に係る報酬の基準を表示するように努める。

2　弁護士は、債務整理事件に関する業務広告を行うときは、依頼を受けるに際して受任する弁護士と面談する必要があることを表示するように努める。

3　弁護士は、専ら過払金返還請求を取り扱う旨を表示する等債務者が負担している他の債務の処理を行わずに過払金返還のみを行うことに不利益がないかのように誤認又は誤導するおそれのある業務広告を行ってはならない。

（解釈適用）

第19条　この規程は、弁護士の職務が本来多様性と個別性を有することにかんがみ、弁護士の債務整理事件処理を不当に萎縮させることのないよう実質的に解釈し、適用しなければならない。

附則

1　この規程は、平成23年4月1日から施行する。
2　この規程の施行の際現に受任している債務整理事件の処理に関する事項については、なお従前の例による。
3　この規程は、この規程の施行の日から起算して5年を超えない範囲内において理事会で定める日に、その効力を失う。

事項索引

◆ ア行 ◆

頭数要件 …………………………… 206
按分弁済 …………………………… 180
後順位担保権者 …………… 122, 305
異議 ………………… 155, 157, 233
　　──の留保 …………………… 281
異時廃止 …………………………… 174
異動届 ……………………………… 186
委任契約 ………………… 27, 255, 315
　　──書 …………………… 31, 209
依頼者（再生債務者）等の「同意」
　　………………………………… 193
　　──の秘密 ……………… 135, 204
インサイダー取引 ………………… 223
運行供用者責任 ………… 104, 128, 141
益金課税 …………………… 249, 250
延滞金・延滞税 …………………… 178
大口債権者 …………… 56, 266, 274
　　──の不同意 ……………… 266
オーバーローン …………………… 138

◆ カ行 ◆

解雇 ………………………………… 68
解雇予告手当 ……………………… 70
解散事業年度 ……………………… 182
開始時現存額主義 ………… 156, 170
会社と代表者の同時申立て ……… 196
会社分割 …………………… 205, 251
瑕疵担保責任免責条項 … 119, 121, 128
可処分所得 ………………… 271, 285
可処分所得算出シート ………… 274
過払金 ……………………………… 62
過払金回収 ………………… 9, 56, 63
　　──行為の報酬 ……………… 31, 65
換価回収行為 …………… 7, 29, 34, 212

　　──の報酬 …………………… 29
監督委員 …………… 243, 245, 246, 258
　　──の役割 …………………… 231
監督機関 …………………… 243, 259
還付 ………………………………… 182
管理型民事再生 …………… 213, 216
管理機関 …………………… 193, 230
管理費 ……………… 123, 276, 279, 304
管理命令 …………………………… 245
機械の換価 ……………………… 117
期限切れ欠損金 …………… 182, 250
危険物 ……………… 104, 123, 132, 141
寄託契約 ………………………… 125
機密情報 …………………… 128, 135
給料 …………………………… 39, 70
　　──からの天引き …………… 294
給料差押え ……………………… 294
共益債権 …………… 208, 225, 226
共益債権化 ………………… 212, 218
　　──の承認許可申請 ………… 226
競争入札 …………………… 113, 117
共同事務所 ………………… 16, 87, 197
虚偽の債権者名簿の提出 ………… 24
金銭 ………………………………… 95
金銭債権 …………………………… 55
金融商品取引所 …………………… 222
経営者交替 ……………………… 217
計画外事業譲渡 ………………… 206
刑事罰 ……………………………… 47
継続的な法律事務の提供を約して
　　いる者 ………………… 85, 199
競売許可決定 …………………… 148
健康被害 …………………… 109, 126
原材料 ……………… 107, 117, 150, 218
原状回復費用 …………………… 145
源泉徴収 ………………………… 181

源泉徴収義務 …………………… 184
権利変更 ……………… 248, 249, 278
牽連破産 ………………………… 275
後見的見地からの配慮 …………… 75
公租公課 ………… 42, 178, 221, 297
公租公課庁 ………………… 42, 305
公認会計士 ………………… 56, 233
交付要求 …………… 10, 174, 176, 179
公平誠実義務 ……………………… 45,
　　46, 203, 204, 206, 209, 215, 230, 237,
　　238, 242, 252, 266, 270
　　――と秘密保持義務との相克 … 204
国税徴収の例 …………………… 175
国税徴収法 ……………………… 175
告知義務 ………………………… 236
個人事業主 ………………… 43, 164
個人情報 …………………… 111, 132
個人信用情報 ……………………… 23
顧問契約 ………………………… 255
顧問先（顧問会社）… 4, 15, 85, 86, 119
顧問弁護士 ………………………… 15

◆ サ行 ◆

サービサー ……………………… 118
債権 ………………………………… 95
債権回収 …………………… 54, 118
債権確定手続 …………………… 170
債権者一覧表 ……………… 268, 281
　　――の訂正 ………………… 284
債権者説明会 …………………… 227
債権者を害する行為 ………… 51, 64
債権譲渡 ………………………… 189
債権調査 …………………… 154, 168
債権届出期間 …………………… 155
債権届出書 ………………… 154, 168
債権認否 …………………… 157, 168
債権認否表 ……………………… 154
在庫（商）品 ………… 107, 116, 126
財産隠匿 …………………… 18, 24, 52

財産の散逸 ………………………… 40
財産評定 …………… 232, 242, 273, 288
財産目録 …………………… 168, 288
再生計画 ………………………… 248
　　――不履行 ………………… 314
　　――変更の申立て ………… 256
再生計画案 ………… 248, 261, 296
　　――の可決の見込み ……… 260
再生計画認可決定 ………… 252, 314
再生債権額の基準 ……………… 271
再生債権者の一般の利益 ……… 232
再生債務者代理人 ………… 208, 241
再生手続廃止の申立て ………… 256
財団債権 ………………………… 174
最低弁済額 ……………………… 271
裁判所の許可 ………………… 53, 178
裁判所の追完の指示 …………… 276
債務免除益 ………… 218, 248, 249, 261
　　――課税 ………… 218, 248, 251
裁量免責 ………………………… 22
詐害行為 …………… 44, 47, 51, 188
詐害行為取消訴訟 ……………… 205
差押承諾義務 …………………… 151
サラリーマン …………………… 274
産業廃棄物 ……………………… 134
資格制限 ………………………… 23
敷金返還請求権 …………… 10, 143
事業者 ………… 68, 122, 134, 140, 182
事業譲渡 …………… 56, 205, 251
事業の継続 ……………………… 109
事業廃止 ………………………… 42
時効待ち ………………………… 78
資産換価（処分）…… 51, 106, 112
資産の評価損 …………………… 250
資産の保全 ……………………… 57
資産の劣化 ……………………… 55
　　――の防止 ………………… 109
資産引継義務 …………………… 35
事前説明 …………………… 221, 222

質権	143	申告所得課税	251
自動車	89, 96, 104, 108, 128, 141	親族	36, 86, 164
辞任	49, 73	迅速な申立て	57
支払停止	223	信認上の義務違反	263
借地上建物	96	スポンサー候補	222
什器備品	117	生活費	36, 273
従業員	68	清算価値	287, 291
(事件の) 周旋	20	——算定の基準時	288
修繕積立金	123, 304	清算価値算出シート	288
住宅資金貸付債権	303	清算価値保障原則	232, 233, 234, 261, 271, 287, 291
住宅資金特別条項	278, 302, 308	清算事業年度	182
住宅ローン	302	清算所得課税	251
——の借り換え	311	——制度	182
充当関係	169	誠実義務	204, 215
住民税	185	税務申告	181
重要財産開示義務	47	責任財産	52
重要な財産の処分	260	説明義務	25, 47, 76, 78, 204, 236
収賄罪	258, 263	説明義務違反	24
受託物返還義務	35	説明の時期・方法	25
受任諾否の通知	18	善管注意義務	10, 53, 83, 88, 93, 100, 102, 103, 108, 118, 122, 125, 127, 132, 143, 258
受任通知	38		
受任弁護士	25		
守秘義務	17, 220	相殺	41, 211
証言拒絶権	238	相殺禁止	41, 222
譲渡非適格の債権	205	贈収賄罪	115
消費者	39, 121	双方代理	239
消費者契約法	121, 128	即時解雇	69, 70
消費者破産	39	租税債権の滞納	276, 305
消費税	182	疎明	157, 158
商品の換価	107, 116, 126	損害賠償対象行為	236, 237, 238
情報管理	219	損金算入	182, 250
情報遮断措置	16, 87, 194		
消滅時効	11, 78, 96, 103, 118	◆ タ行 ◆	
職務の公正を保ち得る事由	197, 200		
除斥期間	156, 171	代位弁済	169, 304
諸費用ローン	311	第三者出捐の保険	289
所有権留保	24, 96, 129	第三者弁済	305
信義誠実義務	266	退職金(退職手当)	185
申告義務	183	退職金見込み額	288

代替許可	262
第二会社方式	251
滞納処分	42, 47, 278, 305
代表者個人の申立費用	37
代理人の追加選任	244
短期消滅時効	96, 103, 118
単独所有	310
担保価値維持義務	97, 140, 144
担保権	138, 145, 304
──者	122, 143
担保権消滅許可	122, 139, 232
担保不動産収益執行	139
地代代払制度	140
知的財産権	99, 103, 110
チャイニーズ・ウォール	16, 197
仲介業者	115
仲介報酬	116
賃金台帳	164
賃借建物	96
賃借物件の明渡し	55
賃貸不動産	124
追加選任	241, 244
追及効	148
通信手段	26
積立	296
積立状況報告書	298
DIP型	203, 243
適正価格	52
適正かつ妥当な報酬	27
登記識別情報	94
登記済権利証	94, 101
動産	94, 103, 107, 110, 125, 140
動産売買先取特権	10, 98, 126, 140, 148
同時廃止	22
特定債権者の手続からの除外	268
特別徴収	181
特別背任罪	263
都市再生機構	311
土壌汚染	99, 141
土壌汚染対策法	142
土地建物	94
届出債権	155
取戻権	97, 110, 133

◆ ナ行 ◆

入札	56, 109, 116, 126
任意整理	22
任意売却	115, 120, 124
任意保険	128

◆ ハ行 ◆

廃棄	132
廃棄物	141
廃棄物処理法	134
配当	167, 184
破産管財人と申立代理人の役割分担	53
破産債権査定手続	170
破産犯罪	24
破産申立費用	41
パソコン	110, 128
PCB特措法	135
引渡命令	124
費消の必要性（回収金の使途）	36
否認	34, 51, 214
否認権	222, 291
否認訴訟	205
否認対象行為	44, 236, 237, 238, 291
非弁提携	19
秘密保持	223, 253
秘密保持義務	48, 204, 219, 237
──違反	194
125条報告書	236
夫婦共有	310
不足額責任主義	172
復興特別所得税	184
不動産	108, 115, 120, 138

——の売却	52, 119
——の評価	289
不当な事件の受任の禁止	19, 203
プライバシー	135
不利益事項	23
分割予納金	298
粉飾決算	204
ペアローン	309
平成17年度税制改正	249
平成23年度税制改正	249
別除権	98, 110, 150
——付債権の不足額	167, 170
——付破産債権	158
別除権協定	312
別除権者	115, 122, 123, 171
弁護士法人	200
弁済許可	161
弁済禁止の保全処分	218, 225
弁済代行	317
偏頗行為	4, 24, 44, 47, 223
偏頗弁済	15, 216, 291, 293
放棄	137
報告義務	237
報酬	9, 23, 27, 34, 54
過払金回収行為の——	31, 65
換価回収行為の——	29
弁護士——	23, 27, 34, 208, 216
法人格	36
法人税	181, 249
法人の破産申立て	40, 57
法人破産	40, 181
法定代位	304
法律扶助制度	23, 32
他の事件の依頼者	16

保証会社	304
保全管理人	252
保全命令違反	226

◆ マ行 ◆

マンション管理費	123, 276, 279, 304
みなし届出	282
未払賃金立替払制度	40, 70, 160
免除益課税	218, 248
免税事業者	182
免責不許可事由	22, 47
面談	25
申立代理人	194, 208, 236, 252
——の辞任	240

◆ ヤ行 ◆

役員	5, 163
——に対する損害賠償請求	7, 239
有用の資	36
予告解雇	69
予納金	34

◆ ラ行 ◆

利益相反	2, 14, 83, 213, 217
——性	193, 199
履行可能性	296, 305
履行補助	314
廉価売却	52
連帯債務	310
労働債権	70, 161
——の弁済許可	161
労働者健康福祉機構	40, 70, 160
労働者性の認定	163

弁護士職務基本規程条文索引

条	頁
1条	32
5条	28, 45, 112, 120, 133, 270, 285, 293
6条	28
7条	242, 248, 279, 280
11条	19, 20, 188
14条	204
21条	19, 47, 202, 203, 218, 230, 253, 256, 267, 270, 277, 290, 293, 309, 312, 313
22条	253, 256, 307
22条1項	8, 62, 64, 76, 309, 312, 313
23条	4, 5, 17, 49, 204, 219, 220, 237, 253, 256
24条	28, 34, 209
27条	3, 82, 87, 197, 200
27条1号	83, 239
27条2号	83, 239
27条3号	193, 194, 195, 198
27条5号	201
28条	3, 17, 82, 87, 197, 200
28条1号	86
28条2号	4, 15, 16, 85, 195, 198
28条3号	195, 196, 198
29条	6
29条1項	22, 23, 25, 30, 204, 213, 267, 275, 279, 290, 292, 303, 307
29条2項	267
29条3項	267
30条	315
30条1項	31, 209
31条	19, 47, 202, 203, 270, 293
33条	23, 32
34条	18
35条	7, 40, 54, 58, 72, 277, 304
36条	74, 75, 275, 286, 292, 300, 303, 307
37条	11, 303
37条1項	217, 248, 275, 279, 280, 292
37条2項	275, 279, 280, 292
38条	66
40条	244

41条	244
42条	196
43条	47, 73, 74, 75, 244, 318
44条	76
52条	246, 247
57条	16, 87, 197, 198
59条	16
63条1号	200
63条2号	200
64条1項	200
65条	82
66条1号	201
66条2号	201
70条	246
71条	245, 246
72条	245
74条	270
75条	270
76条	277
81条	5, 82, 83, 84, 85, 86
82条	267

弁護士法条文索引

1条2項 ……………………………………………………………………… 45
2条 ………………………………………………………………………… 217
2条1項 ……………………………………………………………………… 133
23条 ……………………………………………… 4, 17, 49, 135, 204, 219, 220, 237
25条 ………………………………………………… 3, 14, 15, 82, 83, 194, 195
25条1号 ………………………………………………………… 4, 83, 239, 240
25条2号 ………………………………………………………… 4, 83, 239, 240
27条 ……………………………………………………………………… 19, 20
30条の2第2項 ……………………………………………………………… 45
56条 …………………………………………………………………………… 7
56条1項 ………………………………………………………… 57, 59, 120
72条 ……………………………………………………………………… 188
73条 ……………………………………………………………………… 188
74条 ……………………………………………………………………… 188
77条1項 …………………………………………………………………… 19

倒産処理と弁護士倫理
―破産・再生事件における倫理の遵守と弁護過誤の防止―

平成25年7月22日　第1刷発行

　　　　　　　編　著　日本弁護士連合会
　　　　　　　　　　　倒産法制等検討委員会
　　　　　　発行者　倉　田　　　勲
　　　　　　印刷所　図書印刷株式会社

〒160-8520　東京都新宿区南元町19
発　行　所　一般社団法人 金融財政事情研究会
　編集部　TEL 03(3355)1758　FAX 03(3355)3763
　販　　売　株式会社きんざい
　販売受付　TEL 03(3358)2891　FAX 03(3358)0037
　　　　　　URL http://www.kinzai.jp/

・本書の内容の一部あるいは全部を無断で複写・複製・転訳載すること、および磁気または光記録媒体、コンピュータネットワーク上等へ入力することは、法律で認められた場合を除き、著作者および出版社の権利の侵害となります。
・落丁・乱丁本はお取替えいたします。価格はカバーに表示してあります。

ISBN978-4-322-12361-6